W0321589

Tina Hüttl, Alexander Meschnig

UNS KRIEGT IHR NICHT

Als Kinder versteckt – jüdische Überlebende erzählen

Mit 15 Porträtfotos im Text

Piper München Zürich

Mehr über unsere Autoren und Bücher:
www.piper.de

MIX
Papier aus verantwortungsvollen Quellen
FSC® C083411
FSC
www.fsc.org

ISBN 978-3-492-05521-5
© Piper Verlag GmbH, München 2013
Gesetzt aus der Adobe Garamond
Satz: hanseatenSatz-bremen, Bremen
Druck und Bindung: CPI – Clausen & Bosse, Leck
Printed in Germany

Inhalt

Vorwort

Ein Junge sitzt im Schrank. Die Wäsche riecht nach Seife. Es ist der Duft seiner Mutter, das beruhigt ihn. Im Schrankinneren ist es dunkel. Der Junge hält ganz still, am liebsten würde er jetzt weinen. Im Zimmer suchen sie nach ihm. Es ist kein Spiel. Obwohl er sehr klein ist, spürt er, dass es um sein Leben geht.

Einige Dutzend Kilometer weiter fährt eine junge Frau auf dem Fahrrad. Am Lenker hängt eine Milchkanne, ihre Retter haben sie ihr mitgegeben. Eine Wehrmachtskontrolle stellt sich ihr in den Weg. »Den Ausweis, bitte.« Die junge Frau lässt sich ihre Angst nicht anmerken, sondern antwortet ruhig: »Na, Sie haben vielleicht Nerven, mich anzuhalten. Fast wäre ich vom Fahrrad gefallen!« Die Soldaten lassen sie weiterfahren – ohne zu kontrollieren.

Der Junge und die Frau überleben. Sie sind Ausnahmen, wenn man nach dem Gesetz der Wahrscheinlichkeit geht. Wie alle der 15 Frauen und Männer, die in diesem Buch ihre Geschichte erzählen. Jede und jeder von ihnen dürfte nach dem Willen der nationalsozialistischen Rassenpolitik nicht mehr unter uns sein.

Dass sie überlebten, verdanken sie einer Reihe von Umständen. An erster Stelle ihrem Entschluss oder dem ihrer Eltern, sich nicht in das vom NS-Staat diktierte Schicksal für Juden zu fügen. Sie ignorierten Deportationsbescheide, besorgten sich gefälschte Papiere, widersetzten sich Verordnungen. Sie taten etwas, wofür vielen das Glück, der Mut, die Mittel und vor allem die Vorstellungskraft fehlten. Jeder Mensch sträubt sich, schreckliche Wahrheiten anzunehmen und sie zu Ende zu denken. Diese Frauen und Männer nicht.

Die Menschen, die in diesem Buch sprechen, sind heute alt. Zwischen 1920 und 1942 geboren. Die meisten von ihnen waren Kinder oder Jugendliche, als die Nationalsozialisten die Macht übernahmen, viele von ihnen überlebten in Berlin. Unter den 3 600 bekannten Namen von Juden, die in Berlin untertauchten, waren etwa 250 Kinder und Jugendliche.

Noch mehr als für die Erwachsenen blieben für Jüngere die gesetzlichen Anordnungen und Schikanen der Nazis ein Rätsel: Warum durfte man keine Haustiere mehr haben? Warum nicht mehr in die Schule oder ins Schwimmbad gehen? Warum verlor der Vater seine Arbeit? Was ist ein Jude überhaupt? So viele Fragen, auf die es keine plausiblen Antworten gab.

Man lernte als Heranwachsender schnell, sich der neuen Situation anzupassen. Zu weinen, im falschen Moment zu husten oder zu lachen konnte alles verraten. In der Illegalität mussten auch die Kleinsten funktionieren.

Natürlich brauchten die Untergetauchten jede Menge Fähigkeiten, um im Untergrund zu überleben. Vor allem mussten sie sich für ihre Umwelt unsichtbar machen.

Wichtig war aber auch, im entscheidenden Moment eine gute Ausrede zu erfinden. Die meisten Männer und Frauen, die wir für unser Buch trafen, sind gute Geschichtenerzähler, manche sogar mit Schauspieltalent. Früh hatten sie gelernt, in fremde Rollen zu schlüpfen, die eigene Identität aufzugeben und jemand anderes zu werden.

Wir trafen auf kluge, noch immer lebenshungrige Gesprächspartner, die uns in ihren Bann zogen. Mit ihnen gemeinsam sitzen zu dürfen, ihnen Fragen zu stellen und dieses Buch aus ihren Erzählungen zu schreiben hat unser Leben bereichert.

Die meisten der Menschen, die hier im Buch zu finden sind, sind beeindruckend starke Persönlichkeiten. Wie sie den Terror überstanden und verarbeitet haben, ließ uns stets erstaunen. Etwa Rahel Mann, die heute 75 Jahre alt ist und als Kleinkind über ein halbes Jahr allein in einem Kellerverschlag hauste. Jeder, der ihre Geschichte liest, hätte Verständnis, wenn die aus diesem Kind erwachsene Frau für immer traumatisiert wäre.

Statt einer gebrochenen öffnete uns eine sehr fröhliche Frau die Tür. Rahel Mann lehnt die Opferrolle ab, tat dies lebenslang. Seit den 1980er-Jahren arbeitete sie als Psychotherapeutin, in ihrer Praxis nahm sie sich bewusst auch Kriegsverbrechern an. Sie ist neugierig, will immer noch alle Facetten des Lebens ausloten. Uns stellte sie ebenso viele Fragen wie wir ihr. Ob wir glücklich seien? Ob wir die Liebe auch wirklich gefunden hätten? Mit ihr konnte man wunderbar über Beziehungen reden, auch aus ihrem Liebesleben erzählte sie sehr offen. Nach ein paar Begegnungen blieb das Gefühl, eine neue Freundin gefunden zu haben.

Unfreiwillig frieren musste bei einem Treffen mit einer Überlebenden dagegen Alexander Meschnig. Er saß Ende November allein bei der Kunsthistorikerin und Religionswissenschaftlerin Miriam Magall in ihrer Wohnung in Berlin-Charlottenburg. Trotz des kalten Wetters und einer stark befahrenen Straße blieb das Fenster geöffnet. Er zog seine Jacke an, doch es wurde nicht geschlossen. Erst auf seine Frage nach dem Grund erklärte ihm die sehr gebildete und gläubige Jüdin, dass es einer alleinstehenden Frau nicht gestattet sei, einen nicht verwandten Mann in ihrer Wohnung zu empfangen. Eigentlich müsse die Eingangstür geöffnet bleiben. Da dies aber nicht möglich sei, lasse sie das Fenster einen Spalt weit offen. So könnten die fremden männlichen Energien nach draußen gelangen. Beim zweiten Termin war das Vertrauen zwischen den beiden gewachsen. Das Fenster blieb geschlossen.

Viel gelacht haben wir, als wir bei den Michalskis auf dem Sofa saßen, trotz der bewegenden Geschichte, die sie erzählten. Wir hatten sie zufällig in einer Ausstellung im Anne-Frank-Museum getroffen und uns spontan mit ihnen verabredet. Franz Michalski, heute 78 Jahre, hat vor einigen Jahren einen Schlaganfall erlitten. Die Erinnerungen sind nach wie vor alle da, nur das Sprechen fällt ihm seither schwer. Die richtigen Wörter wollen einfach nicht in seinen Kopf kommen. Für ihn sprach deshalb seine Frau Petra. Die beiden sind seit über 60 Jahren ein Paar. Petra Michalski kennt jedes noch so kleine Detail, seine Geschichte ist ihre geworden. Sie benutzt seine Worte.

Franz Michalski setzte das Erzählte dabei wie ein

Schauspieler in Handlung um. Im Wohnzimmer schob er für uns unsichtbare Brote unter den Teppich, weil er als kleiner Junge aus Angst vor den Nazis essgestört war. Und als er sich pantomimisch von seinem damaligen Hund, der immer kläffend der Straßenbahn nachjagte, quer durchs Zimmer ziehen ließ, glich er Charlie Chaplin. Die Michalskis sind ein beneidenswertes Paar. Ihre tiefe Verbundenheit und Liebe sind für jeden sofort spürbar.

Wunderbar war auch die Begegnung mit Walter Frankenstein, der als junger Mann mit seiner Frau und seinen zwei kleinen Kindern im Untergrund überlebte. Er wohnt heute in Stockholm. Wir besuchten ihn zweimal im Hotel Savoy, wo er seit 30 Jahren bei jedem Berlin-Besuch absteigt. Früher begleitete ihn seine Frau Leonie, die 2009 verstarb.

Als er uns in der Hotellobby abholte, sah man ihm nicht nur seinen feinen Humor sofort an, sondern erkannte im Gesicht dieses fast 90-jährigen Mannes auch den kleinen Jungen von den Kindheitsfotos. Auf dem Weg zu seinem Hotelzimmer, seit 30 Jahren dasselbe, forderte er uns mit einem Zwinkern auf, sich schräg gegenüber von seinem Raum an der Tür zu verbeugen. Er mache das immer so. Hier hatte nämlich früher die Garbo gewohnt. Ihr Name prangt in goldenen Lettern an der Tür. Natürlich verbeugten wir uns ebenfalls.

Eugen Herman-Friede besuchten wir in der Nähe von Frankfurt im Taunus. Er wohnt in einem alten Fachwerkhaus, eine kleine Höhle, in die man sich behaglich zurückziehen kann. Die Zimmer sind geschmackvoll eingerichtet, der Hausherr, Mitte 80, ist ein noch immer gut aussehender Mann. Er ist voller Energie und Optimismus und sieht lieber nach vorne als zurück.

Amüsiert erzählte er davon, dass er bei seinen Vorträgen oft von Schülern gefragt wird, ob er angesichts seiner Erlebnisse schlafen könne. Seine für manche wohl etwas überraschende Antwort lautet stets: »Ich hatte noch nie einen Albtraum. Ich habe mich nie wehrlos gefühlt.« Diese Tatsache hängt wahrscheinlich damit zusammen, dass er der einzige unter unseren Überlebenden ist, der als 17-Jähriger aktiv in einer Widerstandsgruppe tätig war. Er musste die NS-Zeit nicht, wie die meisten, passiv ertragen. Das hat ihn geprägt.

Auch wenn sich die Schicksale, das Erlebte und der Umgang damit sehr unterscheiden, eine Frage stellen sich alle Zeugen, die wir trafen: Warum habe gerade ich überlebt? Es ist die *eine* Frage, die sich über ihr Leben legt. Ohne Zweifel brauchte jeder Einzelne Glück. Natürlich bedurfte es auch eines starken Überlebenswillens und einer gewissen Furchtlosigkeit. Aber das waren keine Garantien. Viele mutige Leute, die sich den Anordnungen des Regimes nicht fügten, sind in der NS-Zeit umgekommen.

Es gibt für uns nach allen Gesprächen keinen »Typus« des Überlebenden, dessen Eigenschaften oder Charakter klar umrissen werden könnte. In den Gesprächen spürten wir aber eine Art von Energie, die für alte Menschen erstaunlich ist. Vielleicht sind es diese Kraft und der ihr innewohnende Lebenswille, die unsere Gesprächspartner bis heute herausheben und die ihr Überleben möglich machten. Aber das ist nicht mehr als eine Vermutung.

Allen Frauen und Männern, die sich für dieses Buch zur Verfügung gestellt haben, gilt unser besonderer Dank. Ihnen und ihren Erinnerungen ist dieses Buch gewidmet.

Berlin, Oktober 2012
Tina Hüttl und Alexander Meschnig

Einleitung

Die damaligen Kinder und Heranwachsenden sind heute die letzten lebenden Zeugen des Nationalsozialismus. Hinter der Idee, dieses Buch zu schreiben, stand der Wunsch, die Geschichten derer noch einmal zu erzählen, die im Dritten Reich in Schrebergärten verborgen, als arische Kinder getarnt und zwischen vielen helfenden Händen herumgereicht wurden. Aus ihrem persönlichen Erinnern heraus, mit ihren Worten – zum Teil unvollständig, stets unkommentiert und dadurch authentischer und nah an ihren Emotionen.

Das Gefühl, dass die Zeit gegen uns arbeitet und bald niemand mehr da sein wird, der selbst erzählen kann, hat uns bei dieser Arbeit ständig begleitet. So mussten wir bei der Suche nach Überlebenden in ganz Deutschland öfters die Erfahrung machen, dass Personen, von denen wir die Namen kannten, nicht mehr lebten, schwer erkrankt oder auf Hilfe und Pflege angewiesen waren. Andere waren psychisch nicht in der Lage, über ihre Erlebnisse zu berichten. Wieder andere lebten längst weit weg von Deutschland, emigriert in die USA, nach Israel oder Schweden.

Gisela Jacobius, eine schlagfertige Berlinerin, die dank

ihrer frechen Sprüche und ihres umwerfenden Charmes mehrere Ausweiskontrolleure von ihrer Arbeit ablenkte und so überlebte, ist vor Beendigung des Buches verstorben. Ebenso Rolf Joseph, den wir als außergewöhnlichen Mann in Erinnerung behalten werden. Wir hätten den beiden das Buch gerne gedruckt gezeigt. Es ist ein Trost zu wissen, dass ihre Geschichten dadurch vielen Menschen zugänglich gemacht werden.

Dass man, um zu überleben, Glück brauchte, ist eine unbestreitbare Tatsache. Manche unserer Zeitzeugen sprachen im Nachhinein von einem Wunder. Angesichts der Umstände und der unglaublichsten Zufälle mehr als zu Recht. Aber außer Glück brauchte man vor allem Mut.

Daneben gab es Dinge, die nicht beeinflussbar waren, das eigene Schicksal aber mitbestimmten. Jeder hier erzählte Fall ist Zeugnis dafür, dass auch die NS-Bürokratie in ihrer furchtbaren Präzision nicht absolut perfekt war. Insbesondere gegen Ende des Krieges, infolge der alliierten Bombenangriffe, kam die Vernichtungsmaschinerie ins Stocken. Unterlagen fehlten, Behörden waren zum Teil nicht mehr koordiniert. Einzelne Beamte, Polizisten oder NS-Funktionäre drückten, wohl angesichts der kommenden Niederlage, manchmal beide Augen zu. Angesetzte Gerichtsprozesse fanden nicht mehr statt. Transporte nach Auschwitz und in die anderen Vernichtungslager im Osten wurden aufgrund des Vorrückens der Roten Armee eingestellt.

All diese Stockungen waren nicht die Regel, aber die wenigen Ausnahmen ermöglichten vereinzelt ein Überleben. In jedem Fall vergrößerte der Schritt in den Untergrund aber die eigenen Chancen. In Berlin, der weitaus größten jüdischen Gemeinde, lebten Anfang 1933 noch 170 000 Juden. Etwa der Hälfte gelang es bis 1940, Deutschland zu verlassen. Mit Beginn der Deportationen im Jahre 1941 versteckten sich circa 6 000 (3 600 sind namentlich bekannt) von den insgesamt 10 000 bis 15 000 im Deutschen Reich untergetauchten Juden in Berlin. Viele flüchteten auch aus anderen Teilen Deutschlands in die Hauptstadt. Die meisten der Überlebenden in diesem Buch, wenn auch nicht alle, hielten sich verborgen in ihr auf. Die Anonymität der Großstadt erhöhte die Chance, unentdeckt zu bleiben. Von den in ganz Deutschland versteckten Juden erlebten 5 000 das Kriegsende, etwa 1 500 davon in Berlin. Von den über 50 000 Menschen, die noch bis Frühjahr 1945 aus Berlin in Lager deportiert wurden, waren es lediglich 2 000.

Unterzutauchen bedeutete einen radikalen Schnitt mit dem bisherigen Leben. Viele der Untergetauchten waren nach preußischen Grundsätzen erzogene deutsche Juden. Sich Anordnungen zu widersetzen fiel ihnen schwer. Es gibt Geschichten von Deportierten, die vor ihrer Abholung durch die Gestapo noch ihre Wäsche ausbesserten und ihre Wohnung gründlich putzten. Man sollte ihnen schließlich nichts Schlechtes nachsagen. Aus heutiger Sicht ist das kaum vorstellbar, damals war es aber nicht untypisch.

Dem Gang in die Illegalität war in allen Fällen ein langer Prozess der Ernüchterung vorangegangen. Die deutschen Juden hatten immer weniger Grund zu hoffen. Ihre bekannte Welt und ihre vertrauten Normen hatten sich nach 1933 mehr und mehr aufgelöst. Es gab keine Sicherheiten mehr in Bezug auf ihr Leben. Voraussagen über das, was noch kommen würde, waren unmöglich geworden.

Trotzdem war es ein unendlich schwerer Schritt, ihren Verfolgern und der staatlichen Repression aktiv entgegenzutreten. Viele warteten sehr lang, die meisten zu lange. Auch unsere Männer und Frauen tauchten erst nach 1943 unter, als die letzten verbliebenen Juden, die Zwangsarbeit in deutschen Fabriken leisteten, in der als »Fabrikaktion« bekannt gewordenen Verhaftungswelle von Zwangsbeschäftigten deportiert wurden.

Auslöser für den Schritt in die Illegalität war in der Regel ein einzelnes Ereignis: die Abholung Verwandter; die schriftliche Aufforderung der Gestapo, sich an einem der Sammelplätze für den Transport einzufinden; die konkrete Angst vor einem Denunzianten oder die rechtzeitige Warnung durch Dritte. Erst Erlebnisse wie diese machten ihnen schlagartig klar, dass sie nun eine Entscheidung treffen mussten.

Für das Überleben im Versteck waren sie auf vielfache Unterstützung angewiesen: ein einzelner Beistand oder meistens ein Netz von Helfern; verschiedene Unterkünfte; die Möglichkeit, Nahrung zu beschaffen; gefälschte Papiere. Zimmer und Wohnungen mussten öfters gewechselt, bei angekündigter Gefahr durften sie auch nicht mehr betreten werden. Das Risiko, trotz aller Vorsichtsmaßnahmen dennoch entdeckt oder denunziert zu werden, war zu jedem Zeitpunkt bis Kriegsende äußerst hoch. Zur falschen Zeit am falschen Ort zu sein konnte stets den eigenen Tod und den von Angehörigen bedeuten.

Der Fokus der historischen Forschung lag lange Zeit

auf den Überlebenden der Konzentrations- und Vernichtungslager. Die untergetauchten Juden brauchten oft viele Jahrzehnte, bis sie anfingen, über ihre Erlebnisse zu erzählen. Keiner der Gesprächspartner in diesem Buch machte vor den 1990er-Jahren seine Geschichte öffentlich. Das hängt vielleicht auch damit zusammen, dass die Schicksale von jüdischen Kindern und Jugendlichen in der NS-Zeit zunächst nicht als wichtiges Thema betrachtet wurden. Für die Erlebnisse und Traumata von jüngeren Versteckten war kaum Platz.

Einige der Männer und Frauen berichten in diesem Buch daher zum ersten Mal detailliert über ihre Erfahrungen. Andere sind bereits routinierte Erzähler geworden. Einige der heute noch Lebenden kennen sich untereinander, treffen sich im kleinen Kreis oder bei jährlichen Gedenkveranstaltungen. Andere sind als Zeitzeugen in der Öffentlichkeit bekannt oder haben ihre Geschichte selbst in Buchform herausgegeben.

Für alle Schicksale, die hier erzählt werden, gilt, dass sie, wie jede persönliche Geschichte, Konstrukte sind. Jeder Mensch legt sich im Laufe seines Lebens seine Biografie zurecht, sucht nach Kohärenz. Weil wir Interviews mit unseren Zeitzeugen und – soweit vorhanden – ihre Autobiografien zuvor gelesen hatten, fiel uns auf, dass sie manchmal bis ins Detail identische Worte benutzten. Wer seine Geschichte sehr oft erzählt, weicht nur noch in Nuancen von ihr ab.

Dass sich in der Erinnerung Gehörtes, Gelesenes und Erlebtes vermischen, lässt sich prinzipiell nicht vermeiden, insbesondere wenn man zum Zeitpunkt der Ereignisse noch ein Kind und von der Überlieferung Erwachsener abhängig war. Auch Namen und Personen, die etwa für die jüdische Gemeinde als Symbol für die Vernichtungspolitik stehen, können im Erinnern zu geradezu mythischen Gestalten werden. So wollen einige der mit den Nazis kollaborierenden berühmt-berüchtigten jüdischen Greiferin Stella Goldschlag, die für den Tod unzähliger Untergetauchter verantwortlich war, begegnet sein. Der SS-Hauptscharführer Walter Dobberke, Leiter des jüdischen Sammellagers in der Großen Hamburger Straße, taucht in einigen Erzählungen an unterschiedlichsten Orten Berlins auf. Auch manche Unstimmigkeiten, unklare Zeit- oder Ortsangaben, gehören zum menschlichen Gedächtnis, das lange zurückliegende Ereignisse nicht präzise behalten kann. In der Regel haben wir aber nur bei wirklich auffallenden Abweichungen Daten korrigiert.

Wie die Illegalität von Einzelnen erlebt wurde, war sehr unterschiedlich: vom stillen, passiven Ausharren, insbesondere bei kleinen Kindern, bis hin zum Extremfall des organisierten Widerstands, wie ihn etwa Eugen Herman-Friede gegen das Regime leistete.

Auch die Frage, was damals ein Versteck war und sein konnte, zerfällt in den Erzählungen in eine Vielzahl unterschiedlichster Orte und Situationen: von einem dunklen Kellerloch, einer ausgebombten Häuserruine bis hin zum Haus mit Garten auf dem Land, in relativer Sicherheit und mit genügend Lebensmitteln. Alle Formen von Verstecken waren möglich, wenngleich *ein* Versteck die Ausnahme blieb. In der Regel waren es immer mehrere, und der Ortswechsel war vielfach eine Bedingung für das Überleben.

Die Grenze zwischen legal und illegal ist auch nicht in jedem Fall genau zu bestimmen. Sie bildet eine Grauzone, die keine eindeutige Trennung erlaubt. Vor allem für sogenannte Geltungsjuden, Menschen mit einem jüdischen und einem nichtjüdischen Elternteil, war nie klar, was die Politik der Nazis in naher Zukunft an Änderungen bringen würde. Manche tauchten unter, bevor sie gesucht wurden. Manche blieben sichtbar und unsichtbar zugleich. Auch das war möglich. In einem unserer Fälle rettete eine solch paradoxe Situation das Leben. Während der Deportationsbefehl der Gestapo an die alte Adresse ging, war die Angeschriebene mit Mutter und Schwester in einer Gartenlaube versteckt. Dennoch ging sie als junges Mädchen regelmäßig an den ihr zugewiesenen Zwangsarbeitsplatz und heftete sich kurz vor der Fabrik stets den gelben Stern an. Warum die Gestapo aber nie vor Ort auftauchte und sie an ihrem Arbeitsplatz abholte, bleibt auch für die Betroffene ein großes Rätsel.

In vielen Geschichten existiert dieser eine unerklärliche Punkt, an dem die ansonsten perfekte Nazimaschinerie aus unerfindlichen Gründen versagte. Diese wenigen Lücken im »System« ermöglichten ein Überleben.

Auch wenn jede der Geschichten in diesem Buch eine ganz individuelle ist, fanden wir Gemeinsamkeiten. Zunächst fällt auf, dass das Judentum in fast allen Familien nur eine geringe Rolle spielte. Man ging vielleicht in die Synagoge oder feierte den Sabbat. Christliche Feste wie Weihnachten waren aber ebenso selbstverständlich. Das zeigt, dass die Juden sich Anfang des 20. Jahrhunderts in Deutschland in der Regel mehr deutsch als jüdisch fühlten. Umso absurder war es für diese Menschen, dass die

Rassendoktrin der Nationalsozialisten sie auf ihr Sein als Jude oder Jüdin reduzierte.

Dass die eigene Familie »preußischer war als die Preußen«, diese Erfahrung machten viele unserer Interviewten als Kinder. In einigen Fällen standen die jüdischen Väter oder Großväter im Ersten Weltkrieg an der Front und kämpften für Deutschland. Verwundet und als Kriegsinvaliden heimgekehrt, mit Eisernem Kreuz dekoriert, hielten sie es für undenkbar, dass ihnen in Deutschland eine reale Gefahr, auch nach dem 30. Januar 1933, drohen könnte. Die Herrschaft der Nationalsozialisten hielt man für eine kurze, vorübergehende Episode. Das Regime wurde schlicht als »undeutsch« gesehen, seine Etablierung als eine Art temporäre Krise. Die Nazis und ihre unverhohlene Primitivität hatten mit dem Deutschland, das man liebte, nichts zu tun.

Diese fatale Fehleinschätzung führte zu heftigen Auseinandersetzungen in den jüdischen Familien: Die Jüngeren, die oft eine realistischere Sicht hatten und sich auch leichter von der alten Heimat lösen konnten, wollten auswandern. Die Eltern weigerten sich, bis hin zur Drohung, die Kinder zu enterben, wenn sie ins Ausland gingen. Erst sehr spät, in der Regel zu spät, kam die Einsicht, dass es als Jude unter den Nazis keinen Schutz mehr gab. Egal welche Verdienste man für sein Land errungen hatte.

Vielleicht ist die wichtigste gemeinsame Erfahrung aber die Tatsache, dass es Helfer und Helferinnen in der schwersten Not gab. Menschen, die unter großer Gefahr Schutz boten, ein Dach über dem Kopf, Lebensmittel, manchmal auch gegen Bezahlung. Man geht davon aus, dass auf jeden Juden, der im Versteck überlebte, zehn nichtjüdische Helfer kamen. Aus welchen Motiven sie auch handelten, sie ermöglichten das Überleben und zeigten, dass es im Deutschland der Mörder und Mitläufer auch andere gab, die dem Regime kritisch gegenüberstanden.

Das Spannendste an allen Geschichten ist für uns gerade das *Uneindeutige*. Selbst in einem diktatorischen Regime wie dem Nationalsozialismus gab es nicht nur Schwarz und Weiß. Ein NS-Ortsgruppenführer, der wissentlich eine Mutter mit ihren beiden jüdischen Kindern mit Essen versorgte, war ebenso eine reale Figur wie die jüdische Greiferin.

Es sind diese ambivalenten Erfahrungen, die für unsere ehemals Verfolgten bis heute den Blick auf Deutschland in der NS-Zeit bestimmen. Für manche war es nach 1945 emotional unmöglich, Deutschland zu verlassen. Es war und blieb ihre Heimat. Für manche war es unmöglich, zu bleiben: Sie wanderten für viele Jahre aus, hauptsächlich nach Israel oder Amerika, manche kehrten im Alter wieder zurück. Heute sind einige als Zeitzeugen in Schulen oder auf Gedenkveranstaltungen als Redner präsent. Es ist ihnen wichtig, der Nachwelt auch noch so kleine Details über das Terrorsystem der Nazis zu berichten – und dabei nicht nur über sich zu sprechen, sondern über ihre Mütter, Väter, Familien und ermordeten Verwandten. Sie sehen es als ihre Aufgabe an, die Erinnerung aufrechtzuerhalten. Ihr wollen sie am Ende ihres Lebens gerecht werden.

Unser Dank geht abschließend an alle, die uns geholfen haben, dieses Buch zu verfassen. Namentlich Marcel Prins, der mit einem ähnlichen Projekt in Holland den ersten Anstoß dafür gab. Des Weiteren Horst Selbiger, dem Vorsitzenden des Vereins Child Survivors, einer bundesweiten Gruppe von Holocaust-Überlebenden, der uns zu Beginn der Recherchen Zugang zu den Mitgliedern des Vereins vermittelte. Über diese Gruppe konnten wir einige Zeitzeugen finden. Barbara Schieb, Mitarbeiterin der Berliner Gedenkstätte Stille Helden, hat uns in unbürokratischer Weise bei der Suche nach Überlebenden unterstützt, von denen zwei im Buch ihre Geschichte erzählen.

Leider trafen wir aber auch auf »Widerstände«, wo wir sie nicht erwartet hatten. Einzelne Institute oder Stiftungen, die wir um Hilfe bei unserer Recherche baten, konnten oder wollten uns nicht unterstützen. Mehr und mehr hatten wir das Gefühl, dass es so etwas wie »exklusive Rechte« auf Zeitzeugen gibt, die einzelne Einrichtungen oder Personen nur ungern abtreten. Natürlich ist uns bewusst, dass auch dieses Buch einen Teil des sogenannten Shoah Business darstellt, innerhalb dessen eifersüchtig darüber gewacht wird, wer welches Terrain besetzt und wer Zugang zu Informationen erhält. Personenrechte und der Schutz der Anonymität mögen eine Rolle gespielt haben. Dennoch waren wir überrascht, wie ablehnend manche Haltung war.

In der Regel verlief der Kontakt zu den Überlebenden zunächst schriftlich, die meisten Angeschriebenen meldeten sich schnell zurück, bereit, über ihre schmerzhaften Erlebnisse zu sprechen und auch Verbindung zu Menschen herzustellen, die ähnliche Schicksale hatten. So begegneten wir weiteren Personen. Da wir von Beginn an die Suche auf versteckte Kinder und junge Menschen begrenzen wollten, die *in Deutschland illegal* überlebt hatten, konnten wir nicht alle, die wir trafen, in unser Buch aufnehmen.

Nicht die Geschichten von Kindern und Jugendlichen, die den Krieg in Konzentrationslagern überlebten, nicht die von Juden, die sich in Ungarn, Polen, Kroatien oder anderen Ländern versteckten, aber auch nicht jene von Zeitzeugen wie Horst Selbiger, der als »Halbjude« zwar allen Restriktionen in NS-Deutschland ausgesetzt war, aber nicht untertauchen musste. Sie alle sind *nicht* das Thema dieses Buches. Ihre Geschichten bleiben noch zu schreiben.

Franz Michalski

»Mein Vater konnte alles besorgen, auch überlebenswichtige Kontakte.«

Die Nazis haben alles verändert. Sie haben aus Menschen, die allenfalls auf dem Papier jüdisch waren, Juden gemacht, aus sanften Männern Kämpfer und aus fröhlichen Kindern ernste Erwachsene.

Meine Mutter kam aus einer jüdischen Familie in Breslau. Sie war nie religiös. Um meinen nichtjüdischen Vater 1933 heiraten zu können, konvertierte die nichtreligiöse Lilli Brann zur nichtreligiösen Katholikin Lilli Michalski. Erst als sie nicht mehr dazugehörte, trauerte sie dem Judentum hinterher, nicht dem Glauben, vielmehr seiner Toleranz und Humanität.

Mein Vater war ein liebevoller Mann und ein tüchtiger Handelsvertreter für kosmetische Produkte der Firma Schwarzkopf. Nachdem man ihm wegen seiner Ehe mit einer Jüdin das Geschäft weggenommen hatte, wurde aus ihm ein Mann für besonders gefährliche Aufträge.

Ich wurde sehr früh erwachsen. Meine Kindheit endete, als wir 1939 von Görlitz nach Breslau zogen.

Ich war fünf Jahre und musste alleine einkaufen gehen, weil meine Mutter in Breslaus Geschäften nicht bedient wurde. Im katholischen Kindergarten quälten mich die Schwestern. Ich litt unter Essstörungen, schob meine Brote unter den Teppich, wenn meine Mutter nicht hinsah. Als am 1. September 1939 die Soldaten in einer Parade mit Trommeln in den Krieg auszogen, winkte ich ahnungslos vom Balkon. Meine Mutter zog mich schnell runter und brach in Tränen aus. Danach wusste ich, dass wir nicht erwünscht waren. Ich hielt still und nahm mir vor, sie zu beschützen. Sie und meinen Bruder, der 1940 auf die Welt kam.

Mein jüngerer Bruder Peter und ich waren eine verschworene Gemeinschaft. Als er drei Jahre alt war, brachte uns unsere Mutter mit dem Zug nach Schreiberhau ins Riesengebirge zu den Ursulinen. Der Frauenorden betrieb dort ein Kinderheim. Es war das Frühjahr 1943.

Die Stadt lag im Flusstal zwischen den Zacken zweier Gebirge, das Kinderheim etwas abseits vom Bahnhof mitten im Wald. Beim Abschied weinten wir, aber Mutter sagte uns, hier seien wir sicher. Sie müsse etwas vorbereiten und würde uns bald abholen.

Die frommen Ursulinen waren schrecklich streng zu uns. Wenn wir nach dem Wecken nicht sofort aufsprangen, schubsten sie uns grob aus dem Bett. Peter bekam, wenn er vor Heimweh weinte, nichts zu essen. Mich nannten die Ursulinen nicht Franz, sondern den »Judenlümmel«. Die anderen Kinder riefen sie beim Namen. Auch die Kinder waren gemein. Wir durften nicht mitspielen, nur zugucken. Abends im Bett, wenn alle schliefen, kam ich zu Peter und versprach ihm, dass wir abhauen würden. Erst dann schlief er ein.

Ich halte mein Versprechen. Peter und ich versuchen zu fliehen, doch noch vor dem Bahnhof holen die Schwestern uns ein. Als Strafe muss ich einen Brief an Mutter schreiben. Sie geben mir einen Stift und einen Papierbogen. Ich soll mein unverschämtes Verhalten schildern. Ich beginne mit »Liebe Mutter«, ich kann nicht lügen. In mir sind so viele Worte, die rausmüssen. Mein Stift fliegt übers Papier, ich schreibe ihr von den Schlägen, von Franz, der weint, und den Wutausbrüchen der Schwestern, vor denen ich ihn beschützen und daher weglaufen wollte. Danach fühle ich mich besser, aber ich habe Angst. Schnell zerreiße ich den Brief in kleine Schnipsel und werfe ihn in den Papierkorb. An Mutter verfasse ich einen kurzen Text in harmlosen Wörtern. Sie hat mir beigebracht, wie ich einen Hilferuf verschlüssele.

Die Schwestern haben den ersten Brief gefunden und kleben die Schnipsel aus dem Papierkorb wie ein Puzzle zusammen. Sie schreien mich an und hauen mir mehrmals auf den Hinterkopf. Jetzt darf ich nicht raus, muss den ganzen Tag still sitzen. Ich denke unablässig an die Nachricht für Mutter. Ob sie den Hilferuf versteht?

Sie versteht. Ein paar Tage später kommt Mutter und holt uns ab. Auf dem Heimweg steigen wir zweimal aus, nehmen den nächsten Zug. Meine Mutter hat Angst, dass sie verfolgt wird. Sie trägt keine Papiere bei sich, ihr gelber Stern liegt zu Hause in der Wäschekommode. Ich bin glücklich, wieder in Breslau zu sein.

Doch bald darauf mussten wir Breslau wieder verlassen. Ein Freund von Vaters Bruder arbeitete bei der Polizei. Er hieß Alfons Thienelt und hatte ein lahmes Bein. Weil er als Soldat untauglich war, hatte man ihn bei Kriegsbeginn dienstverpflichtet. Ihm unterstand die Judenkartei von Breslau. Bis jetzt hatte er die Michalski-Akte verschwinden lassen, indem er unsere Karte immer wieder nach hinten steckte.

Im Oktober 1943 war eine geheime Sonderaktion angekündigt, die diesmal auch die Kinder aus »Mischehen« betraf. Wir waren fast die letzten Juden in Breslau. Großmutter war bereits abgeholt worden, Großvater hatte sich kurz vor der Deportation selbst umgebracht. Alfons Thienelt warnte uns, es gab keine Karte mehr, hinter der er unsere verstecken konnte. Meine Mutter packte zwei kleine Koffer. Mein Vater, der unter der Woche wegen seiner Arbeit für die Firma Schwarzkopf in Berlin lebte, holte uns ab.

Er hatte ein helles, großes Zimmer in Berlin, bei einer Wirtin in der Mommsenstraße. Wir durften es nach unserer Ankunft kurz sehen. Um uns nicht zu gefährden, stiegen wir mit Mutter in einem kleinen, schon älteren Hotel am Alexanderplatz ab. Drei Tage später zogen wir in eine Pension, ebenfalls in der Nähe des Alexanderplatzes. Ich weiß nicht, wie oft wir in den folgenden Monaten das Quartier wechselten. Wir blieben nie lange, meist eine Woche, bis entweder der Wirt Fragen stellte oder wir aus Angst vor einer Razzia weiterzogen. Wir durften mit niemandem sprechen. Wenn das Zimmermädchen in der Früh anklopfte, waren wir schon auf der Straße. Weil es sicherer sei, sagte Mutter.

Im Winter 1943 lag viel Schnee. Wir zogen alles an, was wir mithatten, und liefen herum. Stundenlang. Manchmal trug ich Peter, wenn ihm die Beine wegknickten. Einen Kinderwagen besaßen wir nicht. Tagsüber saßen wir für ein paar Stunden am Bahnhof. Manchmal auch in einer der großen Bierschwemmen. Peter und ich schliefen im Sitzen. Mutter nie. Wir waren erschöpft und hungrig, die Lebensmittelmarken, die meine Eltern zuvor über Monate angesammelt hatten, waren fast aufgebraucht. Ein paarmal brachte die Witwe des Firmengründers Hans Schwarzkopf uns Kekse. Sie war es auch, die uns Kinder zur Weihnachtsfeier der Firma einlud.

Vater zeigte mir einmal im Werk, wie Shampoo gemacht wird. Bei Schwarzkopf wird es ohne Seife hergestellt, es ist das erste flüssige Shampoo, eine Erfindung von Hans Schwarzkopf. Ich fühle mich nicht wohl, als Vater Peter und mich in Tempelhof vor der Werkskantine absetzt. Sie ist festlich geschmückt, und es gibt einen Weihnachtsbaum mit Lametta. An einem langen Tisch sitzen die Kinder der Mitarbeiter. Wir bekommen einen Korb mit Süßigkeiten. Ich würde gerne die Schokolade auswickeln, traue mich aber nicht. Ein großer, schwarz gekleideter Mann betritt den Raum. Ich bemerke Peters Angst, auch ich fürchte mich vor ihm. Der Mann zieht beim Laufen ein Bein nach, das, wie das andere, in einem schweren schwarzen Stiefel steckt. Als er näherkommt, kann ich das SS-Abzeichen auf seiner Uniform sehen. Der Mann lächelt, schreitet die Tafel ab und bleibt bei einem Jungen stehen. Zum Glück nicht bei mir.

Es war Heinz Schwarzkopf, einer der drei Söhne, die die Geschäftsbereiche der Firma leiteten. Er hatte ein Bein verloren und war das Aushängeschild der Firma bei den Nazis. Bereits 1933 war er in die SS-Reiterstaffel eingetreten. Mutter und uns war er unheimlich. Ende 1938 hatte die Firma Schwarzkopf meinem Vater, der ihre Produkte in Niederschlesien vertrieb, die Vertretung entzogen und sie einem SS-Mitglied übergeben. Mein Vater hatte sich geweigert, sich von meiner Mutter scheiden zu lassen. Heinz Schwarzkopf wusste zwar, dass mein Vater weiter »in der Außendienstleistung« für die Firma unterwegs war, duldete es aber stillschweigend. Die alte Frau Schwarzkopf, seine Mutter, und der Vertriebsdirektor Willy Weber, die meinen Vater sehr schätzten, hatten Heinz Schwarzkopf dazu gedrängt.

Ende Dezember 1943 kehrten wir zurück in unsere Breslauer Wohnung. Ich war froh, Berlin zu verlassen, die Monate in Hotels und auf der Straße waren schrecklich gewesen. Alfons Thienelt hatte meinen Vater angerufen und Entwarnung gegeben. In den nächsten Wochen gingen jedoch, zumindest aus meiner Kindersicht, seltsame Dinge in unserer Wohnung vor.

Peters Kinderbett verschwand einfach. Ich fand meine Rollschuhe nicht mehr, mit denen ich mich früher von unserem Hund hatte ziehen lassen. Als ich abends aus meinem Zimmer kam, sah ich Mutter, wie sie das Porzellan-Service einwickelte. Nur unseren Esstisch behielten wir noch.

Eine Breslauer Spedition brachte die Kisten in ein Lager von Schwarzkopf im niederschlesischen Naumburg, wie ich nach dem Krieg erfuhr. Wir sahen unsere Sachen nie wieder, wie auch das Auto meines Vaters, einen DKW, vor dem er uns gern fotografiert hatte. Einen Teil der Kisten versteckten meine Eltern auch in Thiemendorf nahe Görlitz, wo die Eltern meines ehemaligen Kindermädchens Erna einen Bauernhof hatten.

Im Oktober 1944 bekam meine Mutter einen Brief. Es handelte sich um die Aufforderung zur Zwangsar-

Franz Michalski, geb. 1934 in Görlitz

beit in einem Lager. Die erste hatte sie ignoriert und seitdem nichts mehr gehört. »Im Interesse einer reibungslosen Abfertigung wird gebeten, die angegebene Zeit genau einzuhalten«, las ich vor. Als Datum war der 17. Oktober 1944 angegeben, als Uhrzeit 15.30 Uhr. Der 17. Oktober war mein zehnter Geburtstag.

Fast zeitgleich wurde mein Vater in Berlin aufgefordert, sich »unbedingt erforderlich« am 23. Oktober 1944 bei der Organisation Todt zur Zwangsarbeit zu melden. Mein Vater verließ die Stadt sofort und ging in den Untergrund. Er wurde steckbrieflich zur reichsweiten Fahndung ausgeschrieben. Keiner konnte uns mehr helfen, auch Alfons Thienelt nicht. Es gelang ihm nicht, Mutters Abholung zu verzögern.

An meinem Geburtstag riecht die Wohnung schon mittags nach Kuchen. Das Mehl dafür haben wir seit Wochen angespart. Peter und ich sollen den Esszimmertisch festlich decken. Unser Silberbesteck gibt es nicht mehr, wir nehmen die einfachen Gabeln und Löffel. Mutter bringt eine Kanne mit Kaffee und gießt ihn in Tassen. Dann zündet sie die Kerzen an, wir dürfen nichts anrühren.

Es ist 15.30 Uhr, als es an der vorderen Tür klopft, die Gestapo ist pünktlich, wie im Brief angekündigt. Meine Mutter nimmt uns an der Hand. Neben dem Dienstbotenausgang stehen zwei Koffer, darin nur das Allernötigste. Über die Hintertreppe laufen wir durch den Hof in die Seitenstraße. So haben wir es die Tage zuvor miteinander abgesprochen. Ich trage einen Koffer, meine Mutter den anderen. Wir eilen Richtung Bahnhof. Ich fühle mich gehetzt. Nicht wegen der Gestapo, die uns verfolgen könnte. Meine Sorge ist, dass wir den Zug verpassen.

Am Bahnhof wartet Gerda Mez, eine Kollegin von Vater bei Schwarzkopf. Sie hat die Fahrkarten besorgt. Ich mag Gerda. Sie ist groß, blond, etwas füllig, so ganz anders als meine dunkle, zarte Mutter. Gerda scheint furchtlos. Sie hasst die Nazis, weil ihr Verlobter vor ihnen nach Palästina fliehen musste und sie nicht mehr nachkommen konnte. Sie schimpft manchmal laut über sie, äfft sie nach, auch vor uns Kindern. Sie bringt uns zum Lachen.

Der Zug nach Wien ist so voll, dass wir uns im Gang drängeln. Genau wie wir gehofft hatten. Auf dem Bild ihrer Kennkarte trägt Gerda ein unter dem Kinn geknotetes Kopftuch, wie es bei Frauen in Mode ist. Bei einer Haltestelle steigen Feldgendarmen zu, die die Papiere kontrollieren. Sie blicken kurz auf Gerdas Foto. Dann steckt sie mir ihre Kennkarte im Gedränge zu. Ich arbeite mich vor bis zu Mutter, die ein Kopftuch trägt. Meine Hand berührt ihre, dann hält sie die Kennkarte in der Hand. Ich bilde mir ein, ich höre ihr Herz klopfen, vielleicht ist es auch meins. Dass die Frau auf dem Foto ihr überhaupt nicht ähnelt, fällt den Militärpolizisten wegen der Kopftuchmode nicht auf. Mich und Peter lassen sie in Ruhe. Sie suchen nach Deserteuren und Juden.

Dreimal geht unser Spiel gut, dreimal müssen wir umsteigen – in Wien nach Graz und schließlich in einen kleinen Zug nach Feldbach in der Steiermark. Ich habe viel Zeit, um nachzudenken: Ob die Gestapo-Männer meinen Geburtstagskuchen gegessen haben? Bestimmt haben sie gedacht, wir kämen gleich wieder, und haben zunächst gewartet – wie meine Mutter es geplant hatte. Wann haben sie wohl die Finte bemerkt? Ich male mir ihre Wut aus, als sie bemerkten, dass wir das Essen nur inszeniert hatten und schon entwischt waren.

Wir erreichen den Bahnhof in Feldbach in der Dunkelheit. Er ist nicht überdacht, der Schnee liegt meterhoch, nur ein Pfad ist von den Menschen plattgetrampelt. Wir steigen bei Schneetreiben aus. Ich sehe den Pferdeschlitten vor dem Bahnhofsgebäude erst, als wir fast davorstehen. Mein Vater klettert herunter. Er ist in einen weichen Pelz gehüllt, am liebsten würde ich mich sofort hineinwerfen. Doch er drängt uns zur Eile.

Erst jetzt fällt mir der Mann auf dem Kutschbock auf. Er begrüßt meine Mutter mit Handkuss. Dabei streift sein strichdünner, schwarzer Oberlippenbart ihren Handrücken. Er trägt eine große Pelzmütze. Uns Kindern wirft er Pelzdecken zu, damit wir uns einhüllen. Wir winken Gerda zum Abschied. Sie muss zurück nach Berlin, damit man sie in der Firma nicht vermisst.

Mein Vater hatte die Familie Muth, zu der wir fuhren, auf einer seiner Reisen für Schwarzkopf kennengelernt. Ausgestattet mit einem Sonderausweis, war er oft tagelang in Österreich, Tschechien und den annektierten Gebieten unterwegs gewesen, um über alle möglichen Kanäle Treibstoff, Verpackungsmaterialien und Glas aufzutreiben. Die Muths waren eine Fabrikantenfamilie aus Berlin, die Zahnpasta herstellte. Wegen der Bombenangriffe hatten sie ihre Produktion in die Steiermark verlegt, ins Dreiländerdreieck zwischen Österreich, Ungarn und Slowenien. Dort hatten sie ein Schloss gemietet, Schloss

Poppendorf, das etwa 60 Kilometer vor Graz lag. Es gehörte einem exzentrischen Mann, der sich Marquis de Respaldizza nannte.

Der Marquis lenkte den Pferdeschlitten. Er sah aus wie ein Operettenfürst, damals war er etwa 35 Jahre alt. Sein Adelstitel, vermuteten die Muths, war nicht echt. Respaldizza war geheimnisvoll, er war weder zum Militär- noch zum Polizeidienst eingezogen worden. Alle paar Tage fuhr er mit der Eisenbahn von Feldbach nach Graz oder Wien. Selbst mein Vater wusste nicht, welchen Geschäften er nachging, als er ihn kennenlernte. Der Marquis hatte ihm aber angeboten, dass er uns verstecken würde.

Auf Schloss Poppendorf verbrachte der Marquis die Wintertage damit, gekleidet in einen langen Pelzmantel, buschige Fellmütze und Lederstiefel, scheinbar ziellos herumzuspazieren. Gerne fuhr er auch mit dem Schlitten durch die Wälder. Er und die Tochter der Familie Muth hatten sich ineinander verliebt. Die Eltern waren über diese Liebe nicht begeistert gewesen, doch die Tochter der Muths hatte ihnen mitgeteilt, dass sie sein Kind erwarte. Daher hatten sie einer Hochzeit zugestimmt.

Vom Bahnhof fuhren wir etwa zehn Kilometer. Das Schloss lag außerhalb des Ortes auf einer Anhöhe. Vom Schlitten aus sahen wir im Dunkeln den Zwiebelturm, der wegen seiner Schneehaube weiß leuchtete. Über dem Schlossportal erstreckte sich ein breiter Balkon mit Balustrade. Sobald wir eintraten, hörten wir den Säugling schreien. Er hatte Hunger.

Die Milch, die er bekommen sollte, war in der Flasche gefroren. Es war eiskalt im Schloss. Es gab zwar schöne Empire-Öfen und Kamine zum Einschüren, jedoch nirgends Holz. Peter und ich verbrachten in den nächsten Wochen viele Stunden damit, die Babyflasche unter unseren Pullovern an der Haut aufzuwärmen.

In der ersten Nacht schliefen wir kaum. Wir hatten Hunger, weil es zum Abendessen nur verrunzelte Äpfel gab. Selbst unter der Felldecke zitterte ich. Ich sah meinem Atem zu, wie er sich in weiße Wölkchen auflöste.

Das Zimmer, das wir vier zusammen bewohnten, lag im ersten Stock, daneben war ein Saal mit Spiegelgewölbe. Nachts hörte ich von unten Schritte und ein Kratzen, das die Steinwände hochzukriechen schien. Ich hörte auch ein Wimmern. Es klang anders als das Baby.

Der Marquis weckte uns jeden Morgen mit einem Händeklatschen. Wenn er uns sah, tat er immer laut und fröhlich. Ich fand ihn irgendwie lächerlich, sein Verhalten idiotisch. Wie meine Eltern behandelte auch ich ihn aber sehr respektvoll. Sie verbrachten die meiste Zeit im Zimmer. Peter und ich drückten uns tagsüber draußen herum. Wir suchten nach Essbarem. Auf den Bäumen fanden wir manchmal noch Äpfel vom Sommer, in den gefrorenen Feldern vergessene Kartoffeln oder Rüben. Einmal sahen wir im Schnee frisches Blut.

Meine Eltern wussten es wahrscheinlich, ich erfuhr es erst viel später. Nachts verwandelte sich das Schloss in ein Partisanenlager, der Marquis de Respaldizza war der Anführer. Die Rolle des Operettenfürsten hatte er sich für den Tag zugelegt. Keiner sollte merken, was im Gewölbe unter Schloss Poppendorf wirklich vorging. Hier lag die Einsatzzentrale einer Partisanengruppe, der etwa 30 bis 40 Mitglieder angehörten.

Sie setzte sich aus Bauern, Briefträgern und Händlern

aus dem slowenischen Grenzgebiet zusammen. Auch Ungarn und deutsche Studenten aus Hamburg gehörten zu ihr. Sie standen in regelmäßigem Funkkontakt mit einer britischen Zentrale, die der deutsche Sozialdemokrat Max Brauer von London aus leitete. Er war 1933 in Hamburg-Altona aus dem Amt des Bürgermeisters vertrieben worden. Tagsüber arbeiteten die Partisanen in ihren Berufen oder schliefen im Gewölbe. Nachts zogen sie gegen die deutschen Besatzer aus. Ihre Verwundeten wurden auf Schloss Poppendorf versorgt, das wenige Essen und Feuerholz gingen an sie.

Weil das Schloss so nahe an der Grenze lag und die Nazis in der annektierten Südsteiermark viele Feinde hatten, kontrollierten Gestapo, Wehrmacht und SS das Gebiet sorgfältig. Alle paar Tage statteten sie auch dem Schloss einen Besuch ab. Das Gebäude war so weitläufig und verwinkelt, dass wir alle uns sicher verstecken konnten.

Unser Hunger war aber groß, die Kälte kaum auszuhalten. Seit der Ankunft war ein Monat vergangen. Als die Hauskontrollen im Schloss häufiger wurden, entschlossen sich meine Eltern im November 1944, den Zufluchtsort zu verlassen – ohne zu wissen, wohin.

Für Peter und mich hatten sie einen äußersten Notfallplan verabredet. Erna Scharf war mein Kindermädchen gewesen, als wir in Görlitz gelebt und mein Vater dort die Schwarzkopf-Vertretung geführt hatte. Als kleiner Junge liebte ich Erna wie eine große Schwester. Sie war erst 16 Jahre, als sie bei uns einzog, um auf mich aufzupassen. Wenn sie tanzen ging, nahm sie mich mit, und ich drängelte mich eifersüchtig zwischen sie und ihren Tanzpartner.

Als wir 1939 nach Breslau zogen, ging Erna zurück in ihr Elternhaus. Erna Scharfs Vater war ein gelernter Glasbläser und aktiver Kommunist, der von den Nazis gefoltert worden war und sich auf einen kleinen Bauernhof in Thiemendorf zurückgezogen hatte. Peter und ich hatten dort öfters die Sommerferien verbracht. Den Nachbarn erzählte Erna, wir seien ausgebombte Kinder aus der Stadt.

Auf dem Bauernhof war es nicht ungefährlich, da Ernas Vater als Kommunist von der Gestapo beobachtet wurde. Trotzdem hörte er auch im Krieg nie auf, entflohenen Kriegsgefangenen, Polen und Russen, die sich in den nahen Königsberger Bergen versteckten, Essen, Trinken oder einen Schlafplatz für eine Nacht zu geben.

Mein Vater brachte uns nach Thiemendorf. An die gefährliche Reise ohne Papiere erinnere ich mich nicht. Vater kehrte sofort in die Steiermark zurück und versuchte, sich mit Mutter in Gebieten durchzuschlagen, die bereits weitgehend von jugoslawischen Partisanen beherrscht wurden.

Wir Kinder hörten monatelang nichts von unseren Eltern. Peter litt unter der Trennung sehr. In Thiemendorf feierte er seinen vierten Geburtstag. Er bekam Eier geschenkt. Er war noch dünner als ich, nahm aber etwas zu, worauf ich stolz war. Ich hatte meinen Eltern versprochen, auf ihn aufzupassen. Auf dem Hof hatten wir Hühner und ein paar Schweine, die wir füttern halfen. Ich lernte Melken und Buttermachen.

Zehn Wochen hielten meine Eltern durch. Dann erreichte sie die Nachricht von Erna, dass wir Kinder nicht mehr sicher wären. Während der ständigen Kontrollen auf dem Hof krochen Peter und ich jedes Mal unters Heu auf dem Scheunenboden. Aber die Leute im Dorf fragten Erna, warum sie uns nicht in die Dorfschule schickte.

Im Februar 1945 holten uns meine Eltern ab. Noch in der gleichen Nacht stiegen wir vier in einen Zug nach Dresden, weiter auf unserer Flucht. Wir erreichten Dresden am 13. Februar 1945.

Der Zug stoppt mehrmals auf offener Strecke. Während er in den Dresdner Hauptbahnhof rollt, vernehmen wir schon das Heulen des Fliegeralarms. Die Sirenen bin ich gewöhnt, diesmal höre ich aber auch ein dumpfes Grollen, es kommt von Dutzenden Motoren gleichzeitig. Fast ist es, als zittere die Luft von dem Gebrumme. Wegen der Verdunklungspflicht brennt am Bahnsteig kein Licht.

Die Menschen um uns rennen los, panisch. Auch meine Eltern reißen mich und Peter an den Händen und rennen mit. Wie alle drängeln wir uns vor dem Bahnhof in einen großen Bunker. Nicht weit von uns höre ich die ersten Einschläge, der Beton vibriert.

Unten sitzen wir eng, aber zusammen. Es gibt eine Notbeleuchtung, einige haben Taschenlampen dabei. Viele Menschen weinen und beten. Über uns dröhnt es, es müssen mittlerweile Hunderte Flugzeugmotoren sein. Zwischen den Explosionen gibt es keine Pausen mehr. Ich weiß nicht, wie lange wir so sitzen.

Als es still ist und wir hochkommen, ist es draußen sehr hell und furchtbar heiß. Der Schnee ist verschwunden. Die Stadt leuchtet glutrot von Bränden. Es fällt mir schwer zu atmen.

In dieser Nacht hatten britische Flugzeuge etwa 650 000 Brandbomben abgeworfen, sie zerstörten 80 000 Wohnungen, ihre Hitze deformierte sämtliches Glas in der Innenstadt. Über 20 000 Menschen starben.

Im zerstörten Bahnhof sitzen verkohlte Leichen in ausgebrannten Zügen. Menschen, auf Kindergröße geschrumpft, liegen herum, abgerissene Arme, Beine, ganze Familien im Tod erstarrt. Wegschauen hilft nicht, denn sie sind überall. Dazwischen laufen wir Lebenden. Viele sind verwundet, manche schreien hysterisch, andere sind ganz ruhig. Der Zug, der uns nach Tetschen-Bodenbach bringen soll, ist nur noch ein Skelett. Auf einem anderen Gleis ist der Zugverkehr wieder aufgenommen. Hilfskräfte schieben uns in die Waggons, um so viele wie möglich raus aus der Stadt zu schaffen. Im Chaos gibt es keine Kontrollen. Was anderer Menschen Leid ist, ist unsere Chance.

Die Firma Schwarzkopf hatte einen Teil der Produktion nach Tetschen-Bodenbach an die tschechische Elbe verlagert. Im Hotel zur Post am Marktplatz von Tetschen wohnten Mitarbeiter der Firma, auch Gerda Mez, die Kollegin meines Vaters. Sie hatte ihm angeboten, im äußersten Notfall zu ihr ins Hotel zu kommen.

Die Zugfahrt entlang des Elbsandsteingebirges verbrachten wir liegend unter den Abteilbänken. Tiefflieger nahmen die Verfolgung des Zuges auf und schossen mit Maschinengewehren seitlich durch die Abteilfenster. Mein Körper bewegte sich automatisch, mich ergriff eine seltsame Gleichgültigkeit.

Im Hotel zur Post sah der Hotelier durch uns hindurch. Auch die nächsten Tage sagte er nichts, obwohl wir zu fünft in Gerdas Hotelzimmer wohnten. Wir schliefen auf dem Boden, aßen von Gerdas Ein-Personen-Rationen, die keinen satt machten.

Mein Vater versucht, andere Schwarzkopf-Kollegen in Tetschen-Bodenbach um Hilfe zu bitten. Er trifft sich mit ihnen an abgelegenen Orten und bietet Gegenleistungen für Lebensmittelkarten an. Eines dieser Geschäfte führt ihn Ostern nach Prag. Mutter sagt er, er werde morgen wieder zurück sein. Ich soll den Koffer für ihn unter dem Bett hervorholen. Er öffnet ihn, nimmt eine Pistole heraus und spannt den seitlich angebrachten Hebel. »So wird sie entsichert«, sagt er. »Sie ist geladen. Wenn die Gestapo kommt, erschießt du zuerst deine Mutter, dann deinen Bruder und dann dich.«

Gerda ist in der Arbeit. Vater kommt nicht. Mutter, Peter und ich sitzen im Hotelzimmer und warten, schon den zweiten Tag. Ich will nicht ständig an die Pistole unter dem Bett denken, deshalb frage ich Peter, ob er mit mir rausgeht. Wir gehen in der Bäckerei betteln.

Ich habe ein Stück von dem Brötchen, das uns die Verkäuferin geschenkt hat, für Mutter gelassen. Als ich es ihr hinhalte, reagiert sie nicht. Sie sitzt starr auf dem Hotelbett. Mit einem Mal wird sie lebendig, greift unters Bett und hält die Pistole in der Hand. Sie schaut uns nicht an. Sie beugt den Arm, um die Waffe auf sich zu richten. Noch in der Bewegung werfe ich mich auf sie, ringe mit ihr auf dem Bett. Ihre Kraft ist erstaunlich. Endlich kann ich ihr die Pistole entreißen.

Doch Mutter ist hysterisch. Sie greift Peter wie eine Puppe und rennt aus dem Hotel. Sie läuft mit ihm auf dem Arm Richtung Elbe. An der Kehlmauer hole ich sie ein. Der Fluss ist dunkel und laut, weil er wegen der

Schneeschmelze viel Wasser führt. Ich reiße an ihrer Kleidung, halte ihre Hüfte umschlungen, doch mir fehlt die Kraft. Ich kann sie nicht zurückdrängen, sie will springen. Nicht mit Peter! Wenigstens ihn will ich retten. Ich ziehe an seinen Füßen, bis er herunterfällt. Dann knicken Mutters Beine weg. Wenig später lässt sie sich ins Hotel zurückführen.

Am nächsten Tag kommt mein Vater zurück. Sein Gesicht ist geschwollen. In Prag ist er in eine Wehrpasskontrolle geraten und im Gestapo-Gefängnis gelandet. Vorsichtshalber hatte er keine Papiere eingesteckt. Doch die Gestapo hegte den Verdacht, dass er der steckbrieflich Gesuchte sei. Mein Vater leugnete seine Identität auch unter Folter. Zu einem seiner Talente gehörte, dass er Dialekte nachahmen kann. Er sagte, er sei aus Wien, und nannte eine Adresse, wo er angeblich wohnte. Sein Wienerisch konnte sogar einen echten Wiener Kollegen der Gestapo überzeugen. Sie ließen ihn laufen.

Inzwischen war es Anfang Mai. Im Hotelzimmer bei Gerda Mez wurde es zu eng. Meine Mutter, die nervlich zerrüttet war, brauchte dringend Ruhe. Wir liefen die zwölf Kilometer elbabwärts nach Herrnskretschen, einem kleinen tschechischen Ferienort. Er lag eingeklemmt in den tiefen Schluchten des Elbsandsteingebirges. Stromabwärts verlief eine paar Hundert Meter weiter die Grenze. Gegenüber lag das sächsische Schöna, zwischen den Ufern pendelte eine Fähre.

Im Hotel Hentschel hatten wir ein Doppelzimmer bezogen. Vater hatte den Hotelier bestochen, er fragte nicht nach Papieren. Um möglichst wenig unter Menschen zu sein, wanderten wir viel in der Natur. Es gab

Wälder und Schluchten, in denen wilde Blumen blühten. Der Frühling war dieses Jahr früh gekommen. Nur der Hunger quälte uns. Manchmal bekamen Peter und ich ein Stück Kommisbrot von vorbeiziehenden Soldaten zugesteckt, die, wie wir, das Kriegsende ersehnten. Ich freundete mich mit dem Sohn eines Sägemüllers an und spielte mit ihm zwischen Stapeln von Brettern und in den Sägespänen.

Am 8. Mai hallt in der engen Schlucht ein dumpfes Grollen, das seit zwei Tagen immer lauter wird. Der Tag ist heiß, wie im Hochsommer. Am Himmel steht nicht eine Wolke, die Bohlen des Fährlandestegs riechen in der Hitze nach Teer.

Vom Hotelfenster kann ich die Straße, die an der Elbe entlanggeht, überblicken. Das Donnern wird lauter. Ich sehe einen Wehrmachtssoldaten rennen, dicht hinter ihm folgen weitere. Ihre Panik ist ansteckend. Mit einem Mal, als wenn ein Staudamm bräche, ergießt sich eine Flutwelle aus Menschen die Straße hinunter. Männer, die laufen. Männer in Wehrmachts- und SS-Uniform, die wie Trauben an Lastwägen hängen. Männer zu viert, zu fünft auf Motorrädern mit Beiwagen. Männer auf Fahrrädern, auf Pferdewagen und als Reiter.

Vor der Fähranlegestelle staut sich die Flutwelle. Die Männer werfen einfach alles auf den Boden, Fahrräder, Motorräder, einige Pferde brechen aus. Die Autos lassen sie stehen. Sie reißen sich ihre Uniform vom Körper, schleudern Abzeichen ins Wasser. In Unterwäsche versuchen sie, auf die Fähre zu klettern, auf deren Deck kein Zentimeter Platz mehr ist. Als das Schiff ablegt, springen viele ins Wasser, versuchen im Strom zu schwimmen.

Unsere ganze Familie lehnt nun am Hotelfenster und schaut zu. Ich fühle mich leicht, die Todesangst, die mich seit Langem begleitet, weicht von mir. Wenn die Soldaten flüchten, müssen die Russen gleich kommen. Ich will raus und laufe zum Ufer. An der Böschung hebe ich ein Fahrrad auf. »Guck mal, Vater, was für ein schönes Rad.« Es ist rot mit weißen Ballonreifen, ich schiebe es zum Hotel. Mein Vater gibt mir eine Ohrfeige, dass die Backe brennt. »Man stiehlt nicht«, sagt er streng. Dann aber versteckt er das Fahrrad hinter dem Hotel.

Von den flüchtenden Soldaten erreichen nur wenige das andere Ufer. Die überfüllte Fähre geht unter, die meisten ertrinken. Gegen Mittag kommt die Rote Armee nach Herrnskretschen. Das Fahrrad werden wir später noch gut brauchen können.

Ende Mai 1945 müssen alle Deutschen die Tschechoslowakei verlassen. Franz Michalskis Vater bittet die Kreisverwaltung um eine Aufenthaltsgenehmigung für die Familie, erzählt den Beamten, was sie durchgemacht haben. Der Antrag wird abgelehnt. Am 31. Mai verlassen die Michalskis Herrnskretschen, nun wieder Hrensko, zu Fuß und mit dem roten Fahrrad Richtung Berlin. Gegen ihren Willen machen die Tschechen sie wieder zu Deutschen. Zurück in Berlin bekommt Franz Michalskis Vater bei Schwarzkopf eine wichtige Position, auch weil er die Firma entlasten kann.

Franz Michalski wird auf das Canisiuskolleg geschickt, um

seine Schulbildung bestmöglich nachzuholen. Es werden seine schlimmsten Jahre, sagt er. Für jüdische Kinder ist der Hass nach 1945 längst nicht vorbei. Später arbeitet er als Händler für Getreide und Futtermittel an der Börse in Süddeutschland, heute leben er und seine Frau Petra in Berlin.

Erst 2006 spricht Franz Michalski zum ersten Mal öffentlich über seine Geschichte. Seit einem Schlaganfall vor ein paar Jahren übernimmt seine Frau das Erzählen. Die beiden sind seit seinem 18. Lebensjahr ein Paar.

Für seine drei Kinder schreibt Franz Michalski seine Lebensgeschichte hingegen noch vor dem Schlaganfall auf.

Margot Friedländer

»Ich hatte doch noch nicht gelebt.«

Vor mir liegt eine Postkarte. Mit großer Anstrengung schreibe ich meinen Namen, den Absender: »Margot Bendheim, Theresienstadt. Protektorat Böhmen/Mähren. Bahnhofstraße 6«. Dann das Datum: »Juni 1944«. Danach bin ich müde. Ich wundere mich, wie ich bis hier durchgehalten habe. Ich bin in Theresienstadt, einem Ort, ich ahne es, an dem es keine Zukunft gibt.

Der Hunger macht stumpf. Ich will meinen letzten Helfern eine Nachricht schreiben. Doch was kann ich von hier aus berichten? Dass ich jetzt in einer Schneiderwerkstatt arbeite wie früher? Dass ich im Lager einen Freund gefunden hatte, der kurz darauf zum »Arbeitseinsatz« fortmusste?

Das Eigentliche hier ist unbeschreiblich. Wir sind im Vorhof der Hölle. Wir alle wissen von der Tötungsindustrie. Um mich herum sterben Menschen, vor Hunger, beim Transport, an Flecktyphus. Jeden Tag, jede Nacht. Sie werden einfach aus ihren Zimmern gezerrt, manche gleich erschossen. Wie viel kann ich noch aushalten? Und wann übertrete ich die Schwelle?

Meine Kindheit scheint ewig zurück, als hätte ich sie

in einem anderen Jahrhundert erlebt. Meine Eltern hatten sich nach dem Ersten Weltkrieg kennengelernt, kurz darauf geheiratet, ein Jahr später kam ich. Am 5. November 1921. Meine Mutter hatte schon sehr jung ihr eigenes Geschäft gegründet, für Knöpfe, in der Nähe des Spittelmarktes in Berlin. Die Knöpfe stellte sie selbst her. In einer Maschine wurden die Rohlinge mit Stoff bespannt. Es gab ein lautes Klicken, wenn die Metallteile ineinandergriffen. Mutter war tüchtig und sehr erfolgreich. Nach der Hochzeit übernahm mein Vater ihr Geschäft, das er zu einem Großhandel umbaute. Fortan belieferte er Schneider und Knopfmacher mit Maschinen und Zubehör, meine Mutter blieb mit mir zu Hause.

Als kleines Kind wurde ich sehr verwöhnt. Beide Elternteile kamen aus großen Familien. Ich hatte Großeltern, jede Menge Tanten, Onkel und Cousins, die mich sehr liebten und die ich regelmäßig auf dem großen Familiengut am Scharmützelsee traf. Mit vier bekam ich einen Bruder, Ralph. Wir lebten mit einem Dienstmädchen in einer Elfzimmerwohnung. Darin stand ein königsblaues Sofa aus Samt, so weich, dass ich gern mein Gesicht darin vergrub.

Im Frühjahr 1938 zog meine Mutter aus der Wohnung aus, meinen Bruder und mich nahm sie mit. Von da an zerbröselte meine Welt mehr und mehr, bis nichts mehr Vertrautes von ihr übrig blieb. Schon lange hatten sich meine Eltern zu Hause angeschwiegen. Je mächtiger Hitler wurde, umso zerrütteter wurde ihre Ehe. Vielleicht hatten sie nie wirklich zusammengepasst, sich nie geliebt. Aber sie hatten es versucht. Den einzigen Mann, in den meine Mutter je verliebt war, durfte sie nicht heiraten. Ihre Eltern hatten es verboten. Mein Vater war ihre letzte Chance. Sie war 25, damals höchste Zeit zu heiraten. Er war ein Frontheimkehrer, sein Bruder gefallen. In der Nacht suchten ihn Albträume heim. Er war, wie man heute sagt, schwer traumatisiert. Die Ehe war nie unbeschwert. Aber die immer feindlichere Umgebung, die täglichen Spannungen, die Angst vor den schlimmen Zeiten machten sie unmöglich.

Ich war ein Vaterkind. Als wir mit ihm lebten, zog es mich mehr in seine Arme. Meine Mutter war manchmal eifersüchtig. Trotzdem, wenn ich heute darüber nachdenke, bin ich uneinig, ob ich den Vater im Nachhinein lieben kann. Er hätte uns vieles ersparen können. Es sind zu viele Dinge passiert, an denen auch er Schuld trug.

Nach der Trennung bezogen mein Bruder, meine Mutter und ich ein Zimmer in der Pension Mandowsky. Sie lag an einem hübschen Platz. In seiner Mitte erhob sich die Kirche Sankt Ludwig, ein roter gotischer Backsteinbau, drumherum gab es viele Bäume, Läden und Kaffeehäuser.

Mein Bruder sollte in wenigen Tagen seine Bar Mitzwa feiern, er war gerade 13 Jahre alt geworden. Ich war 17 und lief jeden Tag zu Fuß zum Salon Lang-Nathanson, einer Schneiderin, bei der ich in die Lehre ging. Der Weg nach Schöneberg war weit. Ich hatte etwa einen Kilometer zurückgelegt, als ich in der Luft einen bekannten Geruch wahrnahm: Feuer. Ich sah mich um. Hinter der Häuserzeile brannte es. Ich kehrte sofort um. Es war der 9. November 1938. Ich nahm eine Abkürzung durch die Uhlandstraße, in der es viele Geschäfte gab. Ich trat über zerbrochenes Glas, wich auf die Fahrbahn aus. Ich sah, wie SA-Männer Fenster einschlugen.

Wenige Wochen später nahmen sie meinem Vater das Geschäft weg. Es werde arisiert – so sagte man ihm. Auch ich verlor meine Arbeit. Die Zeit des Selbstbetrugs war vorbei.

Meine Mutter konnte schon immer gut organisieren. Sie bereitete mit großer Energie unsere Ausreise vor. Eine ihrer Schwestern war bereits 1935 nach São Paulo ausgewandert. Sie schrieb Tante Jetti, bat sie um Einreisepapiere für Brasilien. Nur wer eine Bürgschaft eines Verwandten hatte, der in dem Land lebte, konnte auf der Botschaft ein Visum beantragen. Als Tante Jetti zurückschrieb, lagen tatsächlich Papiere drin. Ungläubig betrachteten wir Kinder die fremden Worte, die schönen Stempel. Meine Mutter ging damit sofort zum brasilianischen Konsulat.

Dort sagte ihr ein Beamter, dass die Einreisepapiere von Tante Jetti gefälscht seien. Sie war auf einen Betrüger hereingefallen. Brasilien war tot. Meine Mutter gab aber nicht auf. Sie sammelte Adressen, notierte Namen und Telefonnummern von Menschen, die wiederum andere kannten, die emigriert waren. Sie schrieb sie an, füllte ihr rotes Notizbuch mit neuen Kontakten, Seite um Seite eng beschrieben mit ihrer sauberen Schrift. Ich besitze es noch heute.

Auch ich wartete mehrmals in der Woche in einem nahen Reisebüro, in dem es manchmal Schiffspassagen zu kaufen gab. Die Ziele hießen Guatemala, San Salvador, Ecuador, Honduras. Ich konnte mir nichts darunter vorstellen. Ich war bereit, überall hinzugehen. Einmal hieß es, Schanghai sei einer der letzten Orte, für die man ein Visum bekäme. Ich weiß nicht wie, aber meine Mutter schaffte es: Wir hatten ein Visum für China und eine Schiffspassage.

Zuerst brauchten wir aber noch ein Führungszeugnis von der Polizei und Vaters Einverständnis. Ohne seine Erlaubnis durften wir Kinder nicht fort. Es war nicht das erste Mal, dass wir das Land verlassen wollten. Schon vor der Trennung hatte meine Mutter meinen Vater gebeten, in die USA zu gehen, wo seine Verwandten lebten. Er hatte immer Nein gesagt. Sie hatten deswegen oft gestritten.

Ein paar Tage bevor wir das Visum für Schanghai bekamen, hatte Vater sich verabschiedet. Er müsse auf eine letzte Geschäftsreise. Wir bewunderten seinen neuen Reisepass, als er uns in der Pension besuchte. Er sollte nach Dänemark und Holland fahren, um dem neuen Firmeninhaber Kunden vorzustellen. Seine Reise endete in Belgien, von wo er nicht zurückkehrte. Stattdessen schickte er uns eine Postkarte in die Pension Mandowsky.

Meine Mutter holte sie hervor, sie hatte eine Absendeadresse. Dorthin schrieb sie ihm, ob er uns die Genehmigung für die Ausreise erteilen könne. Er schrieb zurück: »Was wollt ihr in Schanghai? Verhungern könnt ihr auch in Berlin.« Mehr nicht. Danach hörten wir nichts mehr von ihm. Später erfuhr ich, dass er verhaftet worden und ins Lager St. Cyprien nach Frankreich gebracht worden war. Die Nazis brachten ihn um.

Wir waren der Ausreise so nah gekommen, ich war niedergeschlagen. Bis auf das blaue Sofa hatten wir unsere Sachen schon nach Schanghai verschifft. Ich drückte mein

Gesicht tief in das Polster und rieb es am weichen Samt, um mich zu trösten. Statt nach Schanghai mussten wir das Sofa und eine letzte Kiste mit Wäsche und Geschirr, die uns geblieben war, nun mit einem Umzugswagen in die Skalitzer Straße nach Kreuzberg schaffen. Hierhin hatte man uns einquartiert. Zusammen mit einer Frau Meisner und deren Tochter Cläre wohnten wir nun in einer Sternwohnung. Frau Meisners Mann war in der »Polenaktion« im Oktober 1938 auf einen Zug verladen und abtransportiert worden, als die Nazis Tausende Polen aus Deutschland auswiesen. Sie wusste nicht, ob er noch lebte.

Wir bewohnten zusammen ein Zimmer. Tagsüber nähte ich jetzt beim Jüdischen Kulturbund alte Kostüme aus dem Fundus um, die für das Stück *Der Widerspenstigen Zähmung* gebraucht wurden. Geld für neue Stoffe gab es nicht mehr. Der Chef der Verwaltung hieß Adolf Friedländer, er war streng und kontrollierte jeden Pfennig. Mich beachtete er nicht, ich hielt ihn für unfreundlich. Dass ich ihn nur einen Monat nach Kriegsende heiraten würde, hätte ich damals niemandem geglaubt.

Der Kulturbund wurde Ende 1941 aufgelöst. Mich schickten sie in eine Fabrik der Deuta-Werke. Ich arbeitete hart, Stunde um Stunde führte ich die gleichen Handgriffe aus: Ich feilte Metallgewinde, schraubte die Teile aufeinander. Was genau am Ende daraus entstand, wusste ich nicht.

Das Fabrikgelände lag in Kreuzberg, ich konnte zu Fuß hinüberlaufen. Mein Bruder Ralph, der inzwischen 16 Jahre alt war, musste bei einem Rüstungswerk von Siemens Metallteile für Motoren zurechtschleifen. Er arbeitete tagsüber, ich nachts. Meine Mutter versuchte Essen für uns aufzutreiben. Über meine Freunde aus dem Kulturbund hörte ich immer neue Gerüchte, wer abgeholt worden war, wer plötzlich verschwunden. Ein Schauspieler, Freddi Berliner, den ich besonders gern hatte, war in den Untergrund gegangen. Auch meine Mutter und ich hörten uns um, bei wem wir uns im Notfall verstecken könnten.

Kurz nach Weihnachten 1942 bot sich eine letzte Chance. Eine meiner vielen Cousinen war mit ihrem Mann schon sehr früh nach Auschwitz gekommen. Auschwitz war nicht nur ein Vernichtungslager, sondern auch ein KZ, von wo aus Juden zum Arbeiten in andere Lager verliehen wurden. Meine Cousine Hilda und ihr Mann Erwin lebten im nahen Arbeitslager Bistray. Sie nähte Kleidung, ab und an auch für die Familie des obersten Lagerleiters. Der Lagerleiter mochte die beiden, sie waren gute Arbeiter. Er gab ihnen ein separates Zimmer auf dem Gelände, duldete stillschweigend, dass ihre kleine Tochter mit ihnen lebte. Hilda und Erwin hatten schon andere Verwandte dort untergebracht. Sie fragten den Lagerleiter, ob auch meine Mutter, Ralph und ich in Bistray für ihn arbeiten könnten. Er stimmte zu.

Im neuen Jahr bereiteten wir unsere Flucht vor. Am Abend des 20. Januar 1943 wollten wir uns am Bahnhof treffen und in verschiedene Züge steigen. Nur noch Mutter schlief zu Hause. Ich wohnte bei Schulfreunden meines Bruders, als Vorsichtsmaßnahme, falls wir abgeholt würden. Wir verabredeten uns, kurz vor der Abfahrt noch einmal in der Wohnung zusammenzukommen. Ich sollte mich am Morgen des Fluchttages beim Arzt krankschreiben lassen, damit sie mich in der Nacht-

Margot Friedländer, geb. 1921 in Berlin

schicht nicht gleich vermissten. Dann sollte ich ein Telegramm nach Bistray absetzen. Mein Bruder hatte die Aufgabe, am Morgen die zwei Koffer am Bahnhof aufzugeben. Nachmittags wollten wir uns in der Wohnung treffen.

Alles war glattgegangen, beim Arzt war mir übel, und mein Körper hatte tatsächlich geglüht, weil alles in mir in Aufruhr war. Er schrieb mir ohne Nachfragen einen Krankenschein aus, den ich unterwegs in den Hausbriefkasten der Firma einwarf. Dann lief ich zum Postamt und kabelte eine Nachricht, die unsere Ankunft verschlüsselt mitteilte.

Der Wind ist an diesem Tag kalt, ich trage nur einen dünnen Mantel. Trotzdem schwitze ich auf dem Nachhauseweg. Es ist vielleicht das letzte Mal, dass ich an der Hochbahn entlanglaufe, denke ich, als ich die Skalitzer Straße in Richtung unserer Wohnung einschlage. Vor mir läuft ein Mann, er biegt genau an unserer Ecke ins Haus ab. Ich folge ihm, halte einen Treppenabsatz Abstand. Am liebsten würde ich ihn überholen, schnell zu meinem Bruder und zu meiner Mutter gelangen. Etwas an dem Mann macht mich misstrauisch. Im zweiten Stock hält er an, vor unserer Haustür. Ich presse die Handtasche gegen meine Brust, wo der Stern ist. Ohne aufzusehen nicke ich im Vorbeigehen, steige weiter in den dritten Stock. Es passiert automatisch, nicht den Bruchteil einer Sekunde muss ich darüber nachdenken. Ich klopfe bei der Nachbarin. Sie öffnet die Tür, lässt mich ins Innere.

Von ihr erfahre ich, dass die Gestapo uns kurz zuvor zu Hause besucht hatte. Weil unten im Hausflur Lärm zu hören war, hatte sie sich aus dem Fenster gelehnt. Sie hat gesehen, wie mein Bruder und Frau Meisner in einen Polizeiwagen gestoßen wurden. Meine Mutter sei nicht dabei gewesen. Sie erzählt es, ohne zu weinen, auch ich kann nichts fühlen. Reglos sitze ich auf ihrem Küchenstuhl, vielleicht ein paar Stunden lang. Dann gehe ich zu jüdischen Freunden. Ich hoffe, dort meine Mutter zu sehen.

Die Freundin meiner Mutter sieht mich traurig an. Meine Mutter sei vor einer Stunde von hier weggegangen. »Hat sie denn nicht gesagt, wohin?«, frage ich. »Sie hat dir eine Nachricht hinterlassen.« Ich warte auf einen Brief, wenigstens auf einen Zettel, den sie mir in die Hand drückt. Doch sie hat nur einen Satz für mich: »Versuche, dein Leben zu machen. Das soll ich dir von ihr ausrichten. Sie ist zur Gestapo-Stelle gegangen, wo Ralph ist.« »Warum hat sie nicht auf mich gewartet?« Jetzt endlich kann ich weinen. Die Freundin weiß keine Antwort. Sie gibt mir eine Handtasche, sie gehört meiner Mutter. Darin finde ich ihr rotes Notizbuch und ihre Bernsteinkette. Sonst nichts.

Ich bin jetzt allein, allein mit all den Fragen. Warum hat meine Mutter mich im Stich gelassen? Warum ist sie bei Ralph? Was bedeutet die Botschaft?

Erst Jahre später habe ich mir die Fragen so beantwortet: Meine Mutter hat nicht auf mich gewartet, weil sie wusste, ich hätte sie nicht allein gelassen. Ich wäre mit ihr gegangen. Meine Mutter hat noch eine Postkarte aus dem Zug geworfen. Meine Cousine Hilde im Lager Bistray hat sie sogar erhalten: »Wir kommen in eure Gegend. Könnt ihr uns helfen?« Auschwitz ist etwa eine Stunde von Bistray entfernt. Meine Mutter und mein Bruder Ralph kamen in Auschwitz um.

»Versuche, dein Leben zu machen« – ich muss es schaffen. Von Mutters Freundin laufe ich zur Wohnung eines Bekannten aus dem Kulturbund. Den Stern trenne ich ab. Ich habe nur die Sachen, die ich trage, ein wenig Wäsche und Geld. In einer Drogerie kaufe ich Färbemittel, Henna. Ich muss mir die Haare färben. Keiner soll mich mehr kennen. Ich will alles hinter mir lassen, am liebsten die Margot von früher.

Bei meinem ehemaligen Kollegen aus dem Kulturbund kann ich nicht bleiben, aber er nennt mir den Namen von Leuten, die Juden helfen, wie er sagt. Er ist selbst jüdisch, auch er ist von der Deportation bedroht. Trotzdem reicht er mir den Zettel mit der Adresse.

Ich klingele an der Tür, die Hausnummer existiert, irgendwo im Westen der Stadt. Es riecht nach Zahnarzt, der Mann hat eine eigene Praxis. Ich schlafe in seinem Arbeitszimmer. Seine Frau gibt mir eine Decke, ein Bett haben sie nicht für mich, dafür aber einen Ohrensessel. Nachts klettert die Katze auf meinen Schoß. Ich streichle sie, ihr Fell erinnert mich an das blaue Samtsofa. Nicht daran denken. Ich habe mir vorgenommen, alles von früher zu vergessen. Im Sessel schlafe ich ein paar Nächte traumlos. Dann muss ich weiter. Wieder bekomme ich einen Zettel.

Die nächste Wohnung liegt in der Nähe des Bahnhofs Zoo. Als ich ankomme, muss ich nichts erklären, fast wortlos zeigt mir der Mann eine Ecke im Berliner Zimmer. Es ist düster, die Ecke mit einem Vorhang abgetrennt. Immerhin steht eine Liege dahinter, alles in der Wohnung ist schmutzig. In den anderen zwei Zimmern wohnen nur Männer, ein Alleinstehender mit Schäferhund, ein Älterer mit seinem Sohn. Tagsüber gehen alle arbeiten, ich bleibe allein mit dem großen Hund in der Wohnung. Um mich nützlich zu machen, suche ich Eimer und Seife und beginne zu schrubben. Jeden Tag räume ich auf, jeden Tag sammeln sich erneut verdreckte Teller, Wäsche und volle Nachteimer an. Mein Helfer bringt von der Arbeit Essen für mich mit. Ich rede kaum mit ihm und den anderen, seinen Namen vergesse ich bald darauf.

Ich döse hinter dem Vorhang, jemand muss die Tür geöffnet haben. Durch mein Zimmer gehen zwei Männer in Uniform. Ich rühre mich nicht, einer zieht den Vorhang zur Seite. Ich konzentriere mich, unterdrücke den Schrei. Sie wollen wissen, welches Zimmer mein Vermieter bewohnt. Ich zeige auf die Tür, sie öffnen sie. Das Zimmer ist leer, sie suchen in seiner Wäsche, unter dem Bett, dann kleben sie ein Siegel auf Tür und Zarge. Die Männer sind hinter meinem Vermieter her, sicher werden sie zurückkommen. Ich nehme die Handtasche meiner Mutter und meine paar Sachen. Durch die Hintertür verlasse ich mein Versteck, ein paar Wochen hat es mich geschützt.

Woher ich die nächste Adresse bekomme, weiß ich nicht mehr. Die Frau lebt in Siemensstadt, wegen der vielen Fliegerangriffe ist es sehr gefährlich dort. Nachts im Bett höre ich die Sirenen, dann die Motoren der Bomberverbände, wie ein Schwarm Hummeln, der millimeternah vor dem Ohr brummt. Trotz der Sperrstunde höre ich abends, wie die Haustür zufällt. Die Frau kommt immer erst spät nach Mitternacht zurück. Aus dem Flur dringen manchmal Stimmen, manchmal Gelächter. Fremdes Männerlachen jagt mir Angst ein, ich will niemanden sehen, vergrabe mich unter der Decke.

Ein paar Tage später klopft es nachts an meine Zimmertür. Es ist meine Helferin, ich soll mir etwas ansehen. Ich ziehe mich rasch an, sie führt mich in ihr Schlafzimmer. In ihrem Bett liegt ein Mann, die Decke geht ihm bis zu den Hüften. Ich schaue auf seine Brustbehaarung, nur um ihm nicht ins Gesicht zu blicken. »Komm zu uns«, sagt er. »Wir können zusammen ein wenig Spaß haben.« Mir fällt nichts ein, was ich darauf antworten könnte. Ich schüttle nur heftig den Kopf. Die Abscheu muss in mein Gesicht geschrieben sein, die Frau nimmt meine Hand und führt mich hinaus.

Vor dem Krieg hatte ich mich einmal unglücklich verliebt. Ich kannte Begehren, aber ein männlicher Körper war fremdes Territorium. Ich war einem nackten Mann noch nie so nahe gekommen. Nach dieser Nacht war klar, dass ich gehen musste. Ich wollte die Gegenleistung für ihre Hilfe nicht erbringen. Ich konnte es nicht. Die Frau verstand mich und gab mir zum Abschied einen Zettel.

Ein paar Wochen lang driftete ich. Wo ich genau schlief, habe ich vergessen. Ich erinnere mich an ein Bett voller Wanzen. Das Bettzeug roch nach Schweiß und fettigem Haar. Zuerst juckten meine Beine, ich kratzte, dann juckte es überall. Ich kratzte so lange, bis ich blutete. Ich hielt es in dem Bett nicht aus, ich ging noch in derselben Nacht. Ich wusste, es war dumm von mir. Noch war ich aber nicht ganz unten, noch konnte ich nicht alles aushalten.

Irgendjemand brachte mich zu zwei Schwestern. Sie teilten ihre Kartenrationen mit mir. Obwohl sie selbst wenig hatten, blieb ich selten hungrig. An ihre Wohnung kann ich mich kaum erinnern, nur dass ich in einem Bett mit der Jüngeren schlief. Sie mochte mich. Es war kalt, weil Kohle zum Heizen fehlte. Nach ein paar Wochen drängte sie sich nachts zum ersten Mal unter der Decke an mich. Ich bewegte mich nicht. Als sie glaubte, ich schliefe, berührte sie einmal meinen Nacken, erst wie zufällig, dann streichelte sie über mein Gesicht. Ich stellte mich weiter schlafend, wollte sie nicht abweisen, ich schuldete ihr Dank. Ich konnte ihre Sehnsucht nach Nähe verstehen, wenn auch nicht teilen. Am Morgen sagte ich es ihr. Natürlich fürchtete ich, sie werde mich fortschicken. Sie lachte, verhielt sich danach, als wäre nichts geschehen. Kurz darauf kamen die Schwestern nicht nach Hause. Ich wartete mehrere Stunden in Panik. Ich hoffe bis heute, ihnen ist nichts geschehen. Später erfuhr ich, dass sie außer mir noch anderen Juden im Versteck halfen, sie brachten ihnen Lebensmittel. Ich aber musste weiter, mein Versteck war einmal mehr unsicher.

Bei der nächsten Wohnung hatte ich Glück. Sie war gepflegt und hell, lag im Hochparterre eines prächtigen Hauses nahe dem Kurfürstendamm. Eine Frau ließ mich in einen großzügigen Gang mit vielen Türen. An dessen Ende öffnete sie eine Flügeltür. Im Balkonzimmer saßen viele Gäste und spielten Karten. Die Luft roch nach Zigarren. Ich wunderte mich, nach ein paar Tagen begriff ich: Es war ein privates Hinterzimmer, in das Leute kamen, um regelmäßig zu spielen. Auch gab es einige junge Untermieter, die die Räume bewohnten. Ich konnte mir die Gesichter der Gäste nicht merken, verließ mein Zimmer selten. Nach Monaten im Untergrund war ich scheu, blickte niemanden an.

Nur einen erkannte ich mit der Zeit. Er blieb oft, wenn alle anderen gingen. Meine Helferin und er unterhielten sich lange, ich hörte, wie sie über mich sprachen. Er wusste Bescheid. Er war Teil eines losen Netzwerks von Menschen, die Hitler hassten und bereit waren, Verfolgten zu helfen. Durch ihn war ich wohl hierher gelangt.

Ich erzähle ihm meine Geschichte und dass ich gern jemand anders wäre. Ich will weniger jüdisch aussehen, ich fürchte mich nämlich vor den Leuten auf der Straße. »Ich kenne jemanden, der dir helfen kann. Einen Arzt, er hat schon viele Nasen operiert.« In einem anderen Leben hätte ich diesen Vorschlag absurd gefunden. Ich mag meine Nase, sie ist leicht gebogen, aber hübsch schmal. Jetzt scheint mir die Idee, meine Nase begradigen zu lassen, vollkommen logisch. Nur habe ich kein Geld. Ich sage es ihm. »Mach dir keine Sorgen. Ich kann das regeln.«

Kurz darauf liege ich in einem Sprechzimmer. Eine Schwester gibt mir eine Spritze. Während meine Umgebung unschärfer wird, wundere ich mich zum ersten Mal selbst über meinen Mut. Ich habe keine Angst vor den Schmerzen, keine Angst, dass ich entstellt werde, keine Angst, dass ich nicht mehr aufwache. Ich blinzle, es ist hell. Wir fahren in einem Taxi, die Krankenschwester begleitet mich.

Die nächsten Wochen spannt die geschwollene Gesichtshaut, die Nerven darunter schmerzen. Doch die Operationsnarbe verheilt gut. Als ich den Verband endgültig abnehme, betrachte ich mich genau im Spiegel.

Margot Bendheim ist nun Vergangenheit. Von den beiden Schwestern, bei denen ich mich zuvor versteckt hatte, habe ich die Geburtsurkunde einer ihrer Nichten bekommen. Ich spreche den Namen laut aus. Dann hänge ich mir eine Kette mit einem silbernen Kreuz um.

Mir bleibt nur wenig Zeit, mich von der Operation zu erholen. Die Gestapo besucht die Kartenrunde im Hinterzimmer. Ich sehe sie erst, als sie schon in der Wohnung sind. In meiner Angst springe ich aus dem Hochparterre, verstecke mich unterm Balkon. Einen Mann führen sie ab, ich komme davon. Wieder muss ich weiterziehen.

Der Mann, der mir die Nasen-OP vermittelt hatte, stellte mich irgendwann seiner Frau vor. Mit ihr und ihrer Tochter zog ich aufs Land nach Brandenburg, in ein alleinstehendes Haus, das an einem Fluss lag. Er selbst wollte nachkommen, wurde aber kurz davor verhaftet. Es war der Sommer 1943. Unter anderen Umständen hätte ich es paradiesisch gefunden. Im Garten pflanzten wir Gemüse, ich verbrachte viel Zeit draußen. Ich hatte die Natur vermisst. Die Stimmung war gedrückt. Die Frau war verzweifelt, weil keine Nachricht von ihrem Mann kam. Auch ich war in Sorge um ihn. Dazu quälten mich Schuldgefühle. Was, wenn ich für seine Verhaftung verantwortlich war? Nachts lag ich aber auch wach und dachte: Was, wenn er mich verrät? Ich musste fort.

Mir fielen die Umzugshelfer ein, die das blaue Sofa weggeschafft hatten. Der eine hieß Herr Wehrli, ein Schweizer, er war ein Bekannter von meiner Tante. Ich erinnerte mich, dass er in einer Garage nahe des Kurfürstendamms Autos reparierte. Ich fuhr mit dem Zug zum Bahnhof Zoo, mit meiner neuen Nase und dem Kreuz um den Hals bewegte ich mich selbstbewusster. Ich fand die Werkstatt und auch Herrn Wehrli. Er war überrascht, mich zu sehen, kam unter einem Auto hervor. Ich musste nicht viel erklären, er verstand sofort. Er hatte unseren Umzug in die Sternwohnung in der Skalitzer Straße selbst miterlebt. Ein paar Nächte schlief ich auf der Vorderbank eines alten Lastautos, das zur Reparatur in der Garage stand. Erst wenn es dunkel war, konnte ich zum Auto. Die anderen in der Werkstatt durften mich nicht entdecken. Ein paar Mal nahm mich Herr Wehrli auch mit zu sich, er selbst schlief dann auf der Couch, damit ich ein richtiges Bett hatte.

Er hatte einen Kollegen, der gerade von einer seiner Einkaufsreisen zurückkam. Herr Sommer fuhr durchs Reich und die besetzten Gebiete und kaufte Autos für die Firma auf. Dabei erstand er noch alle möglichen Waren, von Bauern Schweineschinken, Milch und Kartoffeln, durch andere Kontakte kleine Pelzstücke und Kaffee. Die Schmuggelware überführte er in den Autos. In Berlin hatte Herr Sommer einen Helfer, mit dem er die Sachen verkaufte. Über ihn kam ich zu den Camplairs.

Ich mochte sie sofort. Hugo Camplair liebte es zu rauchen, obwohl er lungenkrank war. Nach einem Hustenanfall zündete er sich als Erstes eine Zigarette an. Er war groß und hatte sehr markante Wangenknochen. Irmgard Camplair dagegen war klein und weich von Statur. Die beiden waren nicht verheiratet, die Nazis hatten es ihnen verboten, da Hugo auch eine Erbkrankheit hatte, weshalb er keine Kinder zeugen konnte. Erst nach dem Krieg heirateten sie. Hugo hasste Hitler zutiefst, er war furchtlos. Anfangs wohnte Irmgards Vater noch mit ihnen, er trug das Parteiabzeichen, ein Nationalsozialist der ersten Stunde. Hugo stritt oft mit ihm. Nun lebte auch ich hier. Er drohte dem Schwiegervater, damit er mich in Ruhe ließ. Hugo versicherte mir, ich hätte nichts von ihm zu befürchten. Und so war es auch.

Herr Sommer verschaffte uns allen eine neue Wohnung, groß genug für die Camplairs, mich und ihn selbst, da er bei uns abstieg, wenn er in Berlin war. Die Wohnung war herrlich. Sie lag gegenüber vom Literaturhaus in der Fasanenstraße, ein herrschaftlicher Gründerzeitbau mit hohen Stuckdecken. Noch jemand zog bei den Camplairs ein: Gretchen, sie war Irmgards Nichte. Die uneheliche Tochter ihrer Schwester, die gestorben war. Gretchen war nur zwei Jahre jünger als ich, wir beide verstanden uns bestens.

Die schönsten Tage waren die, wenn Herr Sommer von seinen Reisen wiederkam. In der Küche wickelten wir die Pakete aus.

Einmal finden wir unter Lagen von Zeitungspapier Packungen echten Kaffee, Zucker, in Stoff geschlagene große Stücke vom Rind und Schwein, das holländische Bauern geschlachtet haben. Wir teilen das Fleisch mit einem großen Messer in kleinere Stücke, schneiden die Knochen heraus. Daraus kochen wir eine Fleischsuppe und essen uns seit Langem einmal wieder satt.

Gretchen und ich machen danach unsere übliche Runde. In der Innentasche des Mantels tragen wir die eingewickelten Knochen, ihr Fleisch abgelöst, sie sind bis zum Letzten ausgekocht. Auf dem Kurfürstendamm stehen mehrere Mülleimer, trotzdem entsorge ich erst in der Knesebeckstraße den zweiten Knochen. Ich sehe mich um, keiner guckt. Es darf nicht auffallen. Das Fleisch hat Hugo Camplair bereits am Schwarzmarkt verkauft. Ich trage auch den Beutel mit Kaffee. Beim Gehen entweicht ihm der typische Geruch von gemahlenen Bohnen. Ich achte darauf, niemandem zu nahe zu kommen. An der Ecke Kantstraße trennen Gretchen und ich uns, ich muss zu dem Kunden mit dem Hakenkreuz.

Laut Kriegswirtschaftsverordnung stand auf das, was wir machten, die Todesstrafe. Heute frage ich mich, woher ich den Mut nahm, als Untergetauchte draußen herumzulaufen und Waren illegal zu verkaufen. Wahrscheinlich, weil ich ohnehin dem Tode geweiht war.

Mehr Angst hatte ich vor den Bombenangriffen. In den Hausbunker konnte ich nicht gehen, es war zu gefährlich. Meist blieb ich mit Hugo Camplair in der Wohnung, während der Küchentisch und die Möbel bei jedem Einschlag um uns herum mehrere Zentimeter durchs Zimmer rutschten. Wir hielten unsere Ohren ganz dicht an das Radiogerät, hörten BBC. Manchmal ging ich mit in den öffentlichen Bunker, wo selten kontrolliert wurde.

Als ich mit den Camplairs an einem der letzten Apriltage 1944 aus dem überfüllten Luftschutzraum am Bahnhof Zoo komme, blendet mich die Sonne. Wir laufen nebeneinander am Gehsteig in Richtung unserer Wohnung. Wegen des Gegenlichts sehe ich die zwei Männer erst, als ich fast in sie hineinlaufe. Sie weichen nicht aus. Sie haben mich bewusst angesteuert. »Kann ich bitte Ihren Ausweis sehen?«, fragt der eine höflich. Mit der Geburtsurkunde der Nichte hatte ich mir einen vorläufigen Postausweis machen lassen. Ich ziehe ihn aus der Tasche, meine Hand zittert leicht. Ich habe keine Kontrolle über sie. Der Ausweis hat kein Foto. »Tut mir leid, wir müssen ihn überprüfen. Sie müssen mit zur Polizei.« Der Mann sagt es freundlich, aber bestimmt. Ich spüre, es ist zwecklos, ihn zu überreden, dass er mich gehen lässt.

Wir haben vorher nie darüber geredet, aber jetzt erzähle ich den beiden Männern, dass ich Camplairs soeben im Bunker getroffen habe. Auch sie verneinen, dass sie mich kennen. Irmgard nimmt mir noch ein Stück Pelz von der Schulter, das ihr gehört. Ohne Abschied gehe ich mit den Männern, drehe mich nicht um. Ich will niemanden belasten. Auch die Nichte der beiden Schwestern nicht, deren Geburtsurkunde ich habe. Die beiden Greifer liefern mich auf der Wache ab, dort diktiere ich den Polizisten:

»Margot Anni Bendheim. Jüdisch.« Ich habe diesen Moment immer gefürchtet. Ich habe nicht erwartet, auch froh zu sein. Es tut gut, meinen Namen nach 15 Monaten auszusprechen. Auch wenn er mich nach Theresienstadt führt.

In Theresienstadt trifft Margot den früheren Verwalter des Kulturbundes, Adolf Friedländer, wieder. Er hatte lange in einem Steinbruch Schwerstarbeit geleistet, die beiden helfen sich gegenseitig, die Lagerzeit zu überstehen. Nach der Befreiung 1945 heiraten sie und wandern zusammen nach New York aus. Margots Mann will Deutschland nie mehr betreten.

Nach seinem Tod 1997 beginnt Margot Friedländer, in einem

Seniorenschreibkurs in der 92nd Street ihr Leben aufzuarbeiten. Im Jahr 2003 lädt der Berliner Senat sie ein, nach Berlin zu kommen. Es ist das erste Mal, dass sie die Stadt wieder besucht.

Ihr gefällt, was sie sieht und wie die Deutschen inzwischen mit ihrer Vergangenheit umgehen. 2010 zieht sie nach über 60 Jahren zurück nach Berlin und nimmt erneut die deutsche Staatsbürgerschaft an. Zum zweiten Mal in ihrem Leben wird sie Deutsche. Ihre Memoiren sind 2008 unter dem Titel *Versuche, dein Leben zu machen* erschienen.

Sie lebt in einem Seniorenstift nahe des Kurfürstendamms. Es ist schwer, einen freien Tag in ihrem Kalender zu finden. Margot Friedländer gibt noch immer viele Lesungen und besucht als Zeitzeugin Interessierte.

Vergangenes Jahr erhielt sie das Verdienstkreuz erster Klasse für ihr Engagement.

Rahel Renate Mann

»Meine Mutter hat mich nie gewollt, vielleicht hat mir das geholfen.«

Alles Wichtige im Leben habe ich nach dem Krieg gelernt. Lesen, Schreiben, Genießen und vor allem Lieben. Ich weiß von einer Freundin meiner Mutter, dass meine Mutter versucht hat, mich loszuwerden, als sie mit mir schwanger war. Das ist ihr nicht gelungen. Sie hat mich nie gewollt. Das war mein Glück. Ich habe als kleines Kind keine heile Familie, keine zärtliche Mutter, kein geborgenes Zuhause gekannt. Deswegen haben mir diese Dinge im Versteck auch nicht gefehlt.

Ich bin zu früh in einer Klinik im Bezirk Neukölln auf die Welt gekommen, mit nur acht Monaten. Meine Mutter fuhr alleine mit dem Taxi quer durch Berlin, es war das Jahr 1937. Sie erlaubten ihr, das Kind zu gebären. Danach musste sie sofort wieder gehen, weil sie Jüdin war. Im Berliner Umland gab es ein jüdisches Kinderkrankenhaus. Jemand muss ihr davon erzählt haben. Sie brachte mich dorthin, und ich kam in den Brutkasten. Ich war winzig und schwach und wäre fast gestorben. Danach blieb ich ein halbes Jahr allein in der Klinik, bis sie mich aufgepäppelt hatten.

Anschließend kam ich zu Pflegeeltern. Das erfuhr ich

erst aus Akten des Entschädigungsamtes im Jahr 2007. Ich las dort, dass mein Pflegevater Eugen Ascher hieß, jüdisch war und in der Linienstraße in Berlin-Mitte lebte. Viel mehr erfuhr ich nicht über ihn. Erst 1941, mit etwa vier Jahren, setzen meine ersten Erinnerungen ein.

Ich passte nicht ins Leben meiner Mutter. Ihr Mädchenname war Edith Wolf, sie war evangelisch getauft, galt aber nach den Rassegesetzen als Mischling ersten Grades, da ihre Mutter Jüdin und ihr Vater Christ war. Meine Großeltern hatten großen Wert auf ihre Erziehung gelegt, meine Mutter sprach fließend Französisch und wurde später Gouvernante. Mit 17 Jahren wurde meine Mutter gezwungen, einen deutschen Christen zu heiraten. Er trank zu viel, und sie liebte ihn nicht.

Die beiden bekamen aber ein Kind, einen Jungen, der mit zwei Jahren an einer Lungenentzündung starb. Eine Freundin meiner Mutter erzählte mir später davon. Mit 24 Jahren ließ sich meine Mutter von ihrem Mann scheiden und fand eine Arbeit bei der amerikanischen Firma Unilever. Sie blieb dort, bis sie alle jüdischen Mitarbeiter entließen. Als sie im Oktober 1936 meinen Vater kennenlernte, arbeitete sie als Kartenverkäuferin bei einem Zirkus.

Zwischen den beiden gab es nur eine Nacht. In der bin ich entstanden. Mein Vater wusste nichts von mir. Ich kenne nur seinen Namen, Joseph Hecht, polnischer Staatsbürger jüdischen Glaubens. Als ich auf die Welt kam, war er bereits auf der Flucht Richtung Amerika. Er starb aber im südfranzösischen Internierungslager Gurs. Aus Papieren erfuhr ich noch, dass er in Lemberg geboren ist und von sephardischen Juden abstammt. Ich habe kein Bild von ihm, keinen Brief. Meine Mutter vernichtete jede Erinnerung.

Blicke ich zurück, sehe ich mich das erste Mal als etwa vierjähriges Mädchen. Als die Sternpflicht eingeführt wurde, haben mich meine Pflegeeltern zurück zu meiner Mutter gebracht. Seit ein paar Wochen teilen meine Mutter und ich uns ein kleines Zimmer in der Starnberger Straße 2 in Schöneberg. Meine jüdischen Pflegeeltern wurden 1941 abgeholt, wie ich heute weiß.

An unserer Haustür klebt ein großer gelber Stern. Weil mir langweilig ist, fahre ich ihn mit meinen Fingern nach. »Was ist das?«, frage ich meine Mutter. »Nichts«, antwortet sie. Ich darf sie nie etwas fragen, auch später nicht. Sonst bekomme ich eine Ohrfeige.

In meiner Erinnerung ist die Wohnung sehr hell, obwohl es das Hinterhaus ist. Sie liegt ganz oben im dritten Stock. Die Holzstufen knarzen, wenn ich hochlaufe. Mit uns wohnt das jüdische Ehepaar Karmeinsky mit ihrer Tochter Christa. Sie sind die Besitzer der Wohnung. Christa ist älter als ich, ich würde gerne mit ihr spielen. Aber wir lernen uns nicht richtig kennen, weil die Familie ein paar Wochen später nach Amerika ausreist. Bis dahin ist das Durchgangszimmer unser gemeinsames Wohnzimmer.

Eines Abends steht ein Weihnachtsbaum in der Ecke des Raumes, ich sehe noch die kleinen hellen Flammen der Kerzen. Ein Bild ist ganz deutlich in meinem Kopf: Wie ich vor dem Tannenbaum stehe und eine Puppe im Arm halte. Meine Mutter hat sie mir geschenkt. Ich schließe sie sofort in mein Herz. Ich taufe sie Nuckelpuppe. Ich drücke die Puppe an mich, aber meine Mutter reißt sie mir aus der

Hand. Ich weiß nicht, warum. Ich weiß vieles nicht. Nicht, dass ich Jüdin bin, nicht, dass all die verschiedenen Mitbewohner, die nach den Karmeinskys zu uns kommen, nach und nach abgeholt werden. Mir erzählt man, sie seien verreist. Ich ahne auch nichts, als meine Mutter ins Konzentrationslager Sachsenhausen nach Oranienburg gebracht wird. Im Haus sagen sie, sie gehe arbeiten.

Bis zur Deportation meiner Mutter ist das auch die Wahrheit. Sie muss dringend Geld verdienen, ich sehe sie selten. Tagsüber kümmert sich eine gewisse Frau Vater um mich. So heißt die Hauswartsfrau, die im Parterre der Starnberger Straße wohnt. Ich mag ihren dicken Busen und Bauch, bei ihr fühle ich mich wohl. Ihre Wohnung dagegen ist klein und düster, die schweren Polstermöbel sind mir unheimlich. Manchmal schlafe ich bei ihr auf der Couch im Wohnzimmer.

Herr Vater, ihr Mann, ist der Blockwart. Ich sehe ihn nur manchmal, wenn er in Uniform und mit Werkzeugkasten loszieht. Er kontrolliert die umliegenden Häuser und macht seine Runde von unserer bis zur Traunsteiner Straße und zum Barbarossaplatz und zurück.

Herr Vater ist Parteimitglied, von Hitler vereidigt und dazu angehalten, »Judenfreunde« zu melden und darauf zu achten, dass alle schikanösen Vorschriften, die die Sternwohnungen betreffen, eingehalten werden. Mich ignoriert er. Er ist ein schweigsamer, unscheinbarer Mann, nie laut, nie böse zu mir. Ich kann mich nicht erinnern, dass er mich auch nur einmal angesprochen hat. Seine Frau versorgt mich später monatelang unten im Keller, wo sie mich versteckt hat. Er bringt mir nie Essen, verrät mich aber auch nicht.

Ich bin nicht oft bei den Vaters. Meist spiele ich alleine oben in der großen Wohnung. Einen Kindergarten habe ich nie besucht, die Schule erst nach dem Krieg. Wenn ich aus dem Fenster auf die Straße sehe, kann ich manchmal anderen Kindern zuschauen. Weil ich nicht weiß, wie schön es ist, zusammen zu spielen, fehlt es mir nicht. Sogar nachts bleibe ich oft alleine. Ich schlafe ein ohne Angst. Ein Kind ahmt nach, was es kennt. Ich denke, ich tat schon sehr früh ziemlich erwachsen.

An den Tag, an dem sie meine Mutter abholen und ins Lager nach Sachsenhausen bringen, kann ich mich nicht erinnern. Vielleicht bin ich gerade unten bei Frau Vater gewesen. Kurz darauf wird ein Ehepaar mit ihren vier Kindern in unserer Sternwohnung einquartiert, ich lebe nun mit ihnen. Ihre Namen habe ich vergessen.

Als die Gestapo kommt, um diese Familie abzuholen, bin ich in der Wohnung. Fast nehmen sie mich mit. Es muss gegen Ende 1942 sein.

Im Gang stehen Männer, einer hält eine Liste, liest laut vier Namen vor. Es sind die der Kinder. Meinen Namen höre ich nicht, es wäre der fünfte gewesen. Die Männer gehen an mir vorbei, öffnen alle Zimmertüren, als seien sie hier zu Hause. Jetzt stehen wir alle dicht gedrängt im Flur, ich neben den Kindern. Einer der Männer hält mich an der Schulter fest. In diesem Moment kommt Frau Vater, die Hauswartsfrau von unten. »Dat is meine Nichte. Die jehört zu mir«, sagt sie. Ohne Erklärung zieht sie mich fort. Ich fühle ihren festen Griff. Mit mir an der Hand geht sie runter zu der Witwe, die in der Parterre-Wohnung im Vorderhaus lebt. Sie heißt Frau Wiezorek, den Namen habe ich mir bis heute gemerkt.

»Hast du Hunger? Magst du Spinat?«, fragt Frau Wiezorek mich. Sie ist eine schwerfällige, wortkarge Frau. Ich nicke, und sie geht in die Küche, um mir Spinat mit Spiegelei zu machen. Ich bleibe allein im Wohnzimmer und schaue versteckt hinter den Gardinen auf die Straße. Ich sehe, wie der uniformierte Mann von vorhin die Mutter mit dem Gewehr in den Rücken pufft. Sie steht an der Haustür, will nicht zum Wagen gehen. Es ist ein grüner Pritschenwagen, auf dem schon ihr Ehemann und die älteren Kinder sitzen. Sie hält das jüngste Kind auf dem Arm, rührt sich aber nicht von der Stelle.

Ich kann nicht hören, was gesprochen wird. Ich sehe aber im Gesicht des Mannes, dass er sie anschreit. Dann reißt er ihr das Kind aus dem Arm und schleudert es gegen den Wagen. Jetzt höre ich auch etwas. Das Kind schreit, dann ist es still. Der Mann hält es, es bewegt sich nicht, dann wirft er es in den Wagen. Jetzt erst geht die Frau auch zum Wagen. Gar nicht weit weg, vis-à-vis, stehen Leute hinter den Gardinen. So wie ich, aber es passiert nichts.

Das habe ich überhaupt nicht verstanden als Kind. Noch heute ist das eigentlich das Schlimmste für mich.

Dann höre ich eine Sirene, Bombenalarm. Mir ist schlecht. In meinem Inneren rumort es. Ich versuche nicht einmal, auf die Toilette zu kommen. Es läuft einfach aus mir heraus, oben und unten. Frau Wiezorek kommt aus der Küche, sie packt mich sofort, steckt mich in die Wanne und schrubbt mich ab. Frau Vater plappert immer mit mir, Frau Wiezorek sagt jedoch gar nichts, kein Wort. Sie schimpft nicht. In meiner Erinnerung ist die Witwe immer dunkel angezogen und fad. Ich mag sie

Rahel Renate Mann, geb. 1937 in Berlin

nicht. Ihren Spinat mag ich noch weniger, schon gar nicht jetzt. Trotzdem versucht sie ihn mir mit dem Löffel einzuflößen. Ich bekomme keinen Bissen herunter. Seitdem schüttelt es mich, wenn ich an Spinat mit Ei denke. Noch Tage später kann ich nichts essen. Nur Wasser trinke ich.

Von der Zeit nach der Deportation der Familie bis zum Herbst 1944 sind die Bilder in meinem Gedächtnis nur bruchstückhaft. Es wurde danach niemand mehr bei uns in der Wohnung einquartiert. Ich war auch nicht mehr oft da, wurde viel rumgereicht. Wahrscheinlich organisierte Frau Vater meine Verstecke, sie war energisch und beherzt. Ich erinnere mich an eine jüngere Kriegerwitwe, sie hieß Christa Seifert und hatte eine kleine Tochter. Bei ihnen blieb ich eine Weile. Weder sie noch ihre Wohnung könnte ich beschreiben. Ich musste aber bald wieder fort, weil die Nachbarn etwas gemerkt hatten. Frau Vater holte mich ab.

Die Verstecke wechselten. Ein Foto aus dieser Zeit zeigt eine ältere Frau und mich in einem Schrebergarten. Die Aufnahme ist schwarz-weiß, ich habe keine Ahnung, wer sie gemacht hat und wie ich zu der Frau kam. Sie und ich stehen im Garten, im Hintergrund blüht ein Holunderbaum. Der Garten lag, wie ich später herausfand, in der Nähe vom Gesundbrunnen in Berlin-Wedding. Ich rieche noch den Duft der kleinen, weißen Holunderblüten. Ich weiß auch, dass die Frau mir – als die Beeren reif waren – eine Holundersuppe kochte. Mein Gedächtnis hat diese zwei Sinneswahrnehmungen gespeichert: den Duft des Holunders und den Geschmack der Suppe. Ich blieb, bis es Winter und zu kalt in der Hütte wurde.

Ein anderes Versteck war bei den Rabenaus, wo ich einige

Monate verbrachte. Aus dieser Zeit habe ich schöne Erinnerungen. Die Apostel-Paulus-Kirche von Pfarrer Eitel-Friedrich von Rabenau lag nicht weit von unserer Sternwohnung. Der Bau schüchterte mich als Kind ein. Meine Mutter hatte mich taufen lassen, weil auch sie evangelisch war. Sie hielt es aber nie streng mit dem Glauben, nahm sich etwas vom Juden-, etwas vom Christentum. Irgendetwas wird schon stimmen, sagte sie immer. Dass Rabenaus mich aufnahmen, hing vielleicht damit zusammen, dass meine Mutter und ich früher zum Gottesdienst in die Apostel-Paulus-Kirche gegangen waren.

Es war ein riesiger ziegelroter gotischer Backsteinbau, mit einem Grundriss wie ein Kreuz, dazu ein hoher spitzer Turm mit Bronzeglocken. Anfang 1944 fielen Brandbomben auf die Kirche, heute ist sie wieder restauriert. Auch das Gemeindehaus von Pfarrer Rabenau, das zwei Straßen weiter in der Klixstraße lag, erschien mir riesengroß. Rabenaus hatten sechs Kinder. Die älteren waren schon aus dem Haus. Ich kam als jüngstes und siebtes zu ihnen.

Mir war bewusst, dass sie nicht meine Eltern waren und ich nicht ihr Kind. Zum ersten Mal fühlte ich mich jedoch geliebt. Pfarrer Rabenau war streng, seine Gefühle hielt er wie alle Männer in dieser Generation zurück. Trotzdem zog es mich zu ihm wie zu einem Vater hin. Seine Frau Elisabeth beschäftigte sich nie mit mir. Sie hatte zu viel Arbeit. Ich beobachtete sie, wenn sie die Wäsche machte oder kochte. Das Essen für uns alle zu beschaffen brauchte damals viel Zeit. Deswegen ist mein Bild von ihr vage. Im Wohnzimmer stand eine Couch, auf der ich schlief. Und ein Sessel, auf dem Pfarrer Rabenau oft abends saß. Mir schien er uralt, obwohl er damals erst um die 60 Jahre war.

Als junger Mann war er mit seiner Frau nach Palästina gegangen, wo er eine Stelle als Pastor in Jaffa angenommen hatte. Die evangelische Gemeinde hatte sich dort aus ehemaligen Templern und in Jaffa lebenden protestantischen Deutschen und Schweizern gegründet und wurde vom Jerusalemsverein finanziert, einer Organisation, die den Aufbau von evangelischen Kirchen in Israel, Palästina und Jordanien unterstützte.

Rabenau war sehr gebildet und weltoffen. Er hatte über die Geschichte und das Wirken der Templer promoviert. Abends im Sessel, wenn seine Kinder um ihn herumsaßen, nahm er mich oft auf den Schoß und las uns vor. Er sprach etwas Hebräisch. Er las Märchen, biblische Geschichten und manchmal auch Psalmen für mich auf Hebräisch.

Wenn ich so leicht erhöht auf seinem Schoß saß und die anderen auf dem Teppich zu seinen Füßen, fühlte ich mich als etwas Besonderes. Vermutlich war ich es auch für ihn. Ich war die Verbindung zu seinem früheren Leben. Nachdem britische Streitkräfte im Ersten Weltkrieg Jaffa erobert hatten, wurde Rabenau drei Jahre in einem Lager in Ägypten interniert. Nach Jaffa durfte er nie mehr zurückkehren. Als das Lager aufgelöst wurde, wies man ihn nach Deutschland aus. Wenn er mit den Psalmen geendet hatte, sang er manchmal auch hebräische Lieder. Dann sagte er jedes Mal zu mir: »Vergiss nicht, Mädchen. Das kommt aus deiner Heimat. Da liegen deine Wurzeln.« Dabei strich er mir über meine braunen Locken.

Weil mich niemand sehen sollte, durfte ich nicht in die

Kirche gehen. Aber Rabenau schickte mich mit in den evangelischen Kinderkreis zu Schwester Frieda. Sie arbeitete als Diakonissin der Gemeinde und lebte in einer Wohnung gleich über den Hof von der Pastorenfamilie. Manchmal aß ich bei ihr. Wenn Kontrollen waren, wurde ich bei ihr versteckt. Ich war jedes Mal glücklich darüber, ich liebte sie sehr. Sie war fröhlich und warm. Anders als Rabenau und auch als meine Mutter nahm sie mich oft in den Arm. Bei Schwester Frieda spürte ich zum ersten Mal, wie schön körperliche Nähe und Wärme sein konnten.

Einmal in der Woche trafen sich die Kinder aus der Gemeinde bei ihr in der Wohnung. Ich wartete immer ungeduldig auf den Tag, durfte aber nicht jedes Mal mitgehen. Im Sommer spielten die Kinder auf ihrer Terrasse. Wir sangen und tanzten, es waren meine einzigen Begegnungen mit Gleichaltrigen. Wenn wir uns ausgetobt hatten, erzählte sie uns von Jesus. Er war jetzt mein Beschützer.

Ich redete oft mit ihm. Vor allem in meinem letzten Versteck.

Es war der Keller in unserer alten Wohnung in der Starnberger Straße. Dorthin brachte mich Frau Vater im November 1944. Sie wusste wohl nicht mehr, wohin mit mir. Mein Versteck bei Rabenaus hatte ich verlassen müssen. Ich verstand das nicht. Heute weiß ich, dass Pfarrer Rabenau während des nationalsozialistischen Kirchenkampfes ein führender Vertreter der bekennenden Kirche war. Bei einer Razzia wurde er verhaftet, verhört und gefoltert. Er kam zurück, aber danach war es seiner Frau zu gefährlich, mich zu verstecken. Ich kann sie verstehen.

Zum Keller, der in mehrere Verschläge unterteilt war, führte eine Steintreppe in unserem Hausflur. Es war sehr dunkel, in dem ganzen Gewölbe gab es nur ein paar Kellerleuchten. Von der Straße hörte ich wenig, obwohl die Fenster auf halber Höhe zum Bürgersteig reichten. Jemand hatte die Scheiben mit Brettern vernagelt.

Ich erinnere mich genau. Durch die Ritzen in den Brettern sehe ich die Jasminbüsche im Vorgarten. Mein Verschlag liegt direkt unter der Wohnung von Frau Wiezorek, die mir einmal den Spinat gekocht hat. Als der Jasmin blüht, kann ich ihn riechen. Manchmal höre ich auch die Stimme von Frau Wiezorek, wenn sie mit den Nachbarn spricht.

Das Kellerabteil gehört nicht zu unserer Wohnung. Es ist leer bis auf einen Kleiderschrank, einen Tisch und ein paar Stühle, die aufeinandergestapelt sind. Der Schrank steht etwas von der Wand abgerückt. Dahinter – zwischen der kalten Steinwand und der Schrankrückseite – liegt meine schmale Matratze. Tagsüber habe ich etwas Licht, das durch die Ritzen kommt. Auf meiner Matratze versuche ich mich dann so hinzulegen, dass sich auf meinem Gesicht ein Streifenmuster abzeichnet.

Ich fühle mich wohl hier unten. Der Raum beschützt mich, er ist nicht mein Gefängnis. Ich weine nie und bin sehr still, wie es mir Frau Vater befohlen hat. Ab und an kommt sie und bringt mir etwas zu essen. Ich erinnere mich an Wasser, im Winter an heißen Tee. Sie bringt auch den Eimer weg, der meine Toilette ist. Meist bin ich aber allein hier unten. Ich besitze ein Kinderbuch mit dicken Seiten aus Pappe. Darin sind Vierzeiler und gemalte Bilder. Ich schaue sie wieder und wieder an. Auf einem ist ein Förster mit geschultertem Gewehr, auf einem anderen ein Waldstück und ein brauner Hund. Ich kann nicht lesen, aber die Verse kenne ich auswendig. Frau Vater hat sie mir öfters vorgelesen. Ich mag die Stille. Ich lege mich auf die Matratze, ich schlafe viel.

In diesem Kellerabteil saß ich vom November 1944 bis zu meiner Befreiung im April 1945. Ich war sieben Jahre alt. Wie ich die fünf Monate herumbrachte? Ich weiß es nicht mehr. Heute denke ich mir, dass ich meistens in einem Dämmerzustand war. Ich erinnere mich nicht, ob ich gewaschen wurde, ob ich fror oder hungerte, obwohl es bestimmt nicht viel gab, auch keine Öfen. Ich hatte zwei Wolldecken, schlief immer dick angezogen.

Außer Frau Vater besuchte mich Wolfgang Schlüter ein paar Mal. Er war 20 Jahre alt und wohnte in unserem Haus. Er schenkte mir ein Schulheft mit Zeilen, darin hatte er mir alle Buchstaben des Alphabets aufgeschrieben. Ich übte sie, die großen und die kleinen, schrieb das ganze Heft voll. Das Heft und das Buch waren mir heilig. Wenn Bombenalarm war und es krachte, hielt ich sie fest.

Einmal riecht es besonders stark nach Karbid. Das ist der Stoff in den Brandbomben. Die Luft unten im Keller ist schwer. Ich höre jemanden kommen, es ist Wolfgang, der nach mir sieht. Er nimmt mich mit nach oben, wo ich atmen kann. Ich blinzele, weil ich so viel Licht nicht mehr gewohnt bin. Als ich endlich etwas erkennen kann, sehe ich, dass von dem riesigen Häuserkomplex in unserer Umgebung kaum noch ein Haus steht. Noch immer brennt es. In der Traunsteiner Straße liegen Tote, aufgereiht am Bürgersteig. Ein Körper neben dem anderen. Die Helfer haben sie aus den Trümmern gezogen.

Ich steige mit meinen Kinderschuhen über die Kriegsleichen. Es ist ein Bild, das ich nie mehr loswerde. Aber es bedrängt mich nicht. Mir wird in dieser Zeit bewusst, dass ich keine Angst vor dem Tod verspüre. Die Toten sind still. Schrecklich sind die Verletzten, die aus den Kellern gezogen werden und schreien. Den Tod dagegen empfinde ich schon als Kind als etwas Schönes, das befreit.

Oft fragen mich Leute später, wie ich das ausgehalten habe. Sie bedauern mich, weil ich als kleines Kind so alleine war. Anne Frank war acht Jahre älter als ich, Inge Deutschkron im Versteck schon 22 Jahre. Je öfter ich darüber nachdenke, desto sicherer werde ich, dass mein Alter ein Segen war. Ich begriff vieles noch nicht, was Anne und Inge schon verstanden. Deswegen verspürte ich keine Angst. Im Gegenteil, oft genoss ich die Ruhe. Ich war ein sehr introvertiertes Kind. Bis ich acht war, redete ich kaum. In jedem Zeugnis stand später: »Renate muss sich mehr am Unterricht beteiligen.« Ich musste mir das antrainieren. Innerlich saß ich noch lange im Keller, auch nach meiner Befreiung.

An einem Tag Ende April 1945 stehen russische Soldaten vor mir. Ich bin ziemlich gleichgültig, da ich die letzten Tage schon nichts mehr zu essen bekommen habe. Ich hocke auf meiner Matratze hinter dem Kleiderschrank. Jemand bricht die Holztür meines Verschlages auf, kommt herein. Ich verstehe den Mann nicht, erschrecke mich aber auch nicht. Er nimmt mich auf den Arm. Erst jetzt breche ich unter der Anspannung zusammen.

Der Soldat tröstet mich in einer Sprache, die fremd,

aber beruhigend klingt. Einige von den Russen ziehen aus ihren Taschen Bilder hervor, die sie mir hinhalten. Fotos von ihren Familien. Ich verstehe, was sie mir zeigen wollen. Ich soll keine Angst haben, auch sie haben Kinder und wissen mit mir umzugehen. Der Russe, den ich als Erstes gesehen habe, hebt mich hoch und trägt mich in den dritten Stock, in unsere Wohnung. Dort sind noch mehr Menschen, es herrscht ein Durcheinander. Ich wohne die nächste Zeit mit den Russen gemeinsam. Sie baden und füttern mich, und der, der mich als Erster auf den Arm genommen hat, flößt mir Kondensmilch mit einem Löffel ein.

Als meine Mutter nach dem Krieg aus dem Lager zurückkehrte, wollte ich am liebsten zu Schwester Frieda von der Apostel-Paulus-Kirche ziehen, nicht zu ihr. Es gelang mir nie, eine emotionale Bindung zu meiner Mutter aufzubauen. Das lag nicht nur an ihr, sondern auch an mir und an der Zeit in den Verstecken. Ich konnte sie einfach nicht lieben.

Rahel Renate Mann wird wieder gesund, und auch ihre Mutter überlebt das Lager Sachsenhausen. Während die Mutter ihre KZ-Erfahrungen nie bewältigen kann, baut sich Rahel Renate Mann ein Leben in Deutschland auf. Sie holt die Schule nach und studiert danach Medizin und Psychologie. Sie heiratet, bekommt Kinder und gründet als Psychotherapeutin und Heilpraktikerin eine Praxis in Berlin, später in Braunschweig. In ihre Praxis kommen viele jüdische Patienten. Schwer traumatisierte Holocaust-Überlebende, die sich ihr wegen ihrer persönlichen Geschichte anvertrauen, aber auch KZ-Wärter, die mit ihrer Schuld nicht zurechtkommen. Rahel Renate Mann behandelt auch sie. 1997 wandert sie nach Israel aus, kehrt aber 2007 wieder zurück nach Berlin. Als Zeitzeugin geht sie an Schulen und schreibt Gedichte, zuletzt erschien 2005: *Ich reiche Dir meine Hand*, gemeinsam mit Hilka Koch.

Walter Frankenstein

»Ich habe eigentlich nie Angst gehabt.«

Der Polizeioffizier schreit mich an: »Du dreckige Judensau, wehr dich doch, du Feigling!« Ich reiße die Arme hoch, will sie schützend vor mein Gesicht halten. Der Polizist greift meinen rechten Arm noch in der Bewegung und dreht ihn nach hinten. Ich stürze zu Boden. Das macht ihn erst recht wütend. »Steh auf, ich weiß doch, dass Rotzlöffel wie du am liebsten Deutsche verprügeln. Hast du etwa schon genug?« Ich bleibe bewegungslos liegen, verteidige mich nicht, antworte nicht einmal. Seine hässlichen Worte lösen sich in mir auf. Ich bin zehn Jahre alt und habe soeben die erste Lektion begriffen. Sie lautet: »Lass dich nicht provozieren.«

Der Polizist war davor öfters zu meiner Mutter in die Gaststätte gekommen. Nach Dienstschluss trank er gerne ein Bier. Er arbeitete als Ausbilder bei der Polizei. Alle respektierten ihn sehr. Er war ein ruhiger, sehr höflicher Mann, der immer alleine an einem Tisch saß. Er hatte schon manchen Streit zwischen Betrunkenen mit klaren, bestimmten Worten geschlichtet. Von ihm ging eine Selbstsicherheit aus, die mich als Zehnjähriger ehrfürchtig auf Distanz hielt.

Eines Abends hatte er meine Mutter angesprochen: »Frau Frankenstein, wenn Sie erlauben, würde ich Ihrem Sohn gerne etwas beibringen. Er wird es noch brauchen.« Er erklärte ihr, dass er als Polizeioffizier seine Kollegen in der Kunst der Selbstverteidigung unterrichte. Er hatte bei einem japanischen Meister jahrelang Jiu Jitsu studiert, eine waffenlose Verteidigungstechnik, die den Charakter und die Selbstbeherrschung stärkt.

Es muss um den Jahreswechsel 1933/34 gewesen sein, als wir mit dem Training begannen. Ein halbes Jahr lang trafen der Polizist und ich uns fast jeden Tag. Zu Beginn machte er nichts anderes, als mich zu beschimpfen. Er warf mir antisemitische Sprüche an den Kopf und unterstellte mir Dinge, die ich nicht getan hatte. Er machte mich wütend, um meine Selbstbeherrschung zu testen. Ich lernte schnell. Bald wurde ich zu einem Jungen, der sich in jeder Lage unter Kontrolle hatte. Darauf folgte die praktische Ausbildung. Ich lernte Stoß-, Tritt- und Schlagtechniken, bei denen ich die Kraft des Angreifers gegen ihn selbst verwendete.

Jiu Jitsu nahm mir die Angst. Das hat mir später im Untergrund mehr als einmal das Leben gerettet. Angst riecht. Angst ist für andere spürbar. Ich blieb auch als versteckter Jude bei einer Kontrolle durch die SS gelassen. Dafür schulde ich diesem Polizisten Dank. Er hat mir alles für mein Leben im Untergrund beigebracht: Er lehrte mich, meine Emotionen zu kontrollieren, die Demütigungen hinzunehmen, die Sorgen um meine Frau und meine Kinder zu ertragen, die zeitweise getrennt von mir versteckt waren.

Am Wirtshaus meiner Mutter kam in Flatow keiner vorbei. Flatow war eine Kleinstadt in Westpreußen, an der Grenze zu Polen. Alle Dorfstraßen führten zu der Schankwirtschaft, an die ein kleiner Kaufmannsladen angeschlossen war. Als ich am 30. Juni 1924 auf die Welt kam, schlossen meine Eltern für einen Tag ihren Betrieb, ansonsten waren Gasthof und Laden nie zu. Beide waren immer gut besucht, die Dorfbewohner kauften bei uns ein, abends aßen sie Wildpfeffer-Ragout mit Klößen, und die Bauern kamen nach dem Markt auf ein Bier.

Ich war ein Wirtshauskind. Wenn ich nicht bei meiner Mutter in der Küche spielte, nahm mich mein Vater mit zu den Bauernhöfen in der Umgebung, wo er Waren bezog und verkaufte. Als ich viereinhalb Jahre alt war, starb er an einer Grippeepidemie. Meine Mutter führte das Gasthaus und den Landhandel alleine weiter.

Im Ort kannte sie jeder. Meine Mutter war eine geachtete Frau, fromm, aber auch sehr tolerant. Wenn sie mich zum Fleischer schickte, erlaubte sie mir, eine Schweinebrust oder ein Stück Schinken zu kaufen. Ich sollte das aber unterwegs essen. Zu Hause durfte ich das nicht. Am Sabbat zündete meine Mutter die Menora an. Manchmal durfte ich die sieben Kerzen des Leuchters ausblasen. Mit den Kellnern der Gaststätte und dem Hauspersonal feierten wir jedes Jahr ein großes Weihnachtsfest. Zu Hause hingegen Chanukka, das jüdische Lichterfest. Ich fand das wunderbar, weil ich zweimal Geschenke bekam.

Mit neun Jahren verlor ich den Glauben, dass es einen Gott gibt. Es war der 1. April 1933, und ich schaute von oben aus dem Fenster unserer Wohnung, die über dem Gasthaus lag. Unten auf der Straße zogen SA-Verbände im Gleichschritt vorbei. Zwei Trommler liefen voraus, einer der SA-Leute, die folgten, zog seine Pistole aus dem Halfter. Er zielte auf unser Haus und drückte ab. Die Kugel schlug direkt neben der Gasthaustüre in die Mauer. Der Verputz rieselte auf die Treppe. Zum Glück wurde niemand getroffen. Ich aber hielt Zwiesprache mit Gott: »Wenn du diesen Menschen nicht innerhalb der nächsten 50 Meter tot umfallen lässt, dann glaube ich nicht mehr an dich.«

Der SA-Mann fiel nicht um. Seitdem bin ich Atheist. Wenn mich heute jemand nach meiner Religion fragt, antworte ich nicht, ich sei Jude, sondern ich sei der Sohn jüdischer Eltern.

Die ersten Schuljahre besuchte ich die christliche Volksschule in Flatow. In unserer Klasse saßen viele jüdische Kinder. Flatow hatte eine große jüdische Gemeinde, die lange Zeit selbstverständlich mit der christlichen Bevölkerung zusammenlebte. Als ich zwölf Jahre alt war, schrieb der Schulleiter meiner Mutter, dass ab sofort keine Juden mehr in seine Schule gehen dürften. Das sei nun Gesetz und staatlich verordnet. Meiner Mutter war es jedoch sehr wichtig, dass ich eine höhere Schule besuchte. Deswegen sollte ich Flatow verlassen.

Ich hatte einen gesetzlichen Vormund. Er hieß Selmar Frankenstein und war der ältere Bruder meines Vaters. Nach Vaters Tod hatte man ihn zu meinem Vormund ernannt. Onkel Selmar lebte in Berlin. Meine Mutter bat ihn, ihr zu helfen und für mich eine geeignete Schule zu suchen.

Onkel Selmar war ein deutschnationaler Jude. Als ich ihn das erste Mal traf, trug er einen Anzug, an dem jede Bügelfalte gestochen scharf abstand. An der linken

Brustseite steckten mehrere Orden. Ich erkannte das Eiserne Kreuz Erster und Zweiter Klasse. Im Ersten Weltkrieg hatte er als Oberstabsarzt bei Generalfeldmarschall Hindenburg im Hauptquartier gedient. Für einen Juden eine ungewöhnlich hohe Position. Er verehrte Kaiser Wilhelm II., dieser hatte ihm eine Uhr geschenkt. Onkel Selmar trug sie an besonderen Tagen an einer goldenen Kette. Wenn er sie aus der Hosentasche zog, erzählte er mir eine Anekdote aus dem Krieg. Ich mochte ihn, weil er mich wie einen Mann behandelte. Er sprach mit mir auch über Politik. Die Nazis waren für ihn keine Deutschen, Hitler ein »kleiner Ostländer«, der sich nicht lange halten würde.

Onkel Selmar verkehrte in Künstlerkreisen. Zu seinen Freunden zählten Maler, Dichter und Schauspielerinnen. Er selbst war ein hoch angesehener Mediziner und ein Patriot bis zur letzten Stunde. Als meine Mutter ihm erzählte, sie überlege, mit mir nach Palästina zu emigrieren, war er entsetzt. Er drohte ihr an, uns zu enterben. Für ihn waren alle Emigranten Verräter am Vaterland. Umso mehr setzte er sich nun für mich ein, eine gute Schule zu finden.

Er kannte den Direktor des Auerbachschen Waisenhauses im Prenzlauer Berg. Gegründet von Baruch Auerbach, einem jüdischen Lehrer und Erzieher in den 30er-Jahren des 19. Jahrhunderts, genoss es einen hervorragenden Ruf. An das Waisenhaus angeschlossen war eine Schule, die nicht nur von den Waisen besucht wurde, sondern auch von Schülern, die dort wie in einem Internat lebten. Es war sehr schwierig, einen Platz an der Schule zu bekommen. Dank Onkel Selmars Beziehungen konnte ich aber im Waisenhaus einziehen, im Herbst 1936 packte ich ein paar Sachen und fuhr von Flatow nach Berlin.

Vor dem Haupteingang in der Schönhauser Allee stand ein Kaiser-Friedrich-Denkmal. Wir Jungen schliefen getrennt von den Mädchen in einem separat errichteten Haus. Im großen Schlafsaal standen die Betten in dichten Reihen. In meiner ersten Nacht lag ich wach. Draußen eine große, fremde Stadt, weit entfernt von meiner Mutter. Ich war vollkommen alleine, kannte keinen der Jungen, die mich bei meiner Ankunft kaum beachtet hatten.

Schon am nächsten Tag fand ich Freunde. In der ersten Stunde hatten wir Sportunterricht in der modernen Turnhalle. Ich war ein schlaksiger Junge. Durch Jiu Jitsu hatte ich aber eine gute Ausdauer, Kraft und eine schnelle Reaktion. Der Polizeioffizier hatte mir auch ein paar Boxkniffe beigebracht, und ich spielte ganz passabel Fußball. Das reichte, um von den anderen akzeptiert zu werden.

Viele der jüdischen Lehrer hatten zuvor als Professoren an Universitäten gelehrt. Nach ihrer Entlassung unterrichteten sie an unserer Schule. Für mich öffnete sich eine neue Welt. Zum ersten Mal ging ich gerne in die Schule. Ich besuchte den Hebräisch-Unterricht, übernahm die Regie bei einem Theaterstück von Lessing. Einmal in der Woche gab es Klassische-Musik-Abende. Vor dem Einschlafen las uns ein Erzieher eine halbe Stunde aus einem Roman vor. Auch ich las ganz freiwillig nach dem Unterricht in meinen Büchern. Ich konnte gut zeichnen und war fasziniert von Architektur.

Anfangs waren wir etwa 200 jüdische Schüler, nach und nach wurden es immer weniger. Auch viele unserer Lehrer emigrierten in meinen ersten beiden Schuljahren ins Ausland. Es war ein seltsames Gefühl, Woche für Woche einen leeren Platz in der Klasse zu sehen.

Meine Mutter besuchte mich nur selten. Sie konnte den Gasthof nicht alleine lassen. In meinem zweiten Schuljahr kündigte sie sich für ein paar Tage in Berlin an. Ich freute mich, erfuhr dann aber, dass man ihr den Gasthof weggenommen und ihn arisiert hatte. Sie zog zu ihrer Mutter, die in Ostpreußen lebte und nicht mehr alleine aufstehen konnte. Sie pflegte sie, bis sie starb. Im Januar 1939 kam sie nach Berlin, wo sie bei einer jüdischen Bekannten unterkam. Es dauert nicht lange, bis sie einen Bescheid zur Zwangsarbeit erhielt. Sie musste in einer Radiofabrik Transistoren zusammensetzen. Alle Angebote, sie in Sicherheit zu bringen, lehnte sie ab. Sie wollte niemandem zur Last fallen.

Bis zum Ende meiner regulären Schulzeit blieb das Auerbachsche Waisenhaus erstaunlicherweise unbehelligt, und wir abgeschottet von den Ereignissen außerhalb unserer Schulmauern. Trotzdem feierte mein Jahrgang seinen Abschluss in einer bedrückten Stimmung. Keiner wusste, wie es weitergehen sollte. Für Juden gab es weder Studienplätze noch Lehrstellen. Ich hatte Glück. An die Schule angeschlossen waren Lehrwerkstätten. Ich bekam einen Platz als Lehrling in der jüdischen Bauschule. Ich träumte davon, Architekt zu werden. Zunächst aber lernte ich dort Maurer.

Noch vor meiner Gesellenprüfung wurde die Bauschule im Sommer 1941 durch die Gestapo geschlossen. Wieder hatte ich Glück. Als einzigen Schüler übernahm mich die Jüdische Gemeinde Berlin. Sie durfte als einer der wenigen jüdischen Arbeitgeber noch Aufträge ausführen, etwa den jüdischen Friedhof pflegen und Krankenhäuser versorgen. Ein halbes Jahr lang hob ich im Auftrag der Gemeinde Gräber aus. Dann wurde ich gemeinsam mit anderen Kollegen von der Gestapo abkommandiert.

Wir wurden ins Machtzentrum des NS-Staates geschickt. Unser Auftrag lautete, die Bürozimmer im Reichssicherheitshauptamt zu renovieren. Das Reichssicherheitshauptamt lag in der Prinz-Albrecht-Straße. Der Leiter des Judenreferats, Adolf Eichmann, residierte jedoch in der Kurfürstenstraße. Ich sollte in seinem Zimmer eine Telefonleitung verputzen.

Ich trug einen blauen Kittel und schwere Arbeitsschuhe, die ich jeden Morgen sorgfältig putzte. Eichmann sah nicht mich an, sondern nur meine Schuhe. Ohne den Kopf zu heben, sagte er beiläufig: »Jude, ein Fleck auf dem Teppich, und morgen bist du in Auschwitz.«

Den Namen Auschwitz hörte ich nicht zum ersten Mal. An meiner Arbeitsstelle im Reichssicherheitshauptamt in der Prinz-Albrecht-Straße gab es einen SS-Untersturmführer mit dem Namen Hahn. Wann immer ich in seiner Abteilung eine Arbeit zu erledigen hatte, drohte er mir: »Frankenstein, mehr arbeiten oder morgen Auschwitz.« Ich konnte mir denken, dass Auschwitz kein schöner Ort für Juden war.

Dass ich vor einem der Hauptorganisatoren für die Ermordung der Juden stand, wusste ich zu diesem Zeitpunkt nicht. Ich gab mir aber große Mühe, Adolf Eichmanns Telefonleitung zu verputzen. Kein Klecks Mörtel fiel auf den Teppich.

Walter Frankenstein, geb. 1924 in Flatow (Westpreußen)

Nach dem Auftrag bei Eichmann sollte ich in der Prinz-Albrecht-Straße die Fensterrahmen lackieren. Untersturmführer Hahn trat oft hinter mich und sah mir beim Arbeiten zu. Ich dachte an meinen Jiu-Jitsu-Lehrer und blieb ruhig. Wieder drohte er mir mit Auschwitz. Am nächsten Tag ging ich noch vor Arbeitsbeginn direkt ins Zimmer seines Vorgesetzten. Zu ihm sagte ich: »Herr Sturmbannführer, ich kann so nicht arbeiten. Untersturmführer Hahn droht mir ständig. So kann sich kein Mensch auf die Arbeit konzentrieren.« Der Vorgesetzte rief daraufhin Untersturmführer Hahn zu sich und hielt ihm eine Standpauke. Er drohte mir nie wieder.

Natürlich war es auch leichtsinnig von mir. Ich, ein kleiner Jude, Zwangsarbeiter, schwärzte einen SS-Offizier an. Doch es war genau diese Chuzpe, die mich und meine Familie die nächsten Jahre retten sollte. Ein unerhörtes Selbstbewusstsein, gepaart mit einer Portion Frechheit und einem unerschütterlichen Glauben an mein Überleben.

Der Liebe meines Lebens begegnete ich im Spätsommer 1941. In Berlin hatten die Nazis fast alle jüdischen Einrichtungen geschlossen, auch das Israelitische Taubstummenheim in Weißensee. Nur das Auerbachsche Waisenhaus durfte noch weitermachen. Nach der Arbeit kehrte ich abends in meinen alten Schlafsaal zurück. Leonie Rosner fiel mir sofort auf. Sie hatte in Weißensee im Taubstummenheim als Erzieherin gearbeitet. Nach seiner Schließung zog sie mit den noch verbliebenen Kindern zu uns ins Heim. Sie hatte ein wunderschönes Lächeln, das sie aber nur ihren stummen Schützlingen schenkte. Bei mir hielt sie es zurück.

Ich versuchte, so oft es ging, ihr zu begegnen. Ich sah sie am liebsten einfach nur an, sie hatte weiche, braune Locken, die sie zu einer Welle über ihrer hohen Stirn feststeckte. Sie war fast drei Jahre älter als ich. Mit meinen 17 Jahren war ich entflammt wie noch nie und verhielt mich ungeschickt. Als ich das erste Mal wagte, mich ihr bis auf einen Meter zu nähern, schlug ich ihr die schwere Tür an den Kopf. Sie stand in der Küche nahe beim Eingang, als ich diese aufriss. Leonie beschwerte sich bei der Heimleitung über mich. Zumindest war ich ihr aber aufgefallen.

Ein paar Tage später lud sie einen meiner Freunde zu sich aufs Zimmer ein. Ich hängte mich an ihn dran und gab mein Bestes, sie zu beeindrucken. Es muss mir gelungen sein, am Wochenende ging sie mit mir aus. Das war für uns Juden streng verboten. Doch wir nahmen den Stern ab und tanzten die ganze Nacht. Leonie war wie ich. Auch sie kannte keine Angst. Wir waren verliebt, frech und selbstsicher. Wir gingen in die Oper, in Konzerte und auf den Rummelplatz. In Flatow hatte mir ein Jäger das Schießen beigebracht, ich griff bei einer Bude nach dem Gewehr und schoss ihr mit Ansage den Hauptpreis. Um uns versammelten sich immer mehr Soldaten in Uniform auf Heimaturlaub, die meine Treffsicherheit bewunderten. Ein Leutnant fragte mich, warum ich denn nicht als Scharfschütze bei der Wehrmacht diene. Ich antwortete ihm lässig, dass ich leider lungenkrank sei.

Um ungestört mit ihr zu sein, besorgte ich mir über Beziehungen ein Zimmer, in dem ich nun lebte. Auch Leonie wohnte inzwischen zur Untermiete. 1942 wurde das Auerbachsche Waisenhaus geschlossen. Leonie schickten sie in eine Fabrik, die Fesselballons für die Luftaufklärung produzierte. Wir sahen uns täglich nach der Arbeit. Trotz der schweren Zeit waren wir unendlich glücklich. Ein paar Monate später fragte ich sie, ob sie meine Frau werden wolle. Sie sagte Ja und zog zu mir in mein Zimmer. Wir heirateten im Sommer 1942. Leonie erwartete ein Kind. Onkel Selmar und meine Mutter kamen zur Hochzeit, Leonies Familie reiste aus Leipzig an. Es gab nur ihre Mutter Beate und ihren christlichen Stiefvater, Theo Kranz, der uns später noch sehr helfen sollte.

Am 20. Januar 1943 kam unser Sohn Uri im Jüdischen Krankenhaus in Wedding auf die Welt. Wir wollten ihn eigentlich Peter nennen, aber eine NS-Verordnung bestimmte, dass jüdische Neugeborene keine deutschen Vornamen tragen durften. Leonie und ich riefen ihn trotzdem Peter.

Als Leonie ihn das erste Mal wickelte, sah sie, dass er nach jüdischer Sitte beschnitten war. Die Krankenhausärzte hatten es nach der Geburt getan, ohne uns zu fragen. Wir waren entsetzt, wie sie ihn in dieser Zeit in solch eine Gefahr bringen konnten.

Nach der Entlassung aus dem Krankenhaus mussten wir auf Anordnung der Gestapo in ein »Judenhaus« in die Linienstraße ziehen. Wir hörten inzwischen von vielen Verwandten, dass sie einen Deportationsbescheid bekommen hatten. Onkel Selmar war einer der Ersten. Er wurde mit seiner Frau nach Theresienstadt geschickt, sein Vermögen eingezogen. Nach dem Krieg erfuhr ich, dass er als »Judenbehandler« vor Ort darüber entscheiden musste, wer nach Auschwitz deportiert wurde und wer noch länger im Ghetto bleiben durfte. Er hielt das nicht aus und nahm sich das Leben.

Unsere eigene Lage verschärfte sich täglich. Peter-Uri schrie vor Hunger, wenn Leonie ihn mit in die Fabrik nahm. Meine Mutter konnte sich nicht mehr um ihn kümmern. Am 1. März 1943 wurde sie in der Fabrikaktion an ihrer Arbeitsstelle verhaftet und zur Sammelstelle Berlin-Grunewald gebracht. Ich erfuhr erst am Abend davon und machte mich sofort auf den Weg. Weil ich beim Reichssicherheitshauptamt arbeitete, besaß ich einen gelben Reklamationsschein, der besagte, dass der Besitzer und seine Angehörigen nicht deportiert werden dürften. Mit diesem Schein in der Tasche versuchte ich, meine Mutter freizubekommen. Auf der Sammelstelle waren Hunderte Menschen, die am Bahnsteig warteten. Ich lief durch die Menschenmenge, immer wieder, und rief ihren Namen. Ich fand sie aber nicht. Es waren einfach zu viele.

Wenn ich sie gefunden hätte, hätte ich sie da rausgeholt. Am selben Tag fuhr ein Transport mit 1700 Berliner Juden nach Auschwitz ab. Ich hörte nie wieder etwas von meiner Mutter. Das Einzige, was mich heute tröstet, ist, dass sie den kleinen Peter-Uri noch kennengelernt hat.

Ein paar Tage nach der Fabrikaktion gehe ich wie jeden Morgen zu meiner Arbeitsstelle beim Reichssicherheitshauptamt. Ich warte im Hof, wo wir normalerweise unsere Aufgaben zugeteilt bekommen. Heute bin ich der Einzige. Keiner meiner Kollegen ist erschienen. Der Vorarbeiter kommt aus dem Eingang auf mich zu: »Frankenstein, wieso bist du noch hier? Hat man dich denn nicht abgeholt?« Ich habe keine Antwort darauf. Der Polier geht zurück ins Gebäude, um nachzufragen. Alle anderen, so erfahre ich noch, sind in der Nacht verhaftet worden. Als er aus meinem Blickfeld verschwindet, warte ich keine Sekunde länger. Ich laufe nach Hause. Leonie und Peter-Uri sind an diesem Tag zu Hause geblieben. Wir sind erst vor zwei Tagen umgezogen, von einem Judenhaus in ein anderes. Unsere neue Adresse hat die Gestapo auf ihrer Liste noch nicht erfasst. Unsere wenigen Sachen passen in einen Koffer, der unausgepackt in unserem Zimmer steht.

Ich habe keine Zeit für Erklärungen. Meiner Frau sage ich nur: »Nimm den Koffer und das Kind. Wir müssen sofort verschwinden.« Bevor wir die Wohnungstür hinter uns schließen, trennen wir den Stern von unseren Mänteln ab. Unterwegs erzähle ich ihr, dass man alle meine Kollegen zu Hause abgeholt hat. Ich behalte nur meine Geburtsurkunde.

Jetzt sind wir Gejagte ohne Unterschlupf. Zum ersten Mal spüre auch ich Angst, nicht um mich, ich sorge mich um Leonie und Peter-Uri. Die beiden sollen noch heute nach Leipzig fahren.

Meine Schwiegermutter war in zweiter Ehe mit einem Christen verheiratet. Theo Kranz war ein überzeugter Gegner der Nationalsozialisten und ein mutiger Mann. Durch seine Heirat mit einer Jüdin blieb ihm der berufliche Aufstieg versperrt. Er fand nur eine Stelle als Hilfsarbeiter beim Brückenbau. Er hatte mir angeboten, auf Leonie und Peter-Uri aufzupassen. Sogar einen Fluchtweg hatte er für uns finden wollen. Er war an die Ostsee gefahren, um nach Fischern zu suchen, die uns nach Schweden oder Dänemark bringen würden. Die Küste war aber streng bewacht.

Ich setzte die beiden in einen Zug nach Leipzig. Danach verschaffte ich mir Zugang zu einer Wohnung, in der zwei alte Damen gewohnt hatten. Sie waren deportiert worden, wir hatten uns in den letzten Wochen um sie gekümmert. Ich besaß ihren Schlüssel und musste jetzt so vorsichtig wie möglich die Versiegelung auftrennen. Bei geschlossener Tür war der haarfeine Riss fast nicht zu erkennen. Dort blieb ich fünf Tage lang. Dann fuhr auch ich nach Leipzig.

In der Wohnung meiner Schwiegereltern war kein Platz für mich. Theo Kranz verschaffte mir aber eine Unterkunft bei einem befreundeten Tischler, der mich in seiner Werkstatt übernachten ließ. Die Werkstatt lag im Hinterhof eines Wohnhauses. Ein Nachbar fragte mich, warum ich nicht bei der Wehrmacht sei. Lange konnte ich auch dort nicht bleiben. Ich nahm den Zug zurück nach Berlin. Hier kannte ich wenigstens Leute, die mir vielleicht helfen würden.

Unter uns Zwangsarbeitern war öfter der Name Edith Berlow gefallen. Ich hatte ihn nicht vergessen. Von ihr hieß es, sie würde Juden verstecken. Ich wusste nicht viel über sie. Sie war die Exfrau eines Drehbuchautors, der auch für Nazi-Propagandafilme wie etwa *U-Boote westwärts!* verantwortlich war. Edith Berlows Haus lag in einer Villengegend im Berliner Westen. Als ich bei ihr ankam, ließ sie mich ein, erklärte mir aber, dass sie schon mehrere Untergetauchte bei sich versorgte. Für einen weiteren war kein Platz. Sie gab mir aber einen Zettel mit einer Adresse von einem Dr. Artur Ketzer in der Königsallee 23.

Später erfuhr ich, dass Edith Berlow im Zentrum einer Widerstandsgruppe stand und ein geheimes Helfernetz aufgebaut hatte. Das Geld dafür kam von ihrem Exmann, der es mit seinen Propagandafilmen verdiente. Er wusste, dass sie sein Geld verwendete, um Juden wie mir zu helfen.

Artur Ketzer war nicht überrascht, als ich bei ihm anklopfte. Er fragte nicht nach, ließ mich eine Nacht bei sich schlafen. Am Morgen nahm er mich mit zu seiner Firma, einer kleinen pharmazeutischen Fabrik, die Tabletten herstellte. Er hatte dort eine leitende Position inne und wies mich an einer der Maschinen ein. Ich drehte Chlorophyll-Pillen. Bei der Arbeit waren alle sehr konzentriert, die Angestellten sprachen wenig miteinander. Ich fiel nicht weiter auf. Am Abend, nachdem der Letzte gegangen war, führte Artur Ketzer mich zu einem Bunker im Hof der Firma. Er sagte, hier könne ich übernachten.

Für alle Fälle hatte ich Leonie die Telefonnummer von Edith Berlow telegrafiert. Über sie erfuhr ich, dass meine Schwiegermutter im September 1943 verhaftet wurde. Leonie hatte es Edith am Telefon erzählt. Eine Nachbarin hatte ihre Mutter denunziert, weil auf ihrem Postausweis der vorgeschriebene Zusatzname Sara fehlte. Vielleicht war es nur eine Gedankenlosigkeit, vielleicht Absicht. Drei Tage später verhaftete die Gestapo meine Schwiegermutter in der Wohnung. Leonie und der acht Monate alte Peter-Uri konnten sich gerade noch im Schlafzimmer unter dem Bett verstecken. Jetzt waren die beiden unterwegs nach Berlin.

Leonies Mutter, Beate Kranz, wurde von der Gestapo in einem Einzeltransport nach Auschwitz gebracht. Über ihren Mann Theo erfuhren wir, dass sie im Januar 1944 bereits tot war. Als christlichem Ehemann schickten sie ihm sogar eine Todesurkunde, auf der Herzschwäche als

Ursache angegeben war. Theo Kranz hatte sogar noch versucht, nach Auschwitz zu fahren, um ihr Lebensmittel zu bringen. Aber die SS stoppte ihn vor dem Lagereingang.

Ich holte Leonie und Peter-Uri bei Edith Berlow ab. Artur Ketzer hatte sich bereit erklärt, uns alle in seinem Haus in der Königsallee zu verstecken. Seit ein paar Tagen baute ich einen Bunker aus Betonröhren auf seinem Grundstück im Grunewald. Mittlerweile wurde Berlin Tag und Nacht angegriffen. Bei Bombenalarm liefen wir über den Rasen in den Bunker.

Tagsüber verließen wir unser Versteck nur selten. Ich nutzte die Zeit der Angriffe, weil die Straßen wie leergefegt waren. In einer Ladenauslage sah ich mehrere Dosen mit Milchpulver, die Detonationen hatten die Scheiben zerstört. Ich bediente mich, Peter-Uri brauchte das Pulver dringend.

Bei einem meiner nächtlichen Beutezüge lief ich über den Rasen eines Nachbargrundstückes in der Königsallee. An einem Fleckchen Rasen wuchs das Gras spärlicher. Ich trat darauf und hörte etwas Hohles darunter. Ich kniete nieder und entdeckte einen Metallring, der eine Betonluke öffnete. Eine Leiter führte nach unten. Ich fand eine Regalwand, gut gefüllt mit Weinflaschen. Ich griff mir einen Portwein, der über 50 Jahre alt war. Den Flaschenhals schlug ich einfach am Betonrand der Luke ab und nahm einen tiefen Schluck. Ich hatte lange keinen Alkohol getrunken, der schwere Portwein stieg mir zu Kopf.

Die nächsten Tage über beobachtete ich die Luke, keiner näherte sich. Das Haus war zerbombt, seine Besitzer hatten es wohl verlassen. Der Weinkeller war der Blankoscheck für unser Überleben, die Flaschen mein Tauschmittel. Auf dem Schwarzmarkt bekam ich dafür Brot, Nahrung und Milch für Peter-Uri. Ich selbst trank nichts mehr davon. Bei Kriegsende blieben sogar noch ein paar Flaschen Wein übrig.

Im Februar 1944 traf eine Bombe das Haus von Artur Ketzer. Im Bunker spürten wir die Druckwelle, doch er hielt stand. Nur die Tür, die ich aus Holzbohlen zusammengenagelt hatte, war zersplittert. Wir hatten kein Versteck mehr. Noch dazu war Leonie wieder schwanger.

Als sie es mir sagt, schweigen wir beide eine Weile. Was sollen wir jetzt tun? Wo soll das Baby auf die Welt kommen? Leonie will es unbedingt haben, sie hat sich immer sechs Kinder gewünscht. Wir blicken uns lange in die Augen. Dann lächle ich und sage trotzig: »Wir schaffen das. Es wird schon irgendwie gehen.«

Ich dachte damals nicht in Dimensionen von Wochen oder Monaten. Jeder Tag stand für sich. Ihn galt es zu überstehen, jede einzelne Stunde war eine Herausforderung. Manchmal konnte ein gerissener Schnürsenkel, ein fehlender Knopf einen den ganzen Tag beschäftigen. Als Untergetauchter war es gefährlich, nicht ordentlich gekleidet auf die Straße zu gehen. Die Dauer einer Schwangerschaft lag jenseits der Zeiträume, in denen ich mich gedanklich bewegen konnte. Wir besaßen keine Lebensmittelkarten. Zwei kleine Kinder zu verstecken und mit Nahrung zu versorgen, das wusste ich eigentlich, war unmöglich.

Es war Artur Ketzers Idee: Er riet meiner Frau, sich bei der Sammelstelle für Ausgebombte zu melden. Dort sollte sie sagen, sie käme aus Leipzig und sei auf Besuch in Berlin in einen Luftangriff geraten. Alle ihre Papiere seien mit der Handtasche verbrannt. Leonie nahm Peter-Uri, der blond und blauäugig war, und ging mit ihm zur Sammelstelle. Ihr Bauch war schon zu sehen. Sie gab sich den Namen einer christlichen Freundin, mit der sie die Schule besucht hatte. Die Flieger-Schadensstelle schickte sie als deutsche Mutter umgehend auf einen Bauernhof nach Briesenhorst, ein Dorf in Brandenburg.

Ich blieb in Berlin und lebte in den unterschiedlichsten Verstecken. Ich schlief in abgestellten Autos, zerbombten Häuserruinen. Viel Zeit verbrachte ich auf den billigsten Plätzen im Theater und in Konzerthäusern. Ich hielt sie für die sichersten Orte. Damals wusste ich nicht, dass jüdische Greifer gerade hier im Auftrag der Gestapo Untergetauchte suchten.

Im Stettiner Bahnhof gab es ein Restaurant, das markenfrei Essen ausgab. Wenn ich auf dem Schwarzmarkt Wein verkauft hatte, suchte ich es manchmal auf, um mich satt zu essen. Die Küche servierte sogar Fleisch, vielleicht war es Krähe, Katze oder Hund. Es spielte für mich keine Rolle.

Ich sitze gerade über meinen Teller gebeugt, als eine Militärstreife zur Tür hereinkommt. Ein junger Leutnant, Mitte 20, tritt an meinen Tisch. Er fragt mich nach meinem Ausweis. Ich antworte ihm in gebrochenem Deutsch, dass er vielleicht auf der Arbeitsstelle liegt. Mein Trick, mich als Fremdarbeiter auszugeben, hat schon oft funktioniert. Der junge Leutnant sieht mich fragend an. Ich durchsuche noch immer meine Manteltasche. Da zwinkert er mir zu und sagt lächelnd: »Lassen Sie es gut sein. Und sich nicht mehr ohne Ausweis erwischen.«

Bis zum heutigen Tage denke ich über diesen Leutnant nach. Wahrscheinlich war er in der Hitlerjugend, bevor er seine Offiziersausbildung bei der Wehrmacht begann. Er hatte mich klar durchschaut. Warum ließ er mich trotzdem laufen? Es waren Menschen wie er, die in dieser Zeit über mein Leben oder meinen Tod entschieden. Ich hätte gerne mehr über ihn gewusst.

In all diesen Wochen hatte ich zu Leonie keine Verbindung. Es war die schlimmste Zeit für mich. Nicht einmal von der Geburt unseres Sohnes Michael Ende September 1944 erfuhr ich.

Zwei Monate danach, im November 1944, stand Leonie mit dem Baby und Peter-Uri vor dem Haus von Edith Berlow, die mich verständigt hatte. Nach der ersten Umarmung erzählte sie mir, was in der Zwischenzeit geschehen war.

Als sie für die Geburt ins Krankenhaus musste, blieb Peter-Uri bei der Bäuerin, bei der sie in Briesenhorst untergebracht worden waren. Leonie sorgte sich wegen seiner Beschneidung. Sie erklärte der Bäuerin, dass er als Baby eine Harnröhrenentzündung gehabt habe und operiert worden sei. Leonie sah, dass die Bäuerin ihr nicht glaubte. Aber sie hatte einen Sohn und einen Mann, die beide an der Front standen. Im Leben schließt jeder so manch seltsamen Vertrag ab. Vielleicht dachte die Bäuerin, wenn ich jetzt etwas Gutes tue, geschieht meinen Männern auch nichts. Sie verriet Leonie nicht und kümmerte sich um Peter-Uri, während meine Frau im Krankenhaus lag.

Als Michael ein paar Tage alt war, fragte das Standesamt nach dem Geburtsdatum meiner Frau, da sie es in seine

Geburtsurkunde eintragen mussten. Sie kannte zwar den Namen ihrer christlichen Mitschülerin, für die sie sich ausgab, nicht aber das genaue Geburtsdatum. Wochenlang gelang es ihr, die Antwort immer wieder hinauszuzögern. Dann wurde es zu gefährlich. Darum hatte sie Briesenhorst mit den beiden Kindern verlassen müssen.

Jetzt standen wir zu viert auf der Straße. Michael, den ich auf dem Arm trug, war gerade einmal zwei Monate alt. In Häuserruinen, wie ich es zuvor allein getan hatte, konnten wir nicht wohnen. Über einen untergetauchten Bekannten, den ich auf dem Schwarzmarkt traf, fanden wir ein Kellerzimmer bei einer Frau Mary in der Blumenstraße 9.

Frau Mary hatte früher ein Bordell geführt. Sie hatte den dicken Busen einer Bordellmutter und ein großes Herz. Sie überließ uns ein Zimmer in ihrer Kellerwohnung. Zu essen hatte sie selbst nur wenig, meine Tage verbrachte ich damit, etwa Essbares für die Kinder und uns aufzutreiben.

Auf der Suche nach Nahrung fahre ich eines Tages wieder einmal mit der S-Bahn durch die Stadt. Ich bin vollkommen erschöpft und schlafe auf der Holzbank ein. Als ich aufwache, spricht mich ein Feldwebel der Militärpolizei an. Er ist schon etwas älter, dem Aussehen nach könnte er ein Familienvater sein. Zuerst versuche ich es mit gebrochenem Deutsch bei ihm. Der Trick wirkt nicht. Am Bahnhof Friedrichstraße zwingt er mich auszusteigen. Er sagt, er bringe mich jetzt zum nächsten Polizeirevier. Wir stehen am Bahnsteig und starren uns an. Vielleicht weil er etwas Väterliches hat, wage ich es, alles auf eine Karte zu setzen. Ich sage ihm einfach die Wahrheit: »Hören Sie, ich bin ein illegal lebender Jude. Mein Name ist Frankenstein. Lassen Sie mich bitte laufen.« Ich zeige ihm meine Geburtsurkunde, die ich bei mir trage. Er überlegt lange, schließlich antwortet er: »Hau ab! Ich suche Deserteure, keine Juden!«

Bei Mary im Versteck lebten wir zwei Monate. Dann traf eine Phosphorbombe ihr Haus. Gemeinsam mit anderen Nachbarn half ich vergeblich, den Brand zu löschen. Neben mir in der Eimerkette stand ein SS-Obersturmbannführer. Die giftigen Dämpfe drangen bis in die letzten Ritzen. Wir beide holten uns eine leichte Rauchvergiftung. Als wir nebeneinander auf der Straße standen, sagte er zu mir: »Sie haben sich tapfer bewährt. Was werden Sie jetzt tun? Ich kann Ihnen eine Wohnung verschaffen. Melden Sie sich doch morgen auf meiner Dienststelle.« Frech war ich, aber das wagte selbst ich nicht.

Wir vier standen wieder auf der Straße. Mit uns die anderen Hausbewohner, die ebenso auf die qualmende Ruine schauten. In diesem Moment kam eine junge Frau vorbei, die Frau Mary kannte. Sie hieß Fräulein Dora und hatte, wie wir erfuhren, früher als Dirne in Marys Bordell gearbeitet. Ihr taten unsere Kinder leid. Leonie ahnte intuitiv, dass sie Dora die Wahrheit sagen konnte. Da zog diese spontan einen Schlüsselbund aus ihrer Handtasche und gab ihn uns. Es war der Schlüssel zu ihrer Wohnung in Kreuzberg. Sie erlaubte uns, darin zu wohnen, bis der Krieg zu Ende war. Wir sollten sagen, wir hätten den Schlüssel gefunden. Vielleicht gab es doch einen Gott.

Fräulein Doras Wohnung hatte zwei Zimmer. Wir verließen sie nur noch, wenn es unbedingt nötig war. Wir hungerten oft tagelang.

Im April 1945, kurz vor Kriegsende, biege ich um eine Ecke in der Nähe der Wohnung. In diesem Moment kommt mir ein Oberscharführer vom Sicherheitsdienst der SS entgegen. Ich erkenne ihn, weil er im Reichssicherheitshauptamt im Vorzimmer von Untersturmführer Hahn gesessen hatte. Und er kennt mich. Sofort zieht er mich in einen Hausflur und drückt mich gegen die Wand. »Frankenstein, warum lebst du noch?« Eine Frage, auf die ich keine Antwort habe. »Weißt du«, fährt er fort, »warum ich dich hereingezogen habe? Hinter mir kommt Untersturmführer Hahn. Der erschießt dich auf der Stelle, wenn er dich sieht.« Ich sehe ihm an, dass er Angst hat. Das gibt mir Mut.

Offensichtlich weiß er nun, da das »Dritte Reich« zusammenbricht, nicht weiter. Schon fragt er mich: »Frankenstein, was soll aus mir werden?« Ich spüre jetzt, dass er mir nicht mehr gefährlich werden kann. Deshalb antworte ich ihm: »Oberscharführer, das hätten Sie sich früher überlegen sollen. Wäre ich Sie, würde ich schnell die Uniform ausziehen. Es muss Sie ja nicht gleich jeder als SS-Mann erkennen.« Ich greife seine Hand, schüttle sie und wünsche ihm alles Gute für die Zukunft. Auch er schüttelt meine, wünscht mir viel Glück.

Es war eine vollkommen absurde Situation. Auch der SS-Oberscharführer war nur ein einfacher Junge. Bei meiner Arbeitsstelle auf dem Reichssicherheitshauptamt hatte er mich nie schlecht behandelt.

Ein paar Tage nach dieser Begegnung drang die Rote Armee in unsere Gegend vor. Auf der Straße kämpften Reste der Wehrmacht und russische Soldaten um jedes Gebäude. Der Artilleriebeschuss wurde so stark, dass wir die Wohnung von Fräulein Dora verlassen mussten. Wir liefen mit den Kindern in die U-Bahn-Station am Kottbusser Tor. Frauen mit ihren Kindern lagen dort auf Strohsäcken in zweistöckigen Betten. Fünf Tage blieben wir dort. Ohne Nahrung, ohne Kontakt zur Außenwelt. Dann drangen Soldaten in den U-Bahn-Schacht ein. Wir hatten Glück, dass sie unsere Geschichte glaubten. Mit den russischen Truppen kam ein politischer Kommissar, der Jiddisch sprach. Das konnten wir nicht, aber wir verständigten uns mit ihm auf Deutsch. Wir wurden zum Divisionskommandanten gebracht, der uns und die Kinder umarmte. Er dachte, es gebe keine lebenden Juden mehr in Deutschland.

Leonie und Walter Frankenstein wollen auf keinen Fall in Deutschland bleiben. Sie emigrieren nach Palästina. Während Leonie und die Kinder mit einem illegalen Schiff für Flüchtlinge bereits Anfang 1946 Palästina erreichen, wird Walter Frankenstein, der mit einem anderen Schiff folgt, auf der Überfahrt von den Engländern festgenommen und auf Zypern interniert. 1947 kommt er endlich in Palästina an. Er kämpft bald darauf im israelischen Unabhängigkeitskrieg in einer Eliteeinheit.

Nach dem Krieg arbeitet er als Maurer, baut mehrere Kibbuzim mit auf und verlegt für neue Bewässerungsanlagen am Toten Meer Rohre. Sein Rücken macht nicht lange mit. In Israel will er als Bauarbeiter nicht bleiben. Über einen alten Freund aus dem Auerbachschen Waisenhaus findet er Arbeit in Schweden, wo die Familie 1956 hinzieht. Im Alter von über 40 Jahren beginnt er ein Ingenieursstudium und arbeitet danach erfolgreich bei einem großen Konzern. Seine Frau und er besuchen erst nach vielen Jahren das erste Mal ihre alte Heimat Berlin, sie kommen nun regelmäßig. Leonie Frankenstein stirbt 2009. Nach fast 70 gemeinsamen Jahren verliert Walter seine große Liebe. Heute wohnt er in Stockholm. Zu Hause aber, sagt er, fühlt er sich eigentlich nirgends. Die Geschichte vom Überleben der vierköpfigen Familie erscheint 2008 unter dem Titel: *Nicht mit uns. Das Leben von Leonie und Walter Frankenstein.*

Ina Iske

»Wir waren zwischen zwei Übeln gefangen – Hitler und Stalin.«

Im August 1939 unterschrieben Hitlers Außenminister Joachim von Ribbentrop und der sowjetische Volkskommissar Wjatscheslaw Molotow einen Nichtangriffspakt. Diese Unterschriften brachten meine Eltern in eine ausweglose Situation. Sie waren zwischen die Fronten der großen Politik geraten.

Mein Vater war Este und Jude, meine Mutter Deutsche und Christin. Eine auch für damalige Verhältnisse ungewöhnliche Liaison. Von zwei Seiten von Verfolgung, Deportation und Mord bedroht, bestimmte der Hitler-Stalin-Pakt das Schicksal meiner Familie. Für uns gab es keinen Ausweg.

Ich verbrachte meine Kindheit in Estland. Als die Russen Estland besetzten, verschleppten sie die Esten, sie hassten auch die Deutschen. Später, unter der deutschen Besatzung, wurden die Juden verfolgt. In unserer Familie waren wir alles zugleich. Meine Geschichte ist die wechselnder Besatzer und einer Flucht in das Land der Mörder meines Vaters.

Geboren wurde ich als Inge Stein im Jahre 1931. Eine Tante nannte mich später immer Ina, dabei blieb es.

Meine Eltern lebten Anfang der 30er-Jahre in Paris. Fast wäre ich dort zur Welt gekommen, doch meine Mutter fuhr kurz vor meiner Geburt zu ihren Eltern. Deshalb kam ich nicht in Frankreich, sondern in Frankfurt am Main auf die Welt.

Mein Vater, Jakob Stein, muss meine Mutter sehr beeindruckt haben. Er war groß, dunkelhaarig, gut aussehend, gebildet und er kam aus einer sehr wohlhabenden jüdischen Familie. Seine Familie in Estland besaß große Lederfabriken in Tallin. Er hatte fünf Brüder und eine Schwester. Ella Strempel, meine Mutter, war die älteste Tochter eines deutschen Beamten.

In Estland lebten im Verhältnis zu den anderen baltischen Ländern wenige Juden, nur etwa 4000. Der estnische Staat, nach dem Ersten Weltkrieg entstanden, tolerierte diese Minderheit. Die jüdische Bevölkerung konnte frei leben und, wie die Familie meines Vaters, erfolgreich ihren Geschäften nachgehen. Vor der Besetzung durch die Deutschen wurde ich in Estland nur einmal beleidigt. Ein Kind rief mir »Juuei Plikka« nach. Ich verstand nicht, was damit gemeint war. Es war ein Schmähwort für Juden.

Mein Vater verließ Ende der 1920er-Jahre Estland für ein Chemiestudium in Deutschland. Als Student mietete er ein Zimmer in einem großen Haus. Dort lernte er meine Mutter kennen. Seine Familie war nicht sehr erfreut. Er kam aus reichen Verhältnissen und heiratete ein armes deutsches Mädchen. Eine Schickse, das war am schwersten zu akzeptieren. Meine Mutter weigerte sich, nach der Hochzeit nach Estland zu ziehen. Sie war von der Familie meines Vaters enttäuscht. »Wenn sie mich nicht haben wollen«, sagte sie meinem Vater, »will ich da auch nicht hinziehen.«

Ihr eigener Vater trug schon sehr früh ein Parteiabzeichen. Wie viele damals glaubte er, dass mit Hitler alles besser werde. Er war kein überzeugter Nazi, aber er und der Rest von Mutters Familie waren begeistert und hoffnungsvoll, dass Hitler das gedemütigte Nachkriegsdeutschland wieder aufbauen werde. Dennoch akzeptierten fast alle meinen jüdischen Vater. Nur ein Bruder meiner Mutter stellte sich quer. Als Einziger kam er nicht zu ihrer Hochzeit. Sie verzieh es ihm nie.

Schon Anfang der 1930er-Jahre merkte mein Vater, dass er als Jude keine Zukunft in Deutschland hatte. Die Nazis gewannen an Einfluss, und die Situation im Land wurde vor allem für Juden bedrohlicher. SA und Rotfront lieferten sich erbitterte Straßenschlachten, die Weimarer Republik stand kurz vor ihrer Auflösung.

Meine Eltern zogen deshalb noch vor 1933 nach Frankreich. Frankreich, das war das Land der Kultur, des Genusses, der Liberalität, das genaue Gegenteil von Deutschland in den 30-Jahren. Die erste Zeit meines Lebens verbrachte ich in Pau, einer Universitätsstadt am Rande der Pyrenäen. Die Stadt grenzt an Spanien. Im Sommer 1936 begann der Spanische Bürgerkrieg. Deutschland stand dabei auf der Seite der Reaktion und unterstützte General Franco.

Meine Eltern hatten Angst, dass der Krieg auf Frankreich übergreifen würde, da erreichte uns ein Telegramm der Familie meines Vaters: »Kommt nach Hause. Wir erwarten euch.« Meine Mutter zögerte. Dann gab sie nach, und wir zogen noch im selben Jahr nach Estland.

In Estland gefiel es mir anfangs sehr. Wir lebten in einem großen Haus, hatten einen Dienstboten und ein Kindermädchen. Das Judentum spielte keine große Rolle, bei uns in der Familie betete keiner. Als Jüngste war ich der Liebling der unverheirateten Brüder meines Vaters und seiner einzigen Schwester, die drei Töchter hatte. Meine drei Cousinen, mit denen ich mich gut verstand, waren alle um einiges älter als ich. Für mich waren sie wie ältere Geschwister.

Einen Teil der Sommerferien verbrachten wir gemeinsam auf unserer Datsche auf dem Land, manchmal besuchten wir auch estnische Freunde meines Vaters auf ihrem Gut. Im Sommer 1940 packte meine Mutter für sich und mich die Koffer, und wir zwei fuhren für ein paar Wochen zu ihrer Familie nach Frankfurt. Mit dem Schiff überquerten wir die Ostsee bis nach Stettin. Dort nahmen wir den Zug. Als ich dieses Mal nach Deutschland kam, fielen mir zuerst die Fahnen auf. Überall sah ich die Hakenkreuze in der Stadt. In diesem Urlaub erlebte ich einen Fackelzug, die marschierenden Menschenmassen und ihr Geschrei machten mir Angst. Ich konnte nicht genau sagen, warum. Aber Deutschland fühlte sich nicht mehr wie mein Zuhause an.

Als wir im Spätsommer 1940 nach Tallin zurückfahren, sehen wir bereits vor der Stadt endlose Reihen uniformierter Menschen. In meiner Erinnerung sind die Soldaten eher klein, viele tragen Pockennarben im Gesicht. Die Rote Armee ist gerade dabei, Estland zu besetzen. Ein geheimes Zusatzprotokoll im Hitler-Stalin-Pakt hat den Russen Estland als Beute versprochen. Nach der Okkupation beginnen die Plünderungen. Fast alle Geschäfte in

Tallin werden aufgebrochen und leergeräumt. Die Soldaten der Roten Armee bedienen sich einfach, als seien sie gesetzlich dazu berechtigt.

Nur wenige Wochen darauf begannen die Russen, estnische Bürger in weit entfernte Teile Russlands zu deportieren. Estland sollte auf Wunsch Stalins »russifiziert« werden. Zuerst schafften sie die kulturelle und intellektuelle Elite aus dem Land, sie brachten sie nach Sibirien. Mit sofortiger Wirkung wurden alle jüdischen Vereine und Gesellschaften von den Besatzern verboten. Wir verloren über Nacht unseren gesamten Besitz. Die Fabrik und das Wochenendhaus wurden besetzt. Russen bezogen die Gebäude.

Einen meiner Onkel schafften sie in den Ural, seine Frau und Tochter deportierten sie in einen anderen Teil des Riesenreiches. Wir sahen sie nie wieder. Inzwischen waren wir bei Freunden in Tallin untergekommen, die ein Gut besaßen. In dieser Zeit blieben wir in ständiger Alarmbereitschaft. Bei jedem Klopfen oder Klingeln dachten wir: »Jetzt ist es so weit, wir werden geholt.« Für den Notfall hatten wir ein paar Kleidungsstücke und Lebensmittel gepackt.

Meine Mutter war als Deutsche besonders gefährdet. Die russischen Besatzer hassten die Deutschen noch mehr als die Esten und Juden. Ein Jahr bevor die Russen in Estland einmarschierten, hatten die Nazis die Parole »Heim ins Reich« ausgegeben. Sie wollten alle Deutschen aus dem Baltikum in den Warthegau umsiedeln. Auch meiner Mutter wurde angeboten, mit mir aus Estland wegzugehen. Sie wusste jedoch, dass sie als Frau eines Juden in Deutschland nichts Gutes erwartete. Sie

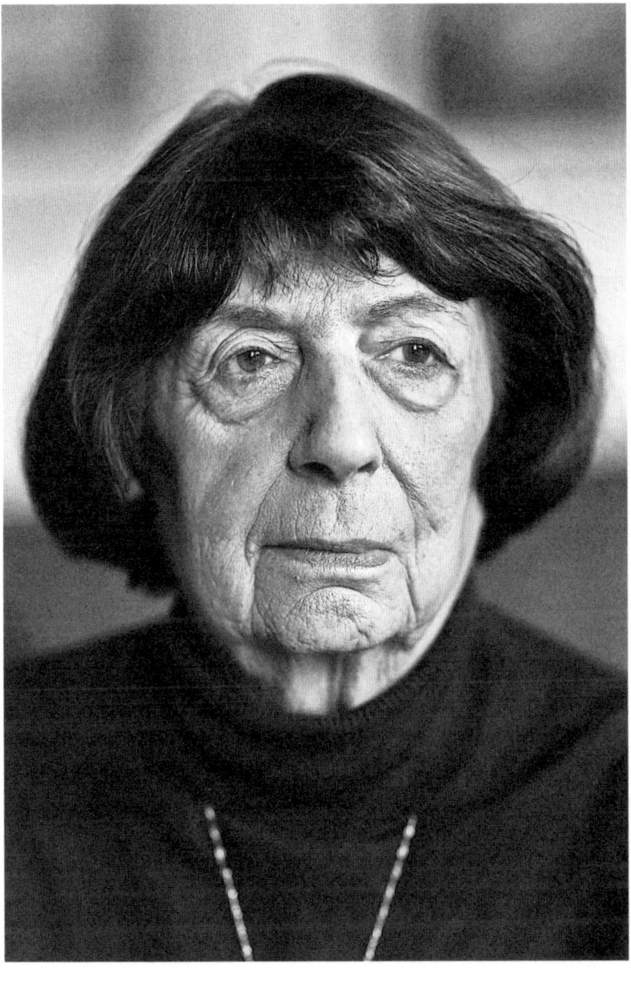

Ina Iske, geb. 1931 in Frankfurt am Main

hatte auch Angst um mich, weil ich Halbjüdin war. Die Nazis setzten sie unter Druck, sich von Vater scheiden zu lassen. Sie wehrte sich und blieb in Estland. Jetzt waren die Russen da.

Kurz nach dem Einmarsch der Russen mussten wir ein Formular für einen neuen Pass ausfüllen. Dieses Formular gab es in doppelter Ausführung: Eines behielt man, eines bekam das Amt. Meine Mutter hatte Glück. Eine Beamtin half ihr, sich »unsichtbar« zu machen. Sie händigte meiner Mutter beide Formulare aus, sodass sie praktisch nicht mehr existierte.

Warum sie das gemacht hatte, blieb unklar. Sie kannte uns nicht. Wieder zu Hause versuchten wir zu entziffern, was quer über die Antragspapiere gestempelt war. Es war ein kyrillisches Wort. Da wir beide die Schrift nicht lesen konnten, erfuhren wir erst später, dass es Usbekistan hieß. Ohne die Beamtin wären wir dort gelandet, ohne eine Möglichkeit zurückzukehren. Mein Vater war zu diesem Zeitpunkt von den Russen zur Arbeit an einer Universität in eine andere Stadt abkommandiert worden.

Die Anzeichen verdichteten sich, dass die Deutschen einen Überfall auf die mit ihnen verbündete Sowjetunion planten. Deshalb zog die Rote Armee im Frühjahr 1941 alle estnischen Männer bis 40 Jahre ein. Auch meinen Vater. Er musste sich auf einem Schiff melden, es fuhr nach Leningrad. An diesem Tag fuhren drei Schiffe ab. Das erste wurde von den Deutschen torpediert und ging unter. Das zweite kam in Leningrad an. Das dritte machte kehrt und lief wieder in Tallin ein. Mein Vater war auf dem Schiff, das zurückkam.

Meine Mutter war sehr glücklich, als sie ihn sah. Für

die Frauen, die alleine in Tallin zurückblieben, war das Leben inzwischen sehr schwer geworden. Meine Mutter arbeitete nicht, wir hatten buchstäblich nichts. Sie hatte große Angst vor den Russen. Vor der Invasion der Deutschen fürchtete sie sich dagegen nicht. Es gab zwar viele Gerüchte, was die Deutschen mit Juden machten. Meine Mutter wollte aber nicht glauben, dass Deutsche grundlos Juden ermordeten. Das passte nicht zu dem Land, in dem sie aufgewachsen war. Wer weiß? Hätte mein Vater damals mit dem Schiff Leningrad erreicht, er hätte vielleicht überlebt. Als Jude wurde er ein Opfer der Deutschen.

Am 22. Juni 1941 griff die deutsche Wehrmacht den einstigen Verbündeten an. Innerhalb von zwei Wochen marschierten deutsche Truppen in Estland ein. Es war August, als sie Tallin eroberten. Ein Bruder meines Vaters wollte nach Russland fliehen. Meine Mutter beruhigte ihn: »Nie im Leben passiert euch was. Ihr habt doch nichts getan.«

Die meisten Juden in Estland ahnten aber, was ihnen bevorstand. Etwa drei Viertel flüchteten noch rechtzeitig in die Sowjetunion. Andere gingen nach Finnland, wo viele überlebten. Wer als Jude in Estland blieb, wurde ermordet. Im Dezember 1941 erklärte die deutsche Presse Estland für »judenfrei«.

Als Erstes traf es den ältesten Bruder meines Vaters. Zwei Beamte führten ihn ab. Als meine Mutter erfuhr, dass sie meinen Onkel verhaftet hatten, zog sie ihren Mantel über ihr Nachthemd und lief in das Hauptgebäude der SS: »Was macht ihr da? Seid ihr wahnsinnig? Ihr habt meinen Schwager verhaftet!« Die SS-Männer lachten sie aus. Einer von ihnen befahl ihr, sein Ton klang gefährlich: »Gnädige Frau, ich rate Ihnen, gehen Sie besser nach Hause. Mischen Sie sich nicht in jüdische Angelegenheiten.« Dass sie Deutsche war, bewahrte sie vielleicht vor Schlimmerem.

Auch bei uns läutet bald nach dem deutschen Einmarsch die Gestapo an der Tür. Es ist früh am Morgen, einige Tage nach der Rückkehr meines Vaters mit dem Schiff. Draußen steht ein deutscher SS-Mann, der von einem estnischen Polizisten begleitet wird. Ich sehe, dass der Polizist traurig ist, seine Augen sind feucht, er sieht mich nicht an. Wir kennen uns. Er ist der Schutzmann in unserer Straße. Meine Familie hat ihm und seiner Frau manchmal geholfen. Und er hat mir manchmal ein Bonbon zugesteckt. Ich blicke ihn an. Stumm beobachte ich, wie er und der SS-Mann meinen Vater zwischen sich nehmen und abführen.

Da endlich löst sich meine Starre, und ich laufe in das Haus zurück, in mein Zimmer. Ich besitze einen kleinen weißen Stoffhasen, den ich über alles liebe. Den greife ich und renne den Männern nach. Als ich sie erreiche, drücke ich meinem Vater den Hasen in die Hand und flüstere in sein Ohr: »Der soll dich beschützen.«

In meiner kindlichen Naivität glaubte ich fest daran. Aber der Hase beschützte meinen Vater nicht.

Bis heute hasse ich den Polizisten. Er hätte meinen Vater warnen können. Irgendein Zeichen, eine Nachricht. Stattdessen tat er das, was er für seine Pflicht hielt, wenn auch mit Widerwillen. Am Ergebnis änderte dies nichts.

Meine Mutter lief in Tallin von Behörde zu Behörde

und versuchte, meinen Vater zu finden. Niemand gab ihr eine Auskunft. Wir besuchten zusammen das Gefängnis, von dem wir gehört hatten, dass Juden hier bis zu ihrem Abtransport gefangen gehalten wurden. Auch hier sprach keiner mit uns. Zu schweigen war die übliche Taktik, die Russen und die Deutschen wandten sie an. Menschen verschwanden einfach, so als hätte es sie nie gegeben. Ich hielt ein Paket mit Brot und Speck in meiner Hand. In meiner Verzweiflung gab ich das Essenspaket einem Wärter und schrieb den Namen meines Vaters darauf. Es kam wahrscheinlich nie bei ihm an.

Vielleicht war er auch schon tot. Denn inzwischen wuchs die Gewissheit, was mit Juden geschah, die den Deutschen in die Hände fielen. Tagelang schob ich den Gedanken beiseite, dass mein Vater nie zurückkehren würde. Ich liebte ihn sehr. Er war ein kluger, verlässlicher Vater. Er mochte die russischen Klassiker, Puschkin, Dostojewski, Tolstoi. Oft sah ich ihn in seine Bücher vertieft. Mich nahm er mit ins Ballett, wo wir uns gemeinsam *Schwanensee* von Tschaikowski ansahen. Dass er aus meinem Leben verschwand, ohne Zeit für einen Abschied, habe ich nie verwunden.

Ein paar Wochen nach seiner Abholung schickten sie meiner Mutter den Totenschein. Ich las: »Jakob Stein, an Lungenentzündung gestorben.« Es war eine Lüge, ich wusste es ganz genau. Mein Vater hatte keine Lungenentzündung gehabt. Er war immer ein gesunder Mann. Die SS holte auch meine anderen Onkel, meine Tante und meine Cousinen ab. Sie alle, darüber war ich mir jetzt im Klaren, würde ich nie wiedersehen. Lange nach dem Krieg erfuhr ich, dass sie alle ermordet wurden.

Das Leben ging weiter. Meine Mutter und ich blieben in Estland, wir waren auf uns allein gestellt. Zu gerne hätte sie Estland verlassen. Aber Deutschland war nicht länger das Land ihrer Sehnsucht, eher ein Albtraum. Selbst wenn es die Möglichkeit gäbe, dorthin zu kommen, sie wusste, es wäre für mich zu gefährlich. Meine Mutter fand eine Arbeitsstelle bei der Zentralhandelsgesellschaft Ost. Sie schrieb für den deutschen Konsul, einen Herrn Tolkmit, seine Geschäftsbriefe. Später arbeitete sie als seine Privatsekretärin. Der Konsul war ein vornehmer alter Herr aus Hamburg.

Während meine Mutter arbeitete, blieb ich alleine in der Wohnung. Ich sah nicht übermäßig »arisch« aus. Lange schwarze Haare, braune Augen. Wie sie mir befohlen hatte, ging ich nicht raus, spielte nicht mit den anderen. Ich verhielt mich still. Mehrmals täglich klingelte das Telefon. Meine Mutter wollte sich vergewissern, dass ich noch da war. Sie lebte in ständiger Angst, dass ich als Halbjüdin abgeholt werde. Ihre Angst übertrug sich auf mich. Sie wurde täglich schlimmer. Nachts konnte ich nicht mehr schlafen, ich verweigerte das Essen. Ich wollte weg aus dem Haus, weg aus Estland. Irgendwohin, wo wir sicher waren. Meine Mutter ging das Risiko ein, mich aus Estland rauszubringen.

Sie vertraute sich Konsul Tolkmit an. Kurz darauf rief der Konsul meine Mutter ins Büro, um ihr etwas mitzuteilen: »Wissen Sie, die Russen sind auf dem Vormarsch. Heute Nacht geht ein Zug ab. Nicht vom Bahnhof, sondern im Wald, wo Ehefrauen und Kinder von Deutschen nach Westen fahren.«

Nach Hitler rückte nun Stalin im Frühjahr 1944 Estland wieder näher. Damit gerieten wir als Deutsche wieder in Gefahr. Es war zum Verzweifeln.

Im Laufe des Krieges waren Familienangehörige von Besatzungsoffizieren und Unternehmern nach Estland gekommen. Jetzt, wo die Deutschen mehr und mehr Terrain verloren, sollten ihre Frauen und Kinder in einer Geheimaktion wieder nach Westen zurückfahren.

Zu dieser Zeit war die Schwester meiner Mutter gerade zu Besuch bei uns. Sie passte nun auf mich auf, wenn meine Mutter arbeiten ging. Ihr Mann war an der Front gefallen. Konsul Tolkmit wusste das und schlug meiner Mutter vor, ich solle mit ihrer Schwester abfahren – getarnt als Fräulein mit Kind. Er kümmere sich um die Papiere. Meine Mutter aber sollte bei ihm bleiben. Er brauchte sie noch in der Firma.

Am übernächsten Abend hielt ich gefälschte Papiere in der Hand. Konsul Tolkmit hatte sie anfertigen lassen. Sie rochen seltsam. Ich war sehr aufgeregt, als ich mit der Hand darüberstrich.

Als es Nacht wird, gehen wir zum Zug. Im Wald ist es bereits sehr dunkel, Frauen und Kinder warten neben den Schienen. Noch ist kein Waggon in Sicht. Ich schreie und tobe. Ich will um keinen Preis ohne meine Mutter abfahren. Egal, wie gefährlich meine Lage ist. Die Trennung von meiner Mutter ist eine Tragödie für mich. Ich bin in Panik, habe Angst, dass ich sie nie wiedersehen werde, wie zuvor schon meinen Vater.

Als der Zug kommt, hält mich die Schwester meiner Mutter ganz fest. Es gelingt ihr nicht, mich zu beruhigen. Unter lautem Schluchzen und vollkommen erschöpft von meinen Tränen lasse ich mich in den Wagen bringen.

Es ist schrecklich, das erste Mal im Leben ohne meine Mutter zu sein. Aber ich habe keine Wahl. Langsam setzt der Zug sich in Bewegung. Die Waggons werden mit einem Holzöfchen geheizt. Wir bekommen Brot zugeteilt.

Schließlich hält der Zug auf seiner Fahrt über Nacht in Ostpreußen. Die Fahrgäste, die keine Familie im Westen haben, sollen dort aussteigen. Als wir zum Übernachten im Hotel ankommen, erreicht uns ein Telegramm meiner Mutter: »Nicht in Ostpreußen bleiben! Fahrt so weit nach Süden, wie ihr könnt. Wir haben Verwandte in Traunstein. Versucht dort unterzukommen.«

Am nächsten Morgen stiegen wir wieder in den Zug. Mutters Telegramm ersparte uns Monate später die Massenflucht übers Eis.

In Tilsit, das noch in Ostpreußen liegt, steht ein Spalier Hitlerjungen mit Tulpensträußen auf dem Bahnsteig. Es ist Frühjahr, und die HJ singt zur Begrüßung für uns. Für sie sind wir lang vermisste deutsche Heimkehrer aus Estland. Da ich inzwischen weiß, dass ich als Halbjüdin eine Feindin des Deutschen Reiches bin, muss ich innerlich kichern. Ich denke: »Na guck mal. Jetzt singen sie für dich, ausgerechnet die HJ. Wenn die wüssten, für wen sie da singen.«

So wurde ich im März 1944 mit allen Ehren in Nazideutschland empfangen. Meine Mutter floh ein paar Wochen später mit einem anderen Zug zu uns.

In Traunstein suchten wir entfernte Verwandte von uns auf. Eine Cousine meines Großvaters begrüßte uns. Ich hatte sie nie vorher kennengelernt. Sie bewohnte ein schönes großes Haus, den Waldhof. Als wir ankamen, waren wir sicher, dass wir bei ihr Platz finden. Aber das

Haus war bis unter das Dach voll mit Evakuierten aus München. Vor allem Frauen und Kinder. Wir konnten nicht bleiben und fanden ein Zimmer in einer Mühle. Sie war noch in Betrieb und mahlte das Getreide der umliegenden Ortschaften. So hatten wir zumindest Mehl und Brot. Im Ort wusste nur die Verwandtschaft, dass ich Halbjüdin war. Sie hätten mich auch aufgenommen, aber es war kein Platz. Sie behielten ihr Geheimnis für sich.

In Traunstein galten wir als Ausgebombte. Im Chaos der zusammenbrechenden Fronten und der täglichen Luftangriffe fühlte ich mich relativ sicher. Meiner Mutter gelang es, unsere estnischen Pässe in deutsche umwandeln zu lassen. Auch das war damals möglich.

Nach den schrecklichen Monaten versteckt in Estland erholte ich mich langsam. Die Stadt hatte wunderschöne mittelalterliche Häuser, die sich entlang des Flusses Traun reihten, und lag mitten im hügeligen Chiemgau vor den Bergen. Das katholische Oberbayern war für meine Mutter und mich ein Glücksfall. Die meisten Leute, vor allem auf dem Land, waren gläubige Katholiken und standen den Nazis eher ablehnend gegenüber. Im Chiemgau gab es mehr Widerstand vonseiten der katholischen Kirche gegen das Regime als in anderen Regionen Deutschlands. An den versprochenen »Endsieg« glaubte kaum einer mehr, kaum einer wollte noch als strammer Nationalsozialist gelten. Nur zwei Leute im Ort verhielten sich uns gegenüber misstrauisch. Sie blickten meine Mutter und mich komisch an, sagten aber nichts.

Im Ort lebte aber eine überzeugte BDM-Führerin, die mich hartnäckig für die Organisation gewinnen wollte. Ich war 13 Jahre alt und hätte eigentlich zu den Jungmädeln gemusst. Meine Mutter antwortete ihr, wenn sie klingelte, ich sei gerade krank. Manchmal fragten mich die Leute in dieser Zeit erstaunt: »Warum hast du so schwarze Haare?« Ich antwortete dann: »Wir haben Verwandte in Spanien. Die sind auch so dunkel.« Sie glaubten es oder wollten es glauben. Es hätte natürlich jemand Verdacht schöpfen können.

Am 20. April 1944 wurde ich in Bayern eingeschult. Ausgerechnet an dem Tag, der Adolf Hitlers Geburtstag war.

Mit weißem Faltenröckchen und blauem Pullover stehe ich, eine Halbjüdin, auf dem Schulhof. Mitten in einem Meer aus Uniformen, Fahnen und Gästen. Ich bin angespannt, versuche aber, mir nichts anmerken zu lassen. Ich denke ständig, man müsste mir doch ansehen, dass ich Jüdin bin. Sie müssten nur genau hinschauen. Dann würden sie doch sehen, wie dunkelhaarig ich bin. Ich habe große Angst, entdeckt zu werden. Als sie beim Einmarsch in die Schule alle »Sieg Heil« brüllen, merke ich, dass ihre Rufe nicht mehr ganz so zuversichtlich klingen wie damals bei meinem ersten Fackelzug in Frankfurt. Das beruhigt mich. Auch dieser Tag wird vorbeigehen. Bald sogar der ganze Terror.

In Estland hatte ich gelernt, mich anzupassen und still zu verhalten. In der Schule half mir das. Ich flog nicht auf, auch wenn mich die Angst vor der Entdeckung in dieser Zeit nie verließ.

Im Frühjahr 1945 marschierten die ersten deutschen Kriegsgefangenen durch Traunstein. Sie zogen genau an unserem Haus vorbei, zerlumpt und niedergeschlagen. Sie taten mir leid, viele von ihnen hatten junge Gesichter, ein wenig älter als ich nur. Doch ich war glücklich. Für mich war die Zeit des Versteckens endlich vorbei.

Später an diesem Tag sah ich mit dem Einmarsch der Amerikaner den ersten Schwarzen meines Lebens. Sein Anblick war es, der mir einen Moment lang die Zuversicht zurückgab, die ich in den vergangenen Jahren verloren hatte: Ich war frei! Ich begriff die Bedeutung dieses Wortes in seinem vollen Ausmaß. Ich darf nun alles sagen. Ich darf nun sagen, wer ich wirklich bin.

Aber ich konnte es nicht. Bis heute kann ich es nicht.

Ich habe zwei getrennte Freundeskreise: zum einen meine Schulclique aus Traunstein, zum anderen meine Freunde aus Germersheim, wo ich später studierte. Wir treffen uns regelmäßig, telefonieren oft und sind eng befreundet. Die Germersheimer wissen, dass ich Halbjüdin bin, ich habe es ihnen erzählt. Aber meine Schulkameradinnen von damals, die wissen es bis heute nicht. Es fühlt sich schrecklich für mich an, weil es meine liebsten Freundinnen sind. Doch was werden sie sagen, wenn ich ihnen heute erzähle, dass mein Vater Jude war? Sie werden mich fragen, warum ich es ihnen nie gesagt habe.

Ja, warum nicht? Ich weiß es selbst nicht. Ich konnte es nicht.

Nach dem Krieg studiert Ina Iske Sprachen und heiratet einen US-Amerikaner, mit dem sie sechs Jahre in New York lebt. In dieser Zeit arbeitet sie für das Deutsche Generalkonsulat in der damaligen UNO-Beobachtermission. Nach dem frühen Tod ihres Mannes kehrt sie nach Frankfurt zurück. Kurz darauf wird sie an die Deutsche Botschaft in Ankara geschickt.

Obwohl sie sich nach 1945 nicht vorstellen konnte, einen Deutschen zu heiraten, lernt sie hier ihren zweiten Mann kennen. Er arbeitet ebenfalls für das Auswärtige Amt. Sein Vater war als Mitglied der Bekennenden Kirche ein Gegner der Nazis. Das macht für sie eine Verbindung möglich.

Nach Jahren im Ausland, unter anderem in Sambia, Griechenland und Afghanistan, wo sie vor dem Einmarsch der russischen Truppen in Kabul lebt, zieht sie Ende der 1970er-Jahre gemeinsam mit Mann und Sohn nach Bonn. Nach der Pensionierung ihres Mannes wohnt sie 15 Jahre in Büdingen. Als er 2000 stirbt, kehrt sie wieder in ihren Geburtsort Frankfurt am Main zurück, wo sie heute lebt.

Heinz »Coco« Schumann

»Der Musik verdanke ich mein Leben.«

Ich bin kein Überlebender, der *auch* Musik macht. Ich bin ein Musiker, der überlebt hat.

Dieser Unterschied ist mir wichtig. Das Leben ist bis auf ein paar Jahre, die sich sehr lange anfühlten, sehr gut zu mir gewesen.

Wie so viele Nachmittage nach der Schule sitze ich in der Küche unserer Kellerwohnung am Kottbusser Damm in Berlin-Kreuzberg. Meine Mutter führt seit einiger Zeit einen eigenen Friseurladen, in dem man jede U-Bahn fahren hört, so nah grenzt er an die Gleise der Hochbahn. Vorne sitzt die Kundschaft und lässt sich mit dem Brenneisen Locken aufdrehen. Geht man durch den Laden durch, kommt man in unsere Wohnung.

Ich bin das, was man ein Schlüsselkind nennt. Meine Mutter steht von früh bis spät im Salon. Mein Vater ist als Polsterer und Dekorateur ständig unterwegs. Selbst später, als er arbeitslos wird, streift er durch die Stadt und sucht sich immer neue Gelegenheitsjobs.

Aus der Schublade des Küchenbuffets hole ich mir zwei Kochlöffel, ein paar Blechschüsseln und Emailtöpfe. Und dann trommle ich wild. Ich bin ein Weltklasse-Schlagzeuger. In meiner Phantasie begleite ich Duke Ellington, der in diesem Jahr mit seinem Orchester das erste Mal durch Europa tourt. Wir haben 1933. Ich liebe Ragtime, Foxtrott, Jazz und amerikanische Filmmelodien. Als richtiger Berliner mag ich aber auch Schlager und Paul Linckes Ohrwürmer. Meine Eltern sind nicht sehr musikalisch, besitzen aber ein Grammofon und viele Platten. Die höre ich endlos und trommle in allen Improvisationen dazu. Dabei vergesse ich alles um mich herum, auch das, was vor ein paar Wochen geschehen ist.

Ich war von der Schule nach Hause gekommen und hatte meine Mutter um fünf Pfennige gebeten. Ich war ein neunjähriger Junge, trug Matrosenhemd und verbarg abstehende Ohren unter der Mütze. Unser Volksschullehrer hatte uns beauftragt, das Geld zu besorgen. Jeder von uns in der Klasse sollte ihm davon einen Nagel mit großem Messingkopf abkaufen, damit wir vorne neben der Tafel ein Schild an die Wand nageln können. Das Schild hatte vorgestanzte Löcher und die Form einer Raute. Es war, wie uns der Lehrer erklärte, das Zeichen einer Vereinigung, die sich Hitlerjugend nannte. Ich hatte noch nie davon gehört. Erst nach 1933 stieg sie zum einzigen staatlichen Jugendverband auf.

Wir sollten jetzt alle Mitglied werden, sagte der Lehrer. Wir würden gemeinsam wandern und viel Sport machen. Ich war begeistert und bettelte meine Mutter um das Fünf-Pfennig-Stück an.

Sie klärte mich auf. Mein Pech war, dass mein Vater aus Liebe zu meiner Mutter zum jüdischen Glauben übergetreten war. Er wollte sich bei der jüdischen Familie meiner Mutter beliebt machen. Damals nannte man Jungen wie mich in Berlin »Mampe Halb & Halb«. Das war der Name eines Magenbitters aus Kräutern und Orangen – uns Halbjuden rief man ebenso. Bisher hatte ich mit dem Jüdischsein vor allen Dingen gutes Essen verbunden. An den jüdischen Feiertagen gab es bei meinen Großeltern abends Matze-Klöße mit Zimt und Mandeln, die in einer Hühnerbrühe gekocht wurden. Es war meine Lieblingsspeise.

Ich war also jüdisch, wenn auch halb und halb, wie meine Mutter sagte. Ich wusste nicht, was ich mir darunter vorstellen sollte. Wenn überhaupt, fühlte ich mich als Berliner. Meine Eltern waren nicht religiös. Ein paar Mal gingen wir zusammen in die Synagoge, ganz wie in dem Sprichwort: »Es gibt viele ungläubige Juden, und am hohen Feiertag trifft man sie alle in der Synagoge.« Auch meine Bar Mitzwa änderte nichts daran. Ich denke, mein Vater fühlte sich weder dem Christentum noch dem Judentum verbunden. Am meisten hing er an seiner deutschen Heimat. Er war als Soldat im Ersten Weltkrieg gewesen. Ich kannte die Fotos, die ihn und seine Kameraden als Frontkämpfer zeigten.

Ich tat meiner Mutter vermutlich leid, sie gab mir an diesem Tag die fünf Pfennige. Damit rannte ich zur Schule. Als ich vor meinem Lehrer stand, sagte er: »Du nicht, du bist Jude.« Das war das erste Mal, dass ich wirklich begriff: Jetzt gehörst du nicht mehr dazu.

Unter meinen Klassenkameraden gab es wenige, die ich mochte, und auch wenige, die mich mochten. Für die meisten hieß ich »der Schmeling« – nach Max Schmeling, dem Weltmeister im Schwergewichtsboxen, weil ich mich oft auf dem Schulhof prügelte. Ich war klein, aber stockig und gut gebaut. Für eine kurze Zeit boxte ich im jüdischen Sportverein Bar Kochba, doch die jüdischen Vereine wurden nach 1933 sehr bald verboten. Ich hatte Talent und einen guten Punch. Ich weiß nicht genau, was mich antrieb. Jeden, der mir »Mampe« nachrief, verprügelte ich.

Glücklicherweise zogen meine Eltern oft um. Ich musste deshalb die Schulen wechseln, was ich aber nicht schlimm fand. Ich ging ohnehin nicht gerne zum Unterricht. In Mathe war ich eine Niete, Schreiben fand ich langweilig, das Lernen interessierte mich nicht. Noch heute sitze ich nicht gerne still. Die einzigen Fächer, die mir Spaß machten, waren Musik und Sport.

Eines Morgens auf dem Weg zur Schule entdeckte ich einen Stern, der auf die Scheibe unseres Friseursalons geschmiert war. Mein Vater handelte schnell. Ich bewundere ihn noch heute dafür. Nicht nur einmal versuchten die Nazis, ihn zu erpressen: Sie stellten ihn vor die Wahl, sich scheiden zu lassen oder er werde seine Arbeit verlieren. Er hielt immer zu uns. Kurzerhand mietete er eine große Wohnung, und wir zogen in die feinere Gegend rund um den Kurfürstendamm. Fünf Zimmer hatten wir nun. Nach den zwei Zimmern im Keller war das ein Luxus. Am Kurfürstendamm kannte uns niemand. Und da keiner wusste, dass meine Mutter Jüdin war, lief ihr neu eröffneter Friseurladen in der Westfälischen Straße bald sehr gut. Sich einen Bubikopf schneiden zu lassen kostete damals 45 Pfennige, er war hochmodern. Die Preise für Waschen, Schnitt und Färben hatte mein Vater in weißer Farbe auf die Hauswand gemalt.

Bei der Kundschaft war meine Mutter Hedwig sehr be-

Heinz »Coco« Schumann, geb. 1924 in Berlin

liebt. Ihr Mädchenname war Rothholz, sie war in eine Friseurdynastie hineingeboren worden. Fast alle in ihrer Familie arbeiteten als Friseure: Ihr Vater Louis führte einen Salon im Scheunenviertel, ebenso die meisten ihrer sieben Geschwister. Auch meine Mutter liebte ihren Beruf.

Mir gefiel mein neuer Kiez. Ich kam auf eine andere Schule, in der mich keiner kannte. Nach dem letzten Schulklingeln trieb ich mich am Kurfürstendamm herum. In den 30er-Jahren war er eine Einkaufs-, Café- und Theatermeile, die Menschen wie mich magnetisch anzog. Überall gab es etwas zu entdecken, es roch abwechselnd nach Süßem, Parfüm, Rauch und Alkohol. In den Frisiersalons meiner Verwandten, die ich oft mit meinem Fahrrad im Scheunenviertel besuchte, holte ich mir ein bisschen Geld ab. Meine vielen Tanten und Onkel verwöhnten mich sehr, sodass ich schon als Kind immer mit Münzen in den Taschen herumlief. Damit kaufte ich mir Eis. Ich ging in die Charlottenburger Straße zu einer Eisdiele, vor der ältere Jungs herumsaßen. Sie hörten Musik und nannten sich »Swings« oder »Swing Heinis«, ich weiß nicht mehr genau.

Ich schaute nicht nur zu ihnen auf, weil sie älter waren. Einige von ihnen trugen »englische« Anzüge. Schmal geschnitten, mit noch schmaleren Krawatten. Die Musik brachte uns zusammen. Oft saßen wir auf dem Platz vor der Eisdiele und hörten Schallplatten auf einem gepolsterten Telefunken-Plattenspieler, den einer der Jungen besaß. Das war 1936, auch ich schleppte meine Sammlung von zu Hause an. Aber die Swing Heinis besaßen die neuesten Sachen: Nat Gonella, Teddy Stauffer, Louis

Armstrong und Ella Fitzgerald, mit den beiden Letzten habe ich später gespielt. Hätte man mir das gesagt, ich hätte es nicht geglaubt. Das alles lag noch in weiter Ferne. Zu der Zeit beherrschte ich noch nicht einmal ein Instrument.

Auf dem Schlagzeug meines Onkels Arthur, das er in der Kellerwohnung meiner Großeltern im Scheunenviertel aufgebaut hatte, durfte ich manchmal trommeln. Es bestand aus einem Becken, einer großen Trommel und zwei kleinen Trommeln. Onkel Arthur führte einen gut laufenden Friseursalon, gleich um die Ecke vom Laden meiner Großeltern. Er war mein größtes Vorbild. Onkel Arthur besaß einen weißen Smoking und zeigte mir die neuesten Tanzschritte. Neben seiner Arbeit spielte er im Prater Garten in einer Zigeunerkapelle Schlagzeug. Er brachte mir bei, wie man die Stöcke hält. Von ihm lernte ich die ersten Beats, nicht nur musikalisch komme ich nach ihm.

Onkel Arthur hinterließ mir sein Schlagzeug, denn glücklicherweise wanderte er noch vor Kriegsbeginn nach Miami aus. Ich besuchte ihn später oft dort. Als Mann von Welt fühlte er schon sehr früh die Ablehnung der Deutschen, den kleingeistigen Hass auf die, die Erfolg hatten. Er fühlte sich in Deutschland nicht mehr wohl.

Ich spürte von alldem wenig. Ehrlich gesagt, interessierte ich mich außer für Musik für nichts anderes. Ich merkte kaum, dass sich für meine Familie seit den Nürnberger Rassengesetzen von 1935 die Lebenssituation verschärft hatte. Die vielen unsinnigen Verbote nahm ich anfangs nicht ernst, die täglichen Schikanen ignorierte ich. Selbst als die Judenverfolgung begann, verdrängte ich das, was ich sah und hörte. Ich kann mich auch heute kaum daran erinnern.

Seit ich die Swing Heinis vor dem Eiscafé traf, hatte ich nur noch Swing im Kopf, den Rhythmus, den Beat. Wir waren jung, und Politik war das Letzte, worüber wir uns unterhielten. In der Clique fragte mich auch keiner, ob ich Jude sei. Einige ahnten oder wussten es vielleicht. Es spielte keine Rolle. Wir alle verdrängten das, was heranzog. An den Wochenenden fuhren wir raus zum Wannsee. Im Strandbad lernte ich die ersten Mädchen kennen. Wir alberten herum. Nachts saßen wir vor dem Tanzpalast Delphi auf der Mauer.

Auf dem Ku'damm entstanden ständig neue Aufführungsorte für große Revuen und kleine Kabarettbühnen. In den vielen Tanzlokalen, Ballhäusern und Hotelsälen spielten die berühmten Tanz- und Showorchester von George Boulanger, Dajos Béla, Teddy Stauffer, bis sie alle – mit Verboten belegt – das Land verließen.

Für einige Monate des Jahres 1936 erhielt Teddy Stauffer von Elfriede Scheibel, der Besitzerin des Berliner Delphi-Palastes, ein viermonatiges Engagement. Jedes Wochenende von Juli bis Oktober spielte die Band draußen. Wir saßen auf der Mauer und lauschten.

Teddy Stauffer, eigentlich ein Schweizer, wurde Deutschlands »Swing-König« genannt. Er sah gut aus, die blonden Haare hatte er mit Gel nach hinten gekämmt, seine Band, die Teddies, begeisterte mich. Als ich ihm von der Mauer aus auf dem Saxophon zuhörte, wusste ich es: Ich werde auch Musiker.

Wenn ich spät nachts von der Mauer des Delphi zurück nach Hause schlich und meine Mutter noch wach lag, scheuerte sie mir eine. Sie machte sich Sorgen. Dass ich Musiker werden wollte, davon hielt sie nicht viel. »Handwerk hat goldenen Boden«, sagte meine Mutter immer. Und das stimmte ja auch. Mit ihrem Friseursalon brachte sie uns alle durch. Auf unserem Tisch stand immer etwas zu essen, auch später, als meine Eltern wegen ihrer »Mischehe« nur eingeschränkt Lebensmittelkarten zugeteilt bekamen. Unter den Privatkunden meiner Mutter gab es eine Fleischerin. Die bezahlte mal mit einem Stück Schinkenspeck, mal mit einer Schweinelende. Manchmal steckte sie uns auch eine Wurst zu.

Später, als ich als Schlagzeuger und Gitarrist Erfolg hatte, waren meine Eltern natürlich stolz auf mich. Wie ich haben auch sie überlebt. Im Gegensatz zu meiner Mutter verstand mein Vater meinen Wunsch, Musiker zu werden. Er ging öfter ans Portemonnaie meiner Mutter, nahm Geld heraus und steckte es mir zu. So unterstützte er meine ersten Gitarrenstunden.

Damals geschah noch etwas Wichtiges in meinem Leben: Ich musste meine Schule in der Nähe des Kurfürstendammes verlassen und auf eine jüdische Schule gehen. Eine neue Verordnung. Auch mussten wir von der Fünfzimmerwohnung in eine kleine Erdgeschosswohnung für Juden umziehen. Ich kam 1938 auf die Schule der jüdischen Reformgemeinde in der Joachimsthaler Straße, ganz in der Nähe meiner Großeltern.

Nicht, dass Lernen auf einmal Spaß gemacht hätte. Die Lehrer wechselten ständig, weil wer konnte, das Land verließ. Aber für kurze Zeit unterrichtete dort Doktor Ballin. Er war mein Deutsch- und Musiklehrer, seinen Namen vergesse ich nie. Der Musikunterricht bestand darin, dass er eine Gitarre mitbrachte und wir dazu sangen. Nach einer Musikstunde ging ich zu ihm und bat ihn, mir ein paar Akkorde zu zeigen. Einer meiner Cousins väterlicherseits, der zur Wehrmacht eingezogen worden war, hatte mir seine Gitarre vermacht.

Doktor Ballin zeigte mir die ersten Griffe. Der schlanke Hals, der bauchige Körper, die Gitarre zu halten fühlte sich gut an. Ich begriff sie instinktiv. Ich nahm Unterricht bei ihm und übte jede freie Minute. Ich war besessen, spielte Akkorde rauf und runter und bald alles nach. Am liebsten Swing, ich spürte schon damals den Swing in mir. Die wenigsten konnten ihn wie ich erfühlen.

Neben der Schule verdiente ich mir bei Aron, einem jüdischen Klempner, ein paar Mark dazu. Vormittags saß ich auf der Schulbank, nach dem Unterricht reinigte ich als Gehilfe von Aron verstopfte Rohre, verlegte Leitungen oder reparierte sie. Abends ließ ich das Geld in den Tanzbars und träumte davon, als Musiker auf der Bühne zu stehen. Dazu musste man aber Mitglied bei der Reichsmusikkammer sein. Für mich als Halbjude war das unmöglich. Über mich bestimmten jetzt andere: Ich musste die Schule verlassen und wurde bei einem Klempnerbetrieb zwangsverpflichtet.

Nach der Arbeit rieb ich meine Hände lange unter dem Wasserhahn. Trotz Seife kriegte ich sie nicht sauber, es war eine unvorstellbare Drecksarbeit. Ich schnitt meine Fingernägel an der Greifhand sehr kurz. Nur an der rechten Hand brauchte ich die Nägel zum Anschlagen der Gitarrensaiten. Dann zog ich los. Ich war etwa 15, 16 Jahre alt, mit Hemd und Krawatte sah ich älter aus. In der Melody Bar hörte ich gern Helmut Zacharias zu, einem virtuosen Geiger, mit dem ich später viel zusammenspielte. Ich glaube, es war am Stuttgarter Platz, als ich ein Schild zum ersten Mal entdeckte: »Swing Tanzen verboten.« Bald sah ich es überall. Die Leute, die ich kannte, störten sich nicht daran. Sie spielten die Musik trotzdem. Nur waren inzwischen viele Musiker emigriert. Deshalb fragte mich der Inhaber der Hasenschaukel eines Abends, ob ich nicht den Pianisten begleiten könne.

Mein erster öffentlicher Auftritt war 1940, nicht mit der Gitarre, sondern am Schlagzeug. Meine Gage betrug fünf Mark. Noch mehr als das Geld gefielen mir die Blicke der Mädchen. Sie mochten mich. Von da an lief es wie von selbst. In der Musik und mit den Frauen. Ich wurde herumgereicht, spielte fast jeden Abend, meist auf dem Schlagzeug, immer häufiger auch auf der Gitarre: in der Hasenschaukel, in der Allotria Bar, im Groschenkeller, in der Melody Bar mit Helmut Zacharias. Ab Frühjahr 1942 hatte ich ein festes Engagement in der Rosita Bar mit Tullio Mobiglia. Er war Italiener, vor einem Auftritt scheitelte er seinen schwarzen Schnauzer mit einem Kamm auf der Oberlippe. Er spielte das Saxophon auf eine ziemlich verwegene Art. Die Berlinerinnen tauften ihn den »schönsten Saxophonisten der Welt«. In Tullios Sextett ging auch ich als Italiener durch. In den Pausen kümmerte ich mich um seine Verehrerinnen. Ich versprach ihnen ein Treffen mit Tullio nach dem Gig, aber auch ich gefiel ihnen.

Meine Eltern wussten von all dem nichts. Sie hätten mich aber auch nur schwer abhalten können. Ich liebte die aufgekratzte Stimmung, das Leben auf der Kante. Angst hatte ich nicht, ich war ein ziemlich abgebrühter Typ. Ab September 1941 bestand die Pflicht, einen Judenstern zu tragen. Wegen des Übertritts meines Vaters zum Judentum war ich kein Mischling ersten Grades mehr, sondern wurde als Geltungsjude angesehen. Deshalb galt die Regelung auch für mich. An meine Jacketts nähte ich einen Druckknopf, damit konnte ich den Stern schnell an- und abnehmen. Ich trug ihn so gut wie nie. Gab es eine Razzia auf der Straße, ging ich schnurstracks auf den ranghöchsten Nazi zu. Ich sagte: »Entschuldigen Sie, Herr Obersturmbannführer. Können Sie mir freundlicherweise helfen? Ich suche die Bismarckstraße.« Ich nannte immer eine Straße aus der Umgebung, die mir gerade einfiel. Dabei berlinerte ich noch mehr als sonst. Und der Obersturmbannführer zeigte mir dann den Weg.

Weite Teile meines Lebens fanden ohnehin in einer Halbwelt unter der Oberfläche statt. Tagsüber schlief oder übte ich. Nachts trat ich in Jazzkneipen und Kellerbars auf. Sie waren meine Verstecke. Wir waren illegal, ich nicht mehr als die anderen, mit denen ich verbotene Musik spielte. Wegen der Bombenalarme herrschte inzwischen Verdunklungsgebot. Ich liebte die Dunkelheit, dabei konnte ich wunderbar mit den Mädchen rummachen. Eine französische Freundin, die das H von Heinz nicht aussprechen konnte, taufte mich in dieser Zeit Coco. Ich fand den Namen doof, behielt ihn aber bei.

Als Jude mit arischen Frauen etwas anzufangen galt natürlich als Rassenschande und war strengstens verboten. Mich hielt das nicht davon ab – am Ende wurde ich deswegen auch verpfiffen.

Nicht nur die Rosita Bar wurde regelmäßig kontrolliert. Immer wenn einer von der Reichsmusikkammer kam, pfiff ein Student von oben an der Tür des Lokals nach unten. Dann haben wir sofort vom »Flat Foot Floogee with the Floy Floy« oder von »You can't stop me from dreaming« auf »Rosamunde« umgestellt. Von den Noten schnitten wir oben die Titel ab. Die Kontrolleure waren sehr leicht zu erkennen. Bei der Reichsmusikkammer müssen sie einen riesigen Fundus an Trenchcoats und Schlapphüten gehabt haben. Wenn einer nach meiner Genehmigung fragte, sagte die Band, ich sei heute wegen einer Erkrankung als Aushilfe eingesprungen. Eigentlich sei ich gar kein richtiger Musiker. Alle in der Band schützten mich. Einmal stand einer der SS-Männer direkt vor der Bühne und klatschte im Rhythmus meiner Gitarre. Vielleicht wollte der ein oder andere Kontrolleur es auch nicht so genau wissen, weil ihm unsere Musik gefiel.

Viel Schönes gab es in dieser Zeit nicht. Ab 1943 herrschte der totale Krieg. Über Berlin flogen täglich die Bombengeschwader. Wir spielten, wenn die Bomben fielen, trotzdem weiter. Manchmal ging auch die ganze Bar geschlossen in den nächsten Luftschutzkeller. Wir waren Besessene, unten machten wir einfach weiter. Die Einschläge waren die Offbeats. Es herrschte eine ausgelassene Stimmung, denn keiner wusste, ob er den nächsten Tag noch sehen würde.

Bis zum März 1943 ging alles gut. Leichtsinnig, wie ich war, nahm ich mit, was das Leben mir bieten konnte – noch oben auf der Kante, doch Millimeter vom Absturz entfernt.

An einem Samstagabend öffnete ich meinen Gitarrenkoffer, ich war zu spät. Meine Schuhe waren durchweicht. Auf dem Weg zur Hohenstaufenstraße, wo die

Rosita Bar lag, hatte ich einen Umweg durch den Matsch genommen, weil eine Häuserzeile noch immer brannte. Mobiglias Orchester wartete auf der Bühne. Zum Aufwärmen spielten wir einen langsamen Foxtrott: »Oh Marie! Oh Marie!«, der im Tempo anzog. Ich konzentrierte mich auf meine Einsätze, bemerkte die Razzia erst, als die anderen aufhörten. Wieder ließen mich die Kontrolleure als »Aushilfskraft« in Ruhe. Sie gingen. Eine Stunde später tanzte der ganze Laden. Ich hatte sie sehr schnell vergessen. Ich spielte, bis es draußen hell wurde.

Am Montag erhielt ich vom Barbesitzer eine Nachricht. Die Kriminalpolizei hatte nach mir gefragt. Ich wurde zur Polizeistelle am Alexanderplatz einbestellt. Immerhin war es nicht die Gestapo, dachte ich und ging hin, sicher, mich auch diesmal rausreden zu können. Mein Vater begleitete mich. Auf der Polizei warf man mir Rassenschande vor und dass ich verbotene Musik spielte. Wer mich verpfiffen hatte, erfuhr ich nie. Die beiden Vorwürfe konnten die Polizisten nicht beweisen. Aber ich war Jude. Und ich hatte auf der Bühne keinen Stern getragen. Das reichte.

Mein Vater holte meine Gitarre aus der Rosita Bar ab. Mehr konnte er nicht tun. Ich kam in die Sammelstelle in der Großen Hamburger Straße und wurde dem Transport nach Theresienstadt zugeteilt und deportiert. Mehr als ein Jahr später verluden sie mich von dort zusammen mit Hunderten Häftlingen in einen anderen Güterwaggon. Am 3. Oktober 1944 hielt er an der Rampe von Auschwitz-Birkenau. Vor den Toren des Lagers musste ich spielen, die Lagerleiter wünschten sich »La Paloma«, während die Menschen ihren letzten Weg ins Gas gingen.

Ich wurde später oft gefragt, wie ich immer noch »La Paloma« spielen kann. Der Musik kann ich dafür nicht böse sein.

Ich bin kein Überlebender, der *auch* Musik macht. Ich bin ein Musiker, der überlebt hat.

In Theresienstadt gelingt Heinz »Coco« Schumann bald der Anschluss an die »Ghetto-Swingers«, denen es ausdrücklich erlaubt ist, im Lager Jazz und Swing zu spielen. Damit wollen die Nationalsozialisten der Welt zeigen, wie gut es den Juden im »Vorzeigeghetto« Theresienstadt geht. Im Oktober 1944 wird Coco Schumann jedoch nach Auschwitz-Birkenau deportiert, wo er wieder in einer Band spielt. Coco Schumann überlebt und kehrt in das zerstörte Berlin zurück.

Im Nachkriegsberlin gelten er und sein Musikpartner, der Geiger Helmut Zacharias, als die deutschen Beatles. 1950 wandert Schumann mit seiner Frau, ebenfalls eine Überlebende, nach Australien aus. Sie halten es dort nicht lange aus. Wie viele Konzerte, Radioübertragungen, Schallplatten und CDs es von ihm gibt, kann Schumann nicht zählen. Noch heute steht er mit seinem »Coco Schumann Quartett« in Berlin und Umgebung auf der Bühne. 50 Jahre lang schweigt er über seine Vergangenheit. 1997 schreibt er das Buch *Der Ghetto-Swinger*.

Miriam Magall

»Erst mit 18 erfuhr ich von meinem zweiten, versteckten Leben.«

Lange Zeit war in meinem Leben nichts, wie es aussah. Wer ich wirklich bin, erfuhr ich erst 1961, im Alter von fast 19 Jahren. Ich ahnte schon als Kind, dass ich nicht die Tochter der Frau war, die sich lange Zeit als meine Mutter ausgab.

Die Wahrheit über mich und meine Herkunft war dann schrecklicher, als ich sie mir jemals vorgestellt hatte. Meine ganze Kindheit und Jugend über blieb mir meine Identität verborgen – bis man mir meine sorgsam versteckte Geschichte in einer einzigen Nacht erzählte. Seitdem habe ich zwei Geschichten, zwei Leben, die beide zu mir gehören. Ich will sie nacheinander erzählen, so wie auch ich sie erfuhr.

In meinem ersten, falschen Leben bin ich das Kind einer Frau, die ich im Folgenden M nenne. Sie gab vor, meine Mutter zu sein. Zeit meines ersten Lebens wollte ich weg von dieser Frau, zu der mich nichts hinzog. Sie war grobschlächtig, ungebildet und ohne Liebe für mich. Mein erstes Leben begann mit Gewalt, die mich noch viele Jahre begleitete. M floh mit mir im Winter 1944 aus Ostpreußen, wo ich geboren worden war. Ich war etwa vier Jahre alt, als meine ersten Erinnerungen einsetzen.

Ich wuchs mit M in der Nähe von Seesen auf. Die Stadt liegt im leicht hügligen Vorland des Harzes, zwischen Göttingen und Hannover. Durch viele Zufälle hatte es uns nach der Flucht aus Ostpreußen hierher verschlagen. M erzählte allen, ihr Mann sei im Krieg gefallen, ich glaubte lange, der Gefallene sei mein Vater. Er hatte einen älteren Bruder, Martin, der einen Bauernhof ganz in der Nähe bewirtschaftete. Dort kam ich die erste Zeit unter, wenn M arbeiten ging. Sie hatte eine Stelle in einer Konservenfabrik gefunden. Ich blieb bei Onkel Martin und seiner Familie auf dem Hof.

Es gab Kühe, Schweine und Pferde. Ich musste mithelfen, Unkraut jäten, bei der Ernte mit anpacken, die Hühner füttern, obwohl ich noch sehr klein und schwach war. Wenn Onkel Martin abends vom Feld nach Hause kam, musste ich ihm eine Schüssel warmes Wasser und ein Handtuch bringen. Er hatte aus dem Zweiten Weltkrieg ein kaputtes Bein, das bis zu seinem letzten Tag nicht zuheilte. Ich musste ihm die Wunde sorgfältig auswaschen und abtupfen, ich ekelte mich vor dem Fleisch, das ständig nässte.

Ich war nicht das einzige Kind im Haus. Onkel Martin und seine Frau hatten einen Sohn, außerdem lebten noch zwei Waisenkinder bei ihnen, deren Eltern bei einem Bombenangriff ums Leben gekommen waren. Alle waren älter als ich. Das Mädchen behandelte mich sehr schlecht. Einmal zwang sie mich, eine Gurke zu essen, die sie ausgehöhlt und mit Pfeffer gefüllt hatte. Als mein Hals wie Feuer brannte, brachte sie mir ein Glas Wasser.

In der Nacht musste ich auf die Toilette. Sie befand sich im Kuhstall, und ich hatte furchtbare Angst, alleine hinzugehen. Das Mädchen zwang mich, ins Bett zu machen. Am nächsten Tag, als M zu Besuch kam, verprügelte sie mich dafür. Es war nicht das einzige Mal, dass sie mich schlug.

Ich lernte aber, dank der beiden Jungen, mit fünf Jahren reiten. Im Sommer schwammen wir in den Teichen. Schwimmen wurde meine Leidenschaft. Im Wasser fühlte ich mich leicht und sicher. Der ältere Junge brachte mir das Lesen bei und gab mir seine alten Schulhefte. Am liebsten zog ich mich mit ihnen unter einen Baum zurück. Ich las sie sorgfältig. Ich liebte das Lernen. Für mich waren es die schönsten Momente meiner Kindheit.

Die Derbheit meines Onkels Martin stieß mich ab, die ganze Familie benutzte eine grobe Sprache. Auch das Essen im Haus war eine Katastrophe. Montags gab es Erbsensuppe, dienstags Linsensuppe, mittwochs Bohnensuppe, donnerstags ebenfalls etwas Schreckliches und freitags immer Pellkartoffeln mit saurem Hering. Im Herbst wurde geschlachtet, und meine Tante kochte Blutsuppe und Blutwurst. Mich ekelte vor der roten, schaumigen, warmen Suppe. Ich wollte das Schweineblut auf keinen Fall anrühren. Als hätte ich geahnt, dass es für mich tabu war. Dafür schlugen sie mich.

M besuchte mich nur an den Wochenenden, da sie Schichtdienst hatte. Mich störte das nicht, ich vermisste sie nicht. In der Konservenfabrik hatte sie einen älteren Mann kennengelernt. Bald darauf beschlossen die beiden, zusammenzuziehen. Ich sollte zu ihnen kommen.

Wir bezogen eine Wohnung in der Kleinstadt Seesen

im obersten Stock eines Mietshauses, die Hausbewohner teilten sich Waschbecken und Toilette auf dem Flur. Die Gegend galt als vornehm. Schräg gegenüber lag ein großes Einfamilienhaus mit Schaukel und Sandkasten im Garten.

Ich spielte nach dem Umzug in die Wohnung immer alleine unten im Hof, der eingezäunt war. Die Nachbarskinder standen am Gitter und warfen mit Steinen auf mich. Sie riefen mir »Polackin« zu, weil ich nur ein paar Worte Deutsch konnte. Ich hatte Polnisch gelernt, weil alle meine Verwandten aus dem Grenzgebiet Ostpreußen/Polen stammten.

Eines Tages hatte ich genug. Ich warf einen Stein zurück und traf das Mädchen, das in dem schönen Haus mit der Schaukel wohnte. Sie rannte weinend zu ihrer Mutter. Seltsamerweise wurde ich von allen Kindern ab diesem Moment akzeptiert.

Auch die Mutter des Mädchens war mir nicht böse. Sie sprach mich freundlich an, und ich durfte ab und zu in ihrem Garten spielen. Der Vater des Mädchens hatte ein eigenes Bauunternehmen und war sehr höflich. Die Mutter kleidete sich nach der neuesten Mode. Im Haus gab es eine große Bibliothek. Ich bewunderte diese Familie und fühlte mich ihr viel näher als M und ihrer groben Verwandtschaft.

Am Geburtstag der Tochter schenkte mir diese Nachbarin ein Paar kaum getragene schwarze Lackschuhe. Ich zog sie an und lief voller Glück nach Hause. So etwas Wunderbares hatte ich noch nie besessen. M dachte sofort, ich hätte sie gestohlen. Sie packte mich und schleifte mich zur Nachbarin, damit ich mich entschuldigte. Diese sagte ihr, die Schuhe seien ein Geschenk. Von jetzt an werde sie auch andere Sachen an mich weitergeben.

In unserer Wohnung war kein Platz für mich. Ich schlief hinter einem Vorhang, den M vor eine Ecke gehängt hatte. Sie war schwanger mit einem Kind von ihrem älteren Partner. Ich hasste diesen Mann, nannte ihn nie bei seinem Namen. Bis heute spreche ich von ihm als »diesem Menschen«.

Er arbeitete als Schuster in einer eigenen Werkstatt und hatte grobe, rissige Hände. Die Fingernägel waren immer schwarz von der Schuhcreme. Ich war klein und zierlich und wehrlos.

Als M wegen der Geburt ins Krankenhaus musste, blieb ich alleine mit ihm. Zuerst streichelte er mich, als ich ihn wegstieß, vergewaltigte er mich brutal. Dies tat er immer wieder in den nächsten zehn Jahren.

M unternahm nichts dagegen, sie wusste es, weil sie einmal zur Tür hereinkam, als er von mir abließ. Ich versuchte, mich einer Tante anzuvertrauen, doch sie hielt es für eine kindliche Phantasie. Ich hatte in der Schule eine Sportlehrerin, die mich beim Wettkampfschwimmen förderte und die ich verehrte. Auch ihr erzählte ich davon. Sie hielt es ebenfalls für eine Einbildung. Danach gab ich auf, darüber zu sprechen.

Da die Wohnung mit dem zweiten Kind zu klein geworden war, mussten wir zu den anderen Ostflüchtlingen in das ehemalige Zwangsarbeiterlager ziehen. Es lag auf einem Hügel vor der Stadt. Einfache Holzbaracken, in langen Reihen errichtet. Die Wege dazwischen weichten bei Regen zu Schlammfeldern auf. Hier lebten Ostpreußen, Pommern, Schlesier.

Miriam Magall, geb. 1942 in Treuburg (Ostpreußen)

Wir bekamen eine Baracke zugewiesen. In ihr wohnten noch vier andere Familien. Wenn jemand sich in der ersten Wohnung im Bett umdrehte, hörte man es bis in die letzte. Wir hatten kein fließendes Wasser. Zum Waschen ging ich zu einer Pumpe in den Hof. Als ich in die Schule kam, merkte ich, dass wir Lagerbewohner bei den Leuten in der Stadt den schlechtesten Ruf hatten. Wir Flüchtlinge, so hieß es, hätten alle Läuse und wären dreckig. Ich hasste diesen Ort, der nur vorübergehend unser Zuhause sein sollte. Ich lebte über zehn Jahre dort.

Ich war das einzige Flüchtlingskind in meiner Klasse. Anfangs lachten sie über mich, weil ich kein vernünftiges Deutsch sprach. Ich lernte aber schnell, denn nach dem Steinwurf hatte ich beschlossen, nie wieder Polnisch zu sprechen. Doch auch äußerlich fiel ich auf. Die meisten Kinder in meiner Klasse waren blond bis mittelblond, mit glatten Haaren. Ich war dunkelhaarig und hatte lange Locken. Auch M war blond. Ich wunderte mich, weil wir uns überhaupt nicht ähnlich waren.

In der Schule schämte ich mich für unser Leben. Ich lud nie jemanden nach Hause ein. Während meiner ganzen Schulzeit wurde ich auch nie von einer Mitschülerin eingeladen. Für Ausflüge gab es zu Hause kein Geld. Wenn meine Mitschüler ins Theater oder ins Museum gingen, konnte ich nicht teilnehmen. Am Ende unserer Schulzeit fuhren wir zum Abschluss nach England ans Meer. Ich wollte es unbedingt sehen. Die ganzen Sommerferien arbeitete ich in einer Fabrik, um das Geld zusammenzusparen.

Der Klang anderer Sprachen und Länder zog mich an. Ich träumte davon, woanders zu leben, mein Leben endlich selbst zu bestimmen. Ich wollte nur von zu Hause weg, weg von M, weg von den dreckigen Händen.

Die Schule beendete ich als Klassenbeste. Ich war 16 und wäre gerne weiter in die Schule gegangen, doch M und dieser Mensch verboten es mir. Ich solle arbeiten gehen und Geld verdienen. M erlaubte mir aber, dass ich als Au-pair-Mädchen ins Ausland gehe.

Für meine Bewerbung brauchte ich meine Geburtsurkunde und einen Ausweis. Ich fragte M danach. Sie wich meiner Frage aus. Ich erfuhr, dass keinerlei Papiere von mir existierten. Alles, was es je gegeben hatte, sei bei der Flucht verloren gegangen. Ich drängte M, mir die Papiere zu beantragen.

Während ich darauf wartete, hatte die Stadt Seesen nach langen Jahren beschlossen, für die Bewohner des Lagers Häuser zu bauen. Das komplette Lager zog in ein Viertel am Rande von Seesen. Nur den Verheirateten wurde eine eigene Wohnung versprochen. Die Stadtverwaltung stellte M vor die Alternative: Entweder sie heiratet diesen Menschen oder sie bekommt keine Wohnung. M bezog eine Kriegerwitwenpension, weil ihr Mann, mein angeblicher Vater, im Krieg gefallen war. Das hatte sie durch eine Vermisstenanzeige erfahren. Durch eine Heirat hätte sie keinen Anspruch mehr darauf gehabt. M war pragmatisch. Sie entschied sich gegen die Heirat und für das Geld.

Ich war erleichtert, glücklich war ich jedoch nicht. Nachdem wir ohne diesen Menschen in die neue Wohnung gezogen waren, bekamen wir beide am ganzen Körper Furunkel. Als wollte alles Böse aus dem Flüchtlingslager aus unseren Körpern heraus. Wir badeten praktisch in Sagrotan. Es dauerte mehrere Monate, bis wir die Furunkel los waren. In dieser Zeit wartete ich jeden Tag auf meine Papiere. Ich lief zu den Ämtern, fragte nach und wurde vertröstet.

Es dauerte insgesamt zwei Jahre, bis meine Papiere fertig waren. Ich war inzwischen fast 19 Jahre alt und hielt zum ersten Mal einen Ausweis in meiner Hand. Damit wollte ich so schnell wie möglich ins Ausland, ich wollte Sprachen studieren, zunächst Französisch. Über das Arbeitsamt bekam ich eine Stelle als Au-pair-Mädchen in Genf. Ich fand eine Familie in der Schweiz, die mich aufnahm und für deren Kinder ich sorgen sollte. Am Abend packte ich meinen Koffer. Die Fahrkarte legte ich wie einen wertvollen Schatz unter mein Kissen, damit sie auch ja nicht verloren ging.

In der Nacht vor meiner Abreise kocht M uns eine Kanne Tee. Sie stellt neue Teegläser auf den Tisch, die weiße Zuckerdose, ein paar selbst gemachte Kekse. Sie ist schon den ganzen Tag seltsam, behandelt mich freundlich. Ich soll mich aufs Sofa neben sie setzen. Ich warte, schließlich rückt sie dicht neben mich. Nach längerem Schweigen fängt sie an zu erzählen.

Sie erzählt mir die Geschichte meiner wahren Herkunft. Es dauert die ganze Nacht. Ich nenne es die Nacht meiner Wiedergeburt. Seitdem habe ich ein zweites Leben, eines, das viel besser zu mir passt.

In meinem zweiten, wahren Leben bin ich das Kind jüdischer Eltern. M ist darin nur das Dienstmädchen meiner Eltern, nicht meine Mutter.

Ich stammte aus einem vornehmen Haus einer wohlhabenden Familie. Es lag nahe der Tłomackie-Straße, einer Hauptstraße, in der die große Warschauer Synagoge stand. In dem Haus wohnten meine Eltern. Mein Vater, Dr. Gabriel Kowalski, und meine Mutter, Zelda Kowalski, geborene Nussboim.

Mein Vater arbeitete in einem Krankenhaus und behandelte spätnachmittags in seiner Praxis arme Leute, die kein Geld für einen Arzt hatten. Er kam ursprünglich aus der Krochmalna, einer Straße im übervölkerten jüdischen Slum von Warschau. Seine Familie war sehr arm, aber fromm. Meine Mutter dagegen war die einzige Tochter aus einer reichen Dynastie von Pelzhändlern, die aus Zamość stammte. Das ist eine Stadt, die im Dreiländereck Polen, Ukraine, Russland liegt.

In jüdischen Kreisen war es in dieser Zeit üblich, dass Wohlhabende das Studium von ein oder zwei armen Jungen finanziell unterstützten. Meine Großeltern mütterlicherseits bezahlten meinem Vater das Medizinstudium. Meine Mutter verliebte sich in ihn.

Sie heirateten, und mein Vater zog in das große Haus seiner Schwiegereltern mit ein. Mitte der 1930er-Jahre suchten meine Eltern ein polnischsprachiges Dienstmädchen, das helfen sollte, die vielen Zimmer zu bewirtschaften.

So kam M zu ihnen. M stammte aus einer Siedlerfamilie in Ostpreußen. Arme Leute, die ein Stück Land besaßen und eine Kate gebaut hatten. Mit 14 Jahren arbeitete sie schon als Magd auf einem Gutshof. Als ein vornehmer Herr im Auftrag meines Vaters sie von dort abwarb, war sie sehr froh, die schwere Arbeit verlassen zu können. M fuhr mit dem Zug nach Warschau zu meinen Eltern. Ihre Familie hatte den Nachbarn nicht erzählt, dass ihre

Tochter bei einem Juden arbeitete. Schon damals war in Polen der Antisemitismus weitverbreitet. Im Haus gab es eine jüdische Köchin, die koscher kochte, einen Chauffeur und Gärtner.

Ende September 1939 marschierten deutsche Truppen in Warschau ein. Viele Bewohner mussten ihre Wohnungen in besseren Gegenden räumen, darunter alle Juden. Zum Glück waren meine Großeltern kurz davor eines natürlichen Todes gestorben, mit wenigen Wochen Abstand. Meine Großmutter hatte einfach aufgehört zu essen, nachdem ihr Mann gestorben war. Sie wurden auf dem jüdischen Friedhof in Warschau beerdigt. Ihre Gräber sind die einzige Spur, die mir von meiner Familie blieb.

In den schönen Häusern wurden bevorzugt deutsche Offiziere untergebracht. Kurz bevor meine Eltern ihr Haus verlassen mussten, traf sich die ganze Familie an Sukkot, dem Laubhüttenfest. Sie saßen zusammen im Keller. Niemand sollte das Treffen bemerken. Die Brüder meines Vaters, seine Schwester Rachel, meine Eltern. Ihnen allen war klar, dass sie verschwinden mussten, um den Deutschen zu entkommen. Sie vergruben einen Teil der kostbaren Dinge im Garten, packten die wichtigsten Papiere ein und gingen in den Untergrund.

Meine Eltern baten M, im Haus nach dem Rechten zu sehen. Sie wollten stets darüber informiert werden, was sich tat. Hendryk, der jüdische Kutscher, war blond und blauäugig. Er überbrachte zwischen meinen Eltern und M die Nachrichten. Nachdem meine Eltern untergetaucht waren, zogen deutsche Offiziere in das Haus. M musste bei ihnen sauber machen und für sie kochen.

Hendryk und sie trafen sich wöchentlich auf dem Markt zu einer abgemachten Zeit.

In welchem Versteck meine Eltern lebten, wer ihnen half, das alles weiß ich nicht. Im Herbst 1942 war meine Mutter mit mir schwanger. Ich weiß nur, dass die Leute, bei denen meine Eltern untergekommen waren, keine schwangere Frau im Haus wollten. Ein Baby, das schrie, war ihnen wohl zu gefährlich. Selbst gegen Bezahlung war es unmöglich, einen neuen Unterschlupf für eine Jüdin zu organisieren, die ein Kind erwartete. Die deutschen Besatzer führten ein Terrorregime in Polen.

M hatte einen Vorschlag. Die Herrschaften, für die sie zuvor gearbeitet hatte, besaßen eine Jagdhütte im Wald, ganz in der Nähe ihres Dorfes. Von Warschau aus lag sie vier bis sechs Stunden entfernt. Man konnte sie in einem Tag erreichen. Während des Krieges, sagte sie, würde in der Gegend niemand jagen. Meine Eltern nahmen den Vorschlag, sich dort zu verstecken, dankbar an.

Der Kutscher Hendryk fuhr meine Eltern, meine Tante Rachel und M mit dem Pferdeschlitten zum tief verschneiten Jagdhaus. Es stand in einem Nadelwald und besaß einen Wohnraum mit offenem Kamin.

Dort kam ich am 7. Dezember 1942 auf die Welt.

Meine Mutter verblutete bei meiner Geburt. Obwohl ihr Mann, mein Vater, Arzt war, konnte er ihr nicht helfen. Er hatte keine Medikamente, keine ärztlichen Instrumente, um sie zu retten. Mein Vater verzweifelte daran, tagelang saß er teilnahmslos auf einem Stuhl und rührte sich nicht, während ich vor Hunger schrie.

Meine Tante Rachel nahm die Dinge für ihn in die Hand. Sie veranlasste, dass M mich zu sich nahm, so lange, bis der Krieg beendet sei. Sie sagte ihm, dies sei die sicherste Möglichkeit für mich, zu überleben. Er willigte ein.

Mein Vater bestand jedoch darauf, dass zuvor Schiwa gesessen würde, die rituellen sieben Trauertage. Es ist ein Wunder, dass ich die Tage überlebte. Es gab keine Milch für mich, ich wurde immer schwächer. Nach den sieben Tagen sagte meine Tante Rachel zu meinem Vater, er könne mich gleich neben seiner Frau begraben, wenn ich nicht schnell von hier wegkäme und mit Milch versorgt würde. Sie hatte alles für meine Abreise vorbereitet: In die Ketubba, das ist die jüdische Heiratsurkunde, hatte sie meinen Namen eingetragen: Keren Kowalski, den Namen hatte meine Mutter noch für mich ausgesucht. Nun mussten drei jüdische Zeugen unterschreiben, damit das hebräische Dokument rechtsgültig wurde. Der Kutscher Hendryk, mein Vater und meine Tante Rachel setzten ihre Unterschrift darauf.

Die Ketubba übergaben sie M, mich wickelten sie in eine Decke und gaben M außerdem noch eine Tasche mit kostbaren Sachen mit, die sie aus dem Haus gerettet hatten. Ringe und Schmuck, auch Geld.

M kam unangekündigt mit mir bei ihren Eltern an. Sie hatte ihnen vor Monaten geschrieben, dass sie sich in Warschau in einen Adjutanten mit dem Namen Siegfried verliebt hatte. Statt mich aber als ihr gemeinsames Kind auszugeben, erklärte sie, dass ich das Kind ihrer jüdischen Herrschaft in Warschau sei.

Ihr Vater wollte kein jüdisches Kind im Haus haben. Er sagte, sie solle mich im Wald aussetzen. Dann zeigte M ihm die Tasche mit Schmuck und Geld. Wenn sie das

Kind rettete, hatte mein Vater ihr versprochen, würde sie noch einmal so viel bekommen. Diese Aussicht stimmte ihren Vater wohl um. Sie musste ihm aber versprechen, dass mich keiner zu Gesicht bekäme.

Die ersten drei Lebensjahre verbrachte ich deshalb versteckt im Keller ihres Elternhauses. Ich weiß nicht, wie oft ich an die frische Luft kam. Bis heute versetzt es mich in Panik, in einen Keller hinunterzusteigen.

Ein paar Tage nachdem M mit mir bei ihren Eltern angekommen war, zogen SS-Leute vom Rheinland auf dem Weg nach Litauen am Hof vorbei. In Litauen wollten sie Juden erschießen. Das erzählten sie im Dorf ganz offen. Die SS-Männer der Einsatzgruppe übernachteten in der angrenzenden Scheune. Am Abend erzählten sie M und ihren Eltern, dass sie im Wald eine Jagdhütte entdeckt hätten. Dort seien zwei »Itzigs« versteckt gewesen, das war ein Schimpfname für Juden. Die Frau, meine Tante Rachel, hätten sie vergewaltigt und dem Juden, meinem Vater, das Gesicht zerschlagen. Sie hätten beide an einen Stuhl gefesselt und das Jagdhaus angezündet. Mein Vater und meine Tante, die noch lebten, verbrannten.

Nachdem die SS am nächsten Tag die Scheune verlassen hatte, lief die Familie zum Jagdhaus. Sie fanden eine verkohlte Hütte vor. Die Überreste meiner Tante und meines Vaters vergruben sie im Wald.

Um den Jahreswechsel 1944/45 drang die Rote Armee nach Ostpreußen vor. M und ihre Eltern flüchteten mit Tausenden anderen mitten im Winter. Der Treck wurde durch russische Jagdflugzeuge beschossen. Die Eltern von M blieben im Straßengraben liegen und konnten nicht mehr aufstehen. Sie waren bereits zu schwach. M zog alleine mit mir weiter. Sie schloss sich anderen Flüchtlingen an. Nach vielen Umwegen kamen wir im Harz in der Stadt Seesen an.

M hatte ihre Erzählung beendet. Sie blickte mich an, erwartete Dankbarkeit, Verzeihung, wahrscheinlich wusste sie selbst nicht, was. Ich konnte ihr nicht ins Gesicht sehen. Der Tee war in meiner Tasse kalt geworden, ich hatte ihn nicht angerührt. Ich brauchte lange, um mich von dieser Nacht zu erholen.

Heute denke ich, ich stand unter Schock. Lange fiel es mir nicht ein, M nach Details zu fragen. Die Fragen kamen erst später. Aber da war M bereits tot.

Im Morgengrauen, kurz bevor ich zum Bahnhof fuhr, drückte sie mir eine Urkunde in die Hand, es war der Ehevertrag meiner Eltern. Ihre Ketubba. Ich konnte sie nicht lesen, da sie auf Hebräisch verfasst war.

M starb im Alter von 42 Jahren. Sie hatte Krebs, und wahrscheinlich wusste sie in dieser Nacht schon, dass sie sterben würde. Vielleicht wollte sie deshalb alles loswerden. Es war ihr sehr wichtig, dass ich ihr vergebe. Sie wollte von mir hören, sie sei eine gute Mutter gewesen. Es tut mir leid, das heute sagen zu müssen: Aber ich wünsche ihr und diesem Menschen, der mich vergewaltigte, die Hölle. Ich kann ihnen nicht vergeben.

Meine Tante Rachel hatte mit ihr ausgemacht, dass sie mich nach dem Krieg entweder an Verwandte zurück- oder an eine jüdische Organisation übergibt. M tat dies nicht. Bis heute frage ich mich, warum. Sie hatte mich nie geliebt, nach dem Krieg war ich ihr immer eine Last. Jüdische Organisationen bereisten später ganz Europa und suchten versteckte Kinder. Sie hätten sie belohnt, bis heute verstehe ich ihr Motiv nicht.

Ich bin nur dankbar dafür, dass ich die Geschichte meiner Herkunft noch erfuhr, bevor sie starb. In diesem zweiten Leben fand ich die Wurzeln, die ich schon immer in mir gespürt hatte. Ich wurde zur Jüdin. Spät, aber nicht zu spät.

1963 reiste ich mit meinem neuen Pass nach London. Als nach zwei Monaten Aufenthalt mein Geld zu Ende ging, besuchte ich eine Arbeitsvermittlung. Ich sagte der Mitarbeiterin der Agentur ganz offen, dass ich gern für eine jüdische Familie arbeiten möchte. Ich wollte endlich wissen, was Juden sind und wie sie leben. Sie vermittelte mich in eine jüdisch-orthodoxe Familie, wo ich anfangs fünfmal in der Woche putzte. Nach zwei Monaten vertraute ich mich der Hausherrin an und zeigte ihr meine Ketubba. Ich hatte beim Abstauben oft in ihren hebräischen Büchern geblättert und wusste inzwischen, dass das Dokument in derselben, für mich geheimnisvollen Schrift verfasst war.

Die Hausherrin war die Erste, die mir die Urkunde vorlas. Auf der Rückseite war meine Geburt eingetragen, mein Name und das Geburtsdatum: Keren Kowalski, geboren am 28. Kislew 5703. Ihr Mann zeigte sie dem Rabbiner ihrer Synagoge, der sie prüfte und mich zu sich bestellte.

Seine erste Frage an mich lautete: »Wissen Sie schon, dass Sie Jüdin sind?«

Ich antwortete: »Das weiß ich bereits. Ich weiß nur nicht, was Juden sind.«

»Ja, sind Sie denn daran interessiert?«

»Ja«, sagte ich schnell, »natürlich!«

Der Rabbiner brachte mir Hebräisch bei und lud mich zum Gottesdienst in die Synagoge ein. Ich ging mit meiner Gastfamilie, die mich auch zum Sabbat zu sich nach Hause bat. Ich feierte mit ihnen und aß zum ersten Mal koscher. Von ihnen lernte ich nach und nach, was es bedeutet, den jüdischen Glauben zu leben. Ich traf eine Wahl: Ich wollte künftig als fromme Jüdin leben. In der jüdischen Gemeinschaft fand ich die Familie, die mir lange verwehrt blieb.

Miriam Magall studiert zunächst Sprachen, später Kunstgeschichte und Judaistik. Sie arbeitet als Konferenzdolmetscherin und Übersetzerin, unter anderem im ersten israelischen Prozess gegen den mutmaßlichen Kriegsverbrecher John Demjanjuk. Zwölf erlernte Sprachen, 300 übersetzte Bücher, eigene Sachbücher und Romane unter dem Pseudonym Rachel Kochawi zeugen von ihrer großen Produktivität. Als Sprach- und Religionswissenschaftlerin beschäftigt sie sich mit den drei großen monotheistischen Religionen, dem Judentum, dem Christentum und dem Islam. Sie lebt viele Jahre in Israel, bevor sie 1988 mit ihrem Sohn wieder nach Deutschland zurückkehrt. Seit 2010 lebt Miriam Magall in Berlin. Neben Lehrtätigkeiten an Volkshochschulen hält sie Vorträge über jüdische und israelische Themen in Schulen, Museen und Kirchengemeinden. 2010 erscheint ihre Autobiografie *Das Brot der Armut*.

Gisela Jacobius

»Ich war ein hübsches, freches Mädchen, das war meine Chance.«

In wenigen Tagen werde ich 18 Jahre. Meinen Geburtstag werde ich zum ersten Mal allein verbringen, unterwegs. Meine Sachen sind gepackt und bereits abgeholt. Jetzt warte ich auf ein neues Leben in Kuba.

Wie wird es sein ohne meine Mutter, ohne meinen Stiefvater? Was wird aus ihnen? Ich halte mich an dem wenigen fest, was ich weiß: die Abfahrtszeit auf dem Zugticket, die Anlegestelle für die Schiffspassage. Die Reise geht über Barcelona, am 25. Oktober 1941. Den Reiseplan hat mir der Hilfsverein der jüdischen Gemeinde zusammengestellt. Jeder Tag ist genau aufgelistet, ich weiß die Uhrzeiten, wann ich Frühstück bekomme, wann Mittagessen.

Auch das Visum für Kuba besitze ich, ausgestellt vor wenigen Tagen. Immer wieder betrachte ich die Stempel. Es gilt nur für mich allein. Ich habe Glück, dass ich erst am 2. November 18 Jahre alt werde, denn nur noch Jugendliche dürfen legal aus Deutschland ausreisen. Erwachsene Juden nicht.

In meiner Zwangsarbeitsstelle in der Firma Gustav Krause, in der ich Einlegesohlen nähe, habe ich mich bereits abgemeldet. Nun ziehen sich die Tage. Mein Zimmer ist leer geräumt, als einziges in der Wohnung. Tagelang haben meine Mutter und ich über Listen gesessen. Wir mussten alles genau notieren, jedes einzelne Stück: meine Kleider, die Handtücher, die Frotteewaschlappen, die Bettwäsche. Wie viele Teile sind es, was haben wir dafür einmal bezahlt. Auf jedes Teil war Goldzoll zu entrichten. Ein Zollbeamter kam zu uns in die Wohnung. Vor seinen Augen legten wir jedes Stück in die Koffer, und er hakte es auf der Liste ab.

Vor ein paar Tagen holte eine Schweizer Speditionsfirma die Koffer ab. Wir mussten dem Spediteur die Gepäckschlüssel aushändigen, ich hatte dabei kein gutes Gefühl. Jetzt stelle ich mir meine Sachen auf ihrer Reise nach Kuba vor. Im Hintergrund läuft das Radio. Ich höre Heinrich Himmlers Stimme, ich verstehe nicht, worum es geht. Ich drehe das Gerät lauter. Ein neuer Erlass, ich höre es klar: Mit Wirkung vom 23. Oktober 1941 sei allen Juden untersagt auszuwandern. Er sagt »allen Juden«, auch Jugendlichen unter 18. Auch mir.

Mein Visum ist sein Papier nicht wert, ich begreife es langsam, meine Reise kommt zwei Tage zu spät. Ich werde nicht fahren. Ich bleibe da. Ein bisschen bin ich auch erleichtert, obwohl ich keine Ahnung habe, wie es mit mir, mit uns, jetzt weitergeht. Jeden Tag werden Leute, die wir kennen, abgeholt.

Meine Mutter, mein Stiefvater, der wie ein Vater zu mir war, und ich wohnten damals in der Neanderstraße 11a. Es ist die heutige Heinrich-Heine-Straße, die Berlin-Mitte und Kreuzberg verbindet. Unten im Haus gab es einen Zigarettenstand und das Radiogeschäft Möller.

Wir hatten oben im Vorderhaus unser Büro: »Lederwaren en gros und en detail.«

Mein Stiefvater war Zwischenhändler. Wir bewohnten den ganzen zweiten Stock. Es gab drei Eingänge auf der Etage. Der mittlere führte zu unserem Geschäftszimmer, gleich an der Tür war der Ladentisch, hinter dem meine Mutter stand. Neben ihr war ein Tresor, dahinter Regale, in denen Portemonnaies, Handtaschen, Lederhandschuhe und andere schöne Dinge in Kartons lagerten.

Rechts vom Geschäftsraum betrat man das Herrenzimmer mit zwei Clubsesseln und einem Ständer für Stadttaschen, noch ohne Schulterriemen, denn damals trugen Frauen ihre Taschen nur in der Hand. Durch einen eigenen Eingang kam man in unser Wohnzimmer. Als eine der wenigen Familien hatten wir es dunkelbraun und goldfarben tapeziert. Das war sehr modern, aber ich mochte die Tapete nicht.

Zu uns ins Geschäft und nach Hause kamen viele Leute, Kunden, Geschäftspartner, Freunde. Meine Eltern waren stets gut informiert. Nach dem 9. November 1938 ging es mit den Deportationen los. Zuerst traf es polnische und russische Menschen jüdischen Glaubens. Ein Geschäftsfreund meines Stiefvaters war Russe. Sein Sohn Boris feierte an einem Sonnabend Ende 1938 seine Bar Mitzwa. Ein paar Tage vor dem Fest holten sie den Geschäftsfreund ab, und er kam in ein Lager. Mein Stiefvater führte Boris dann bei der Bar-Mitzwa-Zeremonie. Er sprach die Begrüßungsworte, teilte den Honigkuchen und Branntwein aus, wie es eigentlich der Vater macht.

Die Lage, in der wir Juden uns in Deutschland befanden, war uns bewusst. Ich war fast erwachsen. Ich ahnte zwar nicht, dass es Vernichtungslager waren, wohin sie die Menschen brachten. Mir war aber klar, dass es schreckliche Orte sein mussten. Meine Mutter schickte dem Vater von Boris ein paar Mal Wäsche ins Lager. Er war ein kräftiger, groß gewachsener Russe. Für die Pakete jedoch nahm sie, ich erinnere mich genau, meine Schlüpfer, weil er so abgemagert war.

Noch im Jahr 1938 wurde das Lederwarengeschäft meines Stiefvaters liquidiert und er enteignet. Uns blieb bis auf die Wohnung fast nichts mehr. Laufend hatten wir Sachen abgeben müssen, den Schmuck, das Tafelsilber, die Pelze. Am Schluss gab es sogar eine Verordnung, dass wir Bindfäden aushändigen mussten. Unser Geld war auch weg, ausgegeben für zahlreiche Versuche, ein Visum zu bekommen.

Wie viele jüdische Familien sprachen auch wir ständig über das Thema Auswanderung. Ein Jahr bevor meine Mittelschule regulär geendet hätte, steckte mich meine Mutter auf eine Modeschule nahe des Alexanderplatzes. In meine Parallelklasse ging Stella Goldschlag, die später eine berüchtigte Greiferin wurde. Sie lernte Modezeichnerin, ich Schneiderin. Wir kannten uns vom Sehen. Es war die Idee meiner Mutter, dass ich einen handwerklichen Beruf erlernen sollte, um nach der Emigration in ein fremdes Land nicht auf die Sprache angewiesen zu sein. Als Schneiderin, sagte sie, könne ich überall mein Geld verdienen. Sie selbst hatte Putzmacherin gelernt und fertigte Damenhüte an, in Handarbeit, wie es damals gemacht wurde.

Ich hatte keine Freude am Schneidern und ich war auch nicht sonderlich geschickt. Das einzig Gute an meiner Ausbildung war: Später im Versteck konnte ich mich ordentlich kleiden, weil ich mir auf der Schule verschiedene Kleider und Blusen genäht hatte. Ich bin überzeugt: Mein gepflegtes Aussehen half mir zu überleben.

Nach meinem Abschluss an der Modeschule im Jahr 1941 wurde ich von einem neu eingerichteten Arbeitsamt, das nur für jüdische Arbeiter zuständig war, zwangsvermittelt. Ich kam zur Firma Gu-Krau nach Wedding. Das stand für Gustav Krause. Wir waren viele Näherinnen, nur eine kleine Gruppe davon jüdisch. Wir nähten Einlegesohlen im Akkord für die Wehrmacht, aber auch Damensohlen. Der Einzige, vor dem wir Angst hatten, war der Meister. Er war ein tausendprozentiger Nazi. Aber er war auch korrekt. Wenn wir uns genau an die Vorschriften hielten, ließ er uns jüdische Arbeiterinnen in Ruhe. Mir gelang es, meine Mutter bei Gu-Krau unterzubringen. Ich durfte, nachdem meine Ausreise nach Kuba gescheitert war, dorthin zurückkehren.

Wir mussten die schweren Stapel mit vorgestanzten Sohlen immer selbst vom Stanzer abholen. Allen anderen Näherinnen wurden sie an die Maschine gebracht. Wenn der Meister nicht da war, brachte sie uns der Stanzer an den Tisch. Manchmal legte er mir ein paar Lebensmittelmarken in den Stapel.

Dass Menschen mir etwas zusteckten, passierte ein paar Mal. Zur Arbeit fuhren Mutter und ich mit der U-Bahn. Als Sternträger hatten wir von der Polizei Fahrausweise abholen müssen, auf denen genau festgelegt war, welche Linien wir vom Wohn- zum Arbeitsort benutzen durften. Auch mussten wir in der Bahn stehen. Es war Winter, und ich trug einen Mantel. Ich spürte, wie mir jemand in die Manteltasche griff. Reflexartig fasste ich an die Stelle. Doch jemand neben mir flüsterte: »Psst, bitte nichts sagen.«

Als ich ausstieg, sah ich nach: Es waren Lebensmittelmarken, sogar ein paar Fleischmarken darunter. Wir durften nur zwischen 16 und 17 Uhr einkaufen. Einmal packte mir ein Herr an der Kasse ein Tütchen Puddingpulver umsonst in die Tüte. Ein anderes Mal gab mir eine Frau in einem Schreibwarengeschäft ein in Zeitung gewickeltes Paket mit Briketts.

Solche Erlebnisse waren wichtig. Sie machten Mut, zeigten mir, dass nicht alle mit dem Naziterror gegen uns einverstanden waren. Es waren kleine, aber bedeutende Gesten der Menschlichkeit in einer grausamen Zeit.

Dennoch waren es zu wenige. Zu viele Deutsche schauten weg. Sie verschlossen ihre Augen, Ohren und Herzen. Das kann ich nicht verzeihen. Die Deportationen fanden nur anfangs im Dunkeln statt, später für jeden sichtbar. Keiner kann behaupten, er habe nichts davon gewusst.

Meine Großmutter wurde am helllichten Tag abgeholt. Es war der 3. Oktober 1942, ein Tag vor ihrem 64. Geburtstag. Auch mir hatten sie bereits einen Abholbescheid zugestellt. Als er ankam, war ich mit Großmutter in der Wohnung. Sie lebte mit uns.

In unserer Familie trugen alle andere Namen: Ich hieß Scheer, Gisela Scheer, weil mein leiblicher Vater der Adoption nicht zugestimmt hatte. Meine Mutter und mein Stiefvater hießen Jakob und meine Großmutter Dobschiner, der Mädchenname meiner Mutter. Für jeden von uns waren deshalb andere Abholzeiten vorgesehen.

Gisela Jacobius, geb. 1923 in Berlin, gest. 2011 in Berlin

Ich sehe den Lastwagen vor unserer Tür noch genau vor mir. Er hat eine hohe Laderampe, darunter ist eine Kiste geschoben, damit man besser hochklettern kann. Trotzdem schafft es meine Großmutter nicht. Ihr Rock ist hochgerutscht, sie versucht ein Bein höher zu heben. Vergeblich. Da schubst sie der SS-Mann von hinten, und sie fällt vornüber in den Wagen.

Viele Menschen sehen an diesem Tag zu: unsere Nachbarn, die Kunden am Zigarettenstand. Keiner unternimmt etwas. Bis jetzt war ich nie wirklich verzweifelt. Zuerst fühle ich mich mutlos, später wütend. Ich werde mich nicht abholen lassen! Ich werde mich nicht so behandeln lassen! Ich werde versuchen zu fliehen! Noch weiß ich nicht, wie.

Meine Eltern müssen sehr ähnlich gedacht haben, ohne dass wir je darüber sprachen. Verborgen vor mir schmiedeten sie Pläne, ihre ehemaligen Kunden halfen ihnen.

Am 9. Januar 1943 gingen wir in den Untergrund. Alle drei, aber nicht gemeinsam.

Mittags in der Firma esse ich Erbsensuppe. Sie schmeckt wässrig, das wenige Fett darin schon ranzig. Mein Magen ist so nervös wie ich. Heute, so habe ich es mit den Eltern besprochen, tauchen wir unter.

Der 9. Januar 1943 ist ein Samstag. Nach der Arbeit steige ich, wie verabredet, sofort in die U-Bahn. Ich sehe mich noch einmal in der Wohnung um. Dann stehen wir ein letztes Mal zusammen im Gang. Wir fassen uns an den Händen. Meine Mutter drückt mich und sagt: »Geh jetzt runter zu Möllers Radiogeschäft, die Inge wartet dort schon.« Sie sagt mir nicht, wohin sie und mein

Stiefvater gehen. Falls ich geschnappt werde, ist es besser, nichts zu wissen.

Hinter mir fällt die Wohnungstür ins Schloss. Ein leises Klacken nur. Es ist vorbei, ich habe kein Zuhause mehr. Jetzt bin ich vogelfrei. Dieses Wort trifft mich mit Wucht, setzt sich in meinem Kopf fest. Vogelfrei, vogelfrei.

Wenn wir geahnt hätten, wie lange dieser Zustand dauert, hätten wir es getan? Meine Eltern waren damals schon sehr alt. Zweieinhalb Jahre werden sie und ich uns verstecken. Zweieinhalb Jahre werden wir leben, weil andere uns helfen, werden leben, weil wir manchmal Mut, manchmal Glück haben. Ich bin froh, dass wir es nicht ahnten. Meine Eltern hätten es nicht getan. Keine sechs Wochen später, Anfang März 1943, verluden sie die letzten in Berlin verbliebenen Juden direkt von ihren Zwangsarbeiterstellen in Züge. Es war die Fabrikaktion. Das wäre unser Ende gewesen.

Inge Möller wartet unten im Haus auf mich. Mit der S-Bahn fahren wir nach Fürstenwalde, dort steigen wir um nach Bad Saarow. Die Fahrt über schweige ich. Zum ersten Mal seit Langem trage ich keinen Stern. Ich fühle mich, als wenn jeder auf die leere Stelle stiert. Ich ziehe den Hut, den meine Mutter mir gemacht hat, tief ins Gesicht.

Inge Möller und ich hatten als Kinder zusammen die Grundschule besucht. Ihre Eltern besaßen das Radiogeschäft unten in unserem Haus. In Bad Saarow betrieben sie eine Pension für ausländische Gäste. Es war ein großes Haus direkt am Scharmützelsee, mit vielen Zimmern. Manchmal stiegen dort Generäle und andere Honoratioren ab. Ich sollte helfen, die Zimmer zu putzen und die Wäsche zu machen. Am liebsten bereitete ich das Frühstück zu.

Ich hatte keine Ahnung von Hausarbeit und hielt nicht lange durch. Ein paar Tage später kam meine Mutter und trat meine Stelle an. Ich war sehr unglücklich dort. In der Grundschule waren Inge Möller und ich Freundinnen gewesen. Jetzt war sie mir fremd geworden. In der Früh machte sie sich lange zurecht, sie schminkte sich auffällig. Abends im Gemeinschaftssalon rauchte sie Zigaretten an einer langen Spitze und gab sich sehr mondän. Sie war so anders als ich. Am Morgen meiner ersten Nacht lief ich zu ihr ins Zimmer. Ich wollte ihr etwas erzählen und sah, wie sich die Steppdecke hob und senkte. Sie hatte Männerbesuch. Das traf mich vollkommen unerwartet.

Für ein Gefühl wie Lust hatte ich gar keinen Sinn. Mir ging es ums Überleben. Daneben konnte sich nichts entfalten, nichts erblühen. Ich war vollkommen überfordert, als mich ein Mann zum ersten Mal bedrängte. Aus diesem Grund musste ich auch mein nächstes Versteck verlassen.

Nach Möllers brachte mich meine Mutter nach Schöneiche, ein Ort mit 5000 Einwohnern in Brandenburg. Zuerst blieb ich in einem leeren Gasthaus am Dorfanger, es war Winter und eiskalt. Die Gastwirtin Frau Vetter sagte mir, ich müsse in das gusseiserne Waschbecken pullern, weil ich nicht raus auf die Toilette durfte. Ich weiß nicht, ob ich überhaupt eine Nacht dort schlief.

Bei Dammrichs, einer Arbeiterfamilie aus demselben Ort, schien zunächst alles gut. Sie lebten in einem kleinen Haus, das der Mann selbst gebaut hatte. Frau Dammrich behandelte mich herzlich, sie hatte einen siebenjährigen Jungen adoptiert. Ich nähte ihm eine Joppe, vielleicht war sie auch für den Mann. Anfangs war der Mann sehr nett zu mir. Ich verhielt mich natürlich sehr höflich, sagte immer »Bitte schön« und »Danke schön«. Schon bald regte ihn das fürchterlich auf. »Ihr vornehmen Leute mit eurem Getue«, schrie er. Er wurde ausfallend.

Ich war 20, ein junges Mädchen mit hellen Augen und dichten, lockigen Haaren, die ich meist hochsteckte. Ich hatte nichts Jüdisches. Mein Aussehen half mir später so manches Mal, hier wurde es zum Verhängnis. Herr Dammrich war ein einfach gestrickter Mann, der gerne ein Verhältnis mit mir angefangen hätte. In dem kleinen Haus konnte ich ihm nicht entgehen. Einmal bedrängte er mich in der Küche, ich stieß ihn zurück. Das nahm er mir übel. Er verhielt sich mir gegenüber mal aggressiv, dann wieder frostig. Ich hoffte nur, dass seine Frau nichts mitbekam. Ich schämte mich. Es war besser zu gehen.

Die Familie Brückner führte mehrere Herrenartikelgeschäfte in Berlin. Zur Weihnachtszeit hatte ich ihnen manchmal ausgeholfen. Sie hatten drei Söhne und eine Tochter, die mit einem Neffen meines Stiefvaters verheiratet war. Ich denke, auch diesen Unterschlupf hatten meine Eltern eingefädelt. Ich begleitete Herrn Brückner im Frühling 1943 nach Möllensee, eine gute Stunde südöstlich von Berlin. Die Familie besaß dort ein Wochenendgrundstück mit einem kleinen Steinhaus, an dem sie noch bauten.

Richard Brückner war Anfang 70. Damals hieß es, er leide an Gehirnverkalkung. Heute sagt man Demenz dazu. Ich kümmerte mich um ihn. Ich wohnte mehr oder weniger offiziell als seine Pflegerin bei ihm. Es wäre aufgefallen, wenn der alte Mann allein lebte. Das Haus hatte ein Spitzdach mit einer winzigen Kammer, in der ich schlief. Es gab ein sehr kleines Wohnzimmer, ein Esszimmer, draußen eine Terrasse, über die ich durch den Garten zum Außenklo ging. Ich hätte mich in dem Ort nicht verstecken können. Er bestand nur aus ein paar Häusern. Nebenan hatte einer der Brückner-Söhne gebaut, gegenüber lag ein Krämerladen. Dort kaufte ich Brot und alles, was ich auf Brückners Karte bekam.

Nachts in meiner Kammer beobachtete ich durch die Dachluke den Himmel über Berlin, der sich von den Bomben rot färbte. Ich sorgte mich um meine Eltern, von denen ich nicht wusste, wo sie waren. Gleichzeitig freute ich mich über jeden Angriff. So tragisch die Bomben auch waren, sie brachten mich meinem Ziel, frei zu sein, näher. Auf die Stadt flogen die Alliierten jetzt täglich Angriffe. Sie waren der Grund, warum Elisabeth Brückner ihren Mann auf dem Land in Sicherheit brachte. Der kranke Herr Brückner brauchte zu lange, bis er bei Alarm in seine Hosen und in den Keller kam.

Elisabeth Brückner, seine Frau, lebte in der Stadt und führte die Geschäfte weiter. Jeden Mittwochnachmittag schloss sie den Laden und ließ mich zu sich nach Berlin kommen. Ich sollte ihr helfen, die Einkäufe für Möllensee zu erledigen. Für mich war sie »Tante Lieschen«, im Laden aber war sie eine strenge Chefin. Ich sah, wie die Lehrlinge vor ihr zusammenzuckten. Ich war abhängig von ihr und dankbar. Mit der S-Bahn und vielen Einkaufstaschen stiegen wir immer gemeinsam in die

S-Bahn nach Straußberg, von wo ein Postauto die Ortschaften zurück nach Möllensee abfuhr.

An einem Mittwoch sind meine Taschen besonders schwer. Diesmal fahre ich allein. Tante Lieschen hat vorgekocht, ich trage einen Topf mit gestampften Kartoffeln, in der anderen Tasche eine Wurst und ein Stück Schinken. Dafür hat sie Strümpfe und Oberhemden aus dem Geschäft getauscht. Ich bin schon öfters mit dem Postauto mitgefahren. Den Beamten nicke ich wie immer kurz zu. Ich spüre meine Anspannung, lasse sie mir nicht anmerken. Die Postbeamten haben noch nie eine Frage gestellt. Meine Taschen laden sie hinten ein.

Ein paar Kilometer weiter werden wir angehalten. »Ausweiskontrolle!« Einer der Uniformierten beugt sich zu mir ins Auto: »Na, Fräuleinchen, wo haben Sie denn Ihre Papiere?« Noch bevor ich klar denken kann, handeln meine Hände. Sie klopfen die beiden Manteltaschen ab, kramen in der Handtasche. Meine Stimme bleibt ganz ruhig, ich höre mich sagen: »Ich weiß auch nicht. Es tut mir leid. Bei den Bombardements habe ich sie wohl vergessen. Sie müssen noch in meinem anderen Mantel sein.«

Der Uniformierte sieht mich an, streng, aber ich sehe auch, dass ich ihm gefalle. Ich trage eine weiße Bluse, dazu einen schlichten Rock, den ich selbst genäht habe. Er sagt: »Aber das geht doch nicht, Fräulein. Sie müssen besser darauf achten.« Ich nicke, verspreche ihm, es mir zu Herzen zu nehmen. Wir fahren weiter.

Ein paar Wochen zuvor war ich schon von einer Wehrmachtskontrolle mit dem Fahrrad angehalten worden. Vorne am Lenker hing eine Milchkanne, die ich vom Bauern abgeholt hatte, hinten auf dem Gepäckträger saß ein Enkel von Brückners. Auch hier dachte ich nicht nach, sagte einfach: »Na, Sie haben ja vielleicht Nerven, mich hier so auf der Landstraße anzuhalten. Fast wäre ich vom Fahrrad gefallen.«

Man musste frech sein, wahrscheinlich auch Berlinerin, um so eine große Schnauze zu haben. Es ging nicht anders. Als junges Mädchen hatte man Chancen bei den Kerlen. Der Kontrolleur half mir sogar wieder aufs Fahrrad.

Fast ein Jahr lebte ich bereits in dem Versteck, als ich an einem Mittwoch im Juni 1944 wieder in die Stadt fuhr. Zufällig kam an diesem Tag die Hausschneiderin der Brückners raus nach Möllensee, um die Wäsche auszubessern. Als ich abends mit meinen Einkäufen am Weg vor dem Haus ankomme, laufen mir die zwei Töchter von Brückners Sohn entgegen. Der Sohn hatte auf dem Nachbargrundstück das exakt gleiche Haus gebaut. Die kleinen Mädchen sind aufgeregt, weil sie heute Besuch hatten. Ein großes schwarzes Auto mit Standartenfahne war vorgefahren.

»Weißt du, Gisela, zwei Männer haben nach dir gefragt«, erzählt die Jüngere der beiden. Sie ist fünf. »Sie wollten wissen, ob du artig bist.« Ihre Schwester kichert, weil sie die Frage komisch findet. Schließlich sind Erwachsene doch immer artig. Ich bin sofort alarmiert: »Artig, artig – arisch.« Sie wollten wissen, ob ich arisch bin! Die Hausschneiderin, die dazukommt, bestätigt meine Befürchtung: Beamte vom Gau Niederbarnim haben nach mir gefragt.

Später erfuhr ich, dass ein Lehrmädchen von Frau Brückner mich angeschwärzt hatte. Weil sie sich über ihre Chefin geärgert hatte, erzählte sie ihrem Freund, der in der Hitlerjugend war, dass bei Frau Brückner in Möllensee eine »Unangemeldete« arbeitet. Ihr Freund zeigte mich an, nicht als Jüdin, das wusste er nicht. Aber als eine, die sich der Arbeitsdienstpflicht entzog.

Noch am selben Abend verließ ich das Haus in Möllensee. Ein paar Wochen zuvor hatte ich Vojislav Stefanovic kennengelernt. Er hatte mich einen schweren Pflanzenkübel tragen sehen und mir geholfen. Seine Eltern und er lebten in einer Laube in der Nachbarschaft, weil sie ausgebombt waren. Ich mochte ihn sofort, vertraute ihm instinktiv. Einmal wollte er mich ins Kino ausführen. Ich sagte ihm, dass ich nicht könne, und fügte hinzu: »Weil ich Jüdin bin.« Ich sprach es einfach aus. Es tat gut, und Vojislav mochte mich umso mehr.

Morgens um vier Uhr brachen er und ich auf. Wir liefen stadteinwärts durch den Wald nach Fangschleuse, von wo ich mit meinen Eltern telefonierte. Damals wusste ich gerade, wo sie sich versteckten. Vojislav brachte mich zu Herrn Noerenberg nach Lichterfelde-West. Der betrieb eine kleine Spedition und hatte schon mehreren Juden geholfen.

Auf dem Grundstück der Spedition parkte ein Möbelwagen. Darunter hatte Noerenberg ein Verlies ausgeschachtet, die Wände waren abgesteift, gerade so groß, dass eine Notliege hineinpasste. In der Erdgrube versteckte er eine alte Dame. Er brachte ihr Essen und entsorgte ihre Notdurft. Noerenberg half aus christlicher Überzeugung, ohne Ansehen der Person. Ebenso hätte er einem Nazi geholfen, der in Not war. In seiner Wohnung lebten mehrere Untergetauchte, darunter meine Eltern.

Ich kann mich nicht an das Wiedersehen erinnern. Aber bestimmt war ich sehr glücklich.

Lange konnte ich nicht bleiben. Noerenberg hatte eine verlassene Parterrewohnung in Schöneberg ausgemacht, deren Besitzer nach Sachsen gezogen war. Es gab keine Scheiben mehr, die Fenster waren mit Holz vernagelt. Er selbst führte mich zur Eisenacher Straße. Zuvor hatte eine Ärztin, die er gut kannte, mir den Arm in eine Schiene gelegt, damit ich nicht auf der Straße angehalten werde. Falls ich doch gefragt würde, warum ich nicht im Arbeitsdienst sei, konnte ich antworten: »Ich habe eine Sehnenscheidenentzündung.«

In der Wohnung bin ich nicht allein. Hans Lax lebt schon da. Es ist eine schöne Begegnung. Die vernagelte Wohnung ist mir unheimlich. Mit Hans fühle ich mich auch im Dunklen sicher. Er ist Jude, seinen Bruder hat Noerenberg in einem Haushaltswarengeschäft versteckt. Ein paar Monate leben wir zwei hier gemeinsam. Die Tage verlieren ihren Rhythmus, die Zeit löst sich auf. Wir können nicht rausgehen, Noerenberg bringt uns ab und an etwas zu essen. Es ist sehr kalt. Wir haben keine Kohle für die Öfen, trauen uns nicht, Licht zu machen. Nachts ist es noch dunkler, nur die Bomben und Brände erleuchten den Himmel. Wenn die Sirenen heulen, sitzen wir aneinander angelehnt auf dem Holzboden, und Hans liest mir Puschkin im Original vor. Er ist sehr klug, spricht Russisch. Die fremden Worte klingen beruhigend.

Natürlich verlieben wir uns ineinander, wir können gar nicht anders. Wir beide sind ausgehungert nach Wärme, nach einer Berührung, nach einer vertrauten Stimme. Doch wir fühlen uns auch gehemmt. Keiner von uns kann sich mehr eine Zukunft vorstellen, weder gemeinsam noch getrennt. Ohne einen Traum fällt auch das Lieben schwer. Wir sind kompliziert, hungrig und vorsichtig. Bis zum Äußersten kommt es nicht.

Die letzten Kriegstage verbrachte ich in der Schwedischen Victoriagemeinde, in der meine Eltern bereits untergekommen waren. Ich hatte die Erschütterungen der einschlagenden Artilleriegeschosse, die sich näherten, kaum mehr ausgehalten. Wir lebten im Keller der Kirche, auch Hans nahm ich mit. Die Stadt lag unter Dauerbeschuss, die Echos von Artillerie und Gewehrfeuer wurden lauter. Draußen vor der Kirche hatte der Pfarrer eine alte Schultafel aufgestellt, darauf in Russisch und Deutsch gepinselt: »Dies ist schwedisches Eigentum.«

Die Menschen in Berlin spürten, dass dieser Krieg zu Ende ging. Die Russen waren nicht mehr aufzuhalten. Auf dem Gelände der Kirche hingen schwedische Flaggen, es war exterritorial, wurde aber von der Gestapo überwacht, die gegenüber eine Etage im Polizeirevier bezogen hatte. Daher mussten wir sehr vorsichtig sein.

Meine Eltern hatten schon im August 1943 Kontakt zu Pfarrer Erik Perwe aufgenommen, von dem sie gehört hatten, dass er Verfolgten half. Im Dachboden der Kirche existierten zwei Verschläge, in denen sich Illegale ein paar Tage ausruhen konnten. Im Keller waren neue Wände eingezogen. In den Zwischenräumen versteckte Perwe Unterlagen der Bekennenden Kirche und Dokumente, die er in Zusammenarbeit mit der Widerstandsbewegung fälschte. Meine Eltern hatten durch ihn falsche Papiere bekommen. Auch ich besaß jetzt einen schwedischen Interimspass.

Ich selbst lernte Pfarrer Perwe nicht mehr kennen. Das Flugzeug, mit dem er im November 1944 auf dem Weg nach Schweden war, wurde abgeschossen, und er starb. Jetzt organisierte sein Nachfolger Erik Myrgren die Hilfe. Im Luftschutzkeller der Kirche schliefen wir auf Matratzen am Boden, ich neben meinen Eltern. Hans lag neben einem jungen Paar. Die Frau erwartete in wenigen Tagen ein Kind. Ihr Partner war ein schwedischer SS-Mann, wir sprachen nicht mit ihnen. Es war eine absurde Situation: Ein SS-Mann und wir versteckt im gleichen Keller, vereint in der Angst, weil uns die Befreier unter Beschuss nahmen.

Am 1. Mai 1945 fiel eine Bombe auf die Kirche. Wegen des Phosphors brannte in Sekunden alles, sogar der Stein. Wir retteten uns durch ein Notausgangsfenster im Luftschutzkeller, durch das wir auch unsere Matratzen schoben. Meine Erinnerungen an diese letzten Kriegstage sind verschwommen. Ich weiß, dass wir mit den Matratzen zwei Häuser weiter in eine Villa rannten. Sie gehörte Doktor Huttner, den wir durch die schwedische Kirche kannten, da er die illegalen Kranken behandelte. Wir klopften an. Ein paar Tage lang kampierten wir auf unseren Matratzen in seinem Wohnzimmer.

Den 8. Mai, das offizielle Kriegsende, erlebten meine Eltern und ich in einer Villa am Wannsee. Ein dänischer Arzt sollte uns von dort in unser Heimatland bringen. Laut Pass waren wir Schweden. Wir wollten weg aus Deutschland. Weder ich noch meine Eltern klärten unsere Identität auf.

Gisela Jacobius und ihre Eltern erreichen Schweden nie. Weil sie sich nicht als versteckte Juden zu erkennen geben, werden sie von den sowjetischen Besatzern aufgehalten und in ein Lager nördlich von Moskau gebracht. Nach verschiedenen Stationen und Irrwegen kommen sie im August 1946 wieder in Berlin an. Von Hans Lax verliert Gisela zunächst jede Spur. Später schreibt er ein paar Mal aus Belgien, wohin er ausgewandert ist. Sie erfährt, dass er dort geheiratet hat.

Angesteckt von der Euphorie um die Staatsgründung, überredet Gisela ihren Vater, der nach Amerika möchte, 1949 nach Israel auszuwandern. Ihre Mutter ist bereits kurz nach dem Krieg gestorben. Auf der Schiffsreise nach Israel lernt sie ihren Mann kennen, mit dem sie ein paar Jahre später wieder nach Deutschland zurückkehrt und einen Sohn bekommt. Israel wird nicht zur neuen Heimat, denn die bleibt, trotz ihrer Erlebnisse, Deutschland.

Nach dem Tod ihres Mannes lebt Gisela Jacobius allein in Berlin-Lichterfelde. In ein Altersheim zu gehen lehnt sie ab. Sie will nicht mit Gleichaltrigen im Speisesaal sitzen und sich fragen, was sie damals gemacht haben. 2005 erscheint das Buch *Gisela Jacobius – als Jüdin in Berlin*, in der sie ihre Geschichte in einem langen Interview erzählt.

Gisela Jacobius stirbt im Alter von 88 Jahren am 18. Dezember 2011, kurz nachdem wir sie zum letzten Mal getroffen haben.

Rolf Joseph

»Ich wollte einfach nur leben.«

Am 6. Juni 1942 endet mein erstes Leben. Die Sonne scheint von einem wolkenlosen Himmel. Mein Bruder Alfred und ich sind auf dem Weg nach Hause. Kurz vor unserer Wohnung biegen wir an einer Kneipe um die Ecke. Ein grauer Möbelwagen parkt vor unserem Haus. Wir bleiben stehen, beobachten ihn. In diesem Moment zerren zwei uniformierte Männer unsere Eltern vom Haustor in den Wagen. Wir sind zu weit weg, um zu hören, sehen aber alles. Wir schauen einfach zu. Keiner von uns bewegt sich. Keiner spricht. Wir können nichts tun. Die Türen des Wagens schließen sich. Der Fahrer steigt ein. Das Auto fährt langsam davon. Wir blicken ihm nach.

Es war das letzte Mal, dass ich meine Eltern sah. Sie wurden nach Theresienstadt gebracht und später nach Auschwitz. Dort gingen sie mit all den anderen den Weg in die Gaskammern. Auch ich werde bald in einem Zug nach Auschwitz sein.

Mein zweites Leben dauerte fast drei Jahre. Dem Tod bin ich mehrere Male um Haaresbreite entkommen. Es war nicht Klugheit, dass ich überlebt habe. In diesen drei

Jahren habe ich mehr Glück, Mut und Kraft verbraucht als andere in ihrem ganzen Leben. Ich war jung und ich wollte leben.

Anfang der 20er-Jahre wohnten wir in Berlin-Wedding. Meine Eltern, mein ein Jahr jüngerer Bruder Alfred und ich. Mein Vater war Kaufmann. Er verkaufte Nähgarne an Schneider, das Geschäft ging nicht besonders. Wir lebten bescheiden, aber in meiner Kindheit fehlte es an nichts. In der Schule riefen mich Mitschüler ab und zu »Itzig«. Das war ein Schimpfwort für Juden. Ich nahm es nicht weiter ernst. Am liebsten spielte ich in einem jüdischen Sportverein Fußball.

1933 änderte sich alles. In meiner Volksschule stand unser neuer Lehrer in SA-Uniform vor uns. Die erste Frage, die er stellte, war: »Ist hier ein Jude in der Klasse?« Ich meldete mich. Kein einziger anderer Finger ging nach oben. Ich merkte, dass es ein Fehler war. Immer wenn es in der Klasse laut war, rief er mich nach vorne. »Ihr seid so ein geschwätziges Volk!«, sagte er, und ich musste mich über das Pult beugen. Er schlug mit dem Rohrstock zu. Ich wurde fast jeden Tag geschlagen. Ich ging zu meinem Vater und sagte: »Ich gehe nicht mehr zur Schule.« Mein Vater besuchte den Rektor. Der Rektor war kein Nazi, aber er fragte meinen Vater: »Was soll ich tun? Wenn ich den Lehrer rausschmeiße, fliege ich noch vor ihm.«

Mir blieb nichts anderes übrig, als die Schule zu schwänzen.

Mit 15 Jahren versuchte ich, eine Lehrstelle zu finden. Alle Betriebe waren bereits arisiert. Niemand durfte einen Juden einstellen. Meine Mutter kannte aber einen Tischlermeister. Sie bat ihn, mich in die Lehre zu nehmen. Er stimmte zu, allerdings unter einer Bedingung: Es durfte niemand erfahren, dass ich Jude bin.

Bei ihm in der Werkstatt lernte ich, wie man Schränke auf Maß fertigt. Ich arbeitete gerne mit Holz, ich mochte den Geruch der Späne. Dreieinhalb Jahre dauerte meine Lehrzeit. Ich hatte viele Kollegen. Nach und nach sprach es sich unter ihnen herum, dass ich Jude bin. Sie mochten mich. Die meisten von ihnen waren Kommunisten.

Meine praktische Prüfung hatte ich bestanden. Jetzt kam der theoretische Teil. Dafür musste ich zur Handwerksinnung. Sie legten mir einen Bogen vor. Im ersten Feld musste ich ankreuzen, ob ich arisch bin. Was sollte ich tun? Ich traute mich nicht zu lügen. Ich kreuzte »Nein« an. Nicht nur für mich hatte das schlimme Folgen. Sie nahmen meinem Meister den Betrieb weg. Nur dadurch, dass sein Sohn in die SA eintrat, konnten sie das Familienunternehmen retten. Ich verließ die Werkstatt ohne Abschluss.

Mein Vater nahm uns jeden Freitag mit in die Synagoge. Dort sprachen wir mit den anderen darüber, was sich die Regierung wieder Neues einfallen ließ. An den Litfaßsäulen wurden jeden Tag neue Bestimmungen für uns Juden angeschlagen: Wir durften zu bestimmten Zeiten nicht mehr auf die Straße. Wir mussten Haustiere abgeben. Sogar Blinde mussten ihre Armbinden abliefern. Heute klingt es absurd, damals war es todernst.

Mein Vater war im Ersten Weltkrieg dreimal schwer verwundet worden. Er hatte ein Auge verloren, einen Bauchschuss bekommen und ein Finger wurde ihm weggeschossen. Für seinen Fronteinsatz hatte Deutschland ihm das Eiserne Kreuz verliehen. Er war sicher, dass ihm nichts geschieht. Leider sollte er nicht recht behalten.

Am 9. November 1938 fahre ich mit dem Fahrrad. Am Alexanderplatz komme ich nicht weiter, so viele Menschen haben sich versammelt. Vor Brandmann, dem größten Juweliergeschäft Berlins, steige ich ab. Ich werde gegen mein Fahrrad gedrückt, so viele Leute stehen und gaffen. Die Luft fühlt sich verdichtet an. Dann löst sich die Spannung. Ein Trupp SA-Männer kommt mit einem Riesenbalken und rammt ihn in die Fensterscheibe. Die Menge schreit auf. Einige rennen in den Juwelierladen. Wahllos greifen sie nach Schmuck. Alles wird geplündert. Beim Weiterfahren sehe ich, dass die Synagoge brennt. Rauch liegt über der Stadt.

Zu Hause treffe ich meinen Bruder Alfred. Auch er hat den Rauch gesehen. Wir beschließen, gemeinsam wegzugehen. Unsere Eltern verstehen uns nicht. Mein Vater beschimpft uns als feige. Er sagt, wir sollen uns den Unruhestiftern stellen. Wir lassen von unserem Plan ab und bleiben. Zu lange.

Einen Tag vor Silvester 1941 bekam ich einen Brief von der Gestapo. Ich hatte mich am 2. Januar beim Arbeitsamt zu melden. Meine Mutter weinte, als ich ihr den Brief zeigte. Sie war nicht mehr dieselbe Frau.

Das Arbeitsamt schickte mich als gelernten Tischler zu einer Schreinerei nach Pankow, die für die Wehrmacht Spinde produzierte. Mit mir arbeiteten 15 junge Juden. Der Meister war ein fanatischer Nazi. Er saß in seinem Büro und hörte den ganzen Tag die Frontberichte im Radio. Manchmal drehte er so laut auf, dass wir alle es mithören mussten: »Sondermeldung von der Ostfront.

Deutschland hat 80 000 russische Soldaten gefangen genommen, 340 Panzer abgeschossen, 9 Schiffe versenkt.« Vor Freude betrank er sich.

Ich bin der einzige gelernte Tischler. Der Meister liegt mal wieder besoffen in seinem Zimmer. Deswegen wenden die Arbeiter sich an mich: »Rolf, kannst du mal zu meiner Maschine rüberkommen. Sie läuft nicht richtig.« Ich prüfe sie und sehe, dass das Sägeblatt nicht gerade in der Achse dreht. »Sofort ausschalten. Das ist lebensgefährlich!« Der Meister hört es: »Was hat der Quatschkopf gesagt? Der hat ja keine Ahnung.« Er geht an die Maschine, schaltet sie wieder ein. In der nächsten Sekunde fällt sein Finger abgeschnitten zu Boden.

In seiner Abwesenheit führte ich den Betrieb.

Ab September 1941 musste ich den Stern tragen. Früher spazierte ich abends gerne durch Berlin. Im Wedding kehrte ich manchmal in Tanzlokale ein. Dann zog ich meinen besten Anzug an. Natürlich war ich eitel. Ich bemühte mich, den Frauen zu gefallen. Mit dem Stern war mir jeder Weg verhasst. Ich schämte mich. Ein paarmal wurde ich auf der Straße von Kindern verspottet. Ich spürte, wir Juden waren zum Abschuss freigegeben.

Dann kam der 6. Juni 1942. Als der graue Möbelwagen mit unseren Eltern um die Ecke gebogen war, blieben mein Bruder und ich noch eine ganze Weile stehen. Wir wussten, unser bisheriges Leben war zu Ende. Wir konnten nicht in unsere Wohnung zurückgehen. Wir besaßen keine Lebensmittelkarten. Wir hatten kein Geld, nur die Sachen, die wir trugen.

Als es dunkel wurde, gingen wir in den Tegeler Wald. Von unserer Wohnung war es eine halbe Stunde zu Fuß.

Rolf Joseph, geb. 1920 in Berlin, gest. 2012 in Berlin

Im Südteil des Waldes bildet die Havel einen Badesee. Wir hielten uns davon fern und gingen Richtung Norden, wo die Bäume sehr dicht standen. Wir verkrochen uns im Unterholz und formten aus Laub eine Kuhle. Mit Zweigen bauten wir einen Sichtschutz. Dort schliefen wir. Am Morgen klopften wir uns gegenseitig die Erde von Hemd und Hose. Wir hatten nur diese. Dann liefen wir zurück in die Stadt, wo wir uns trennten. Ich bemühte mich, stets beschäftigt zu wirken, als hätte ich ein Ziel. Am Abend kehrten wir in den Wald zurück.

Den ganzen Juni 1942 über war es warm, es regnete wenig. Mitte Juli änderte sich das Wetter. Nachts gab es regelmäßig heftige Gewitter. So dicht wir das Dach aus Zweigen auch bauten, in der Früh waren unsere Kleider nass und schlammig. In der Stadt wären wir damit aufgefallen. Ich blieb nun auch tagsüber im Forst, suchte nach Pilzen und Beeren, nach allem, was essbar war. Nachts schlichen mein Bruder und ich zu den Bauernhöfen in der Umgebung. Einmal erbeuteten wir ein Ei. Wir aßen es roh. Ein Festessen.

Mein Bruder war in keinem guten Zustand. Nachts fror er. Oft zuckte sein Körper im Schlaf. Der Hunger hatte seine Nerven angegriffen. In der Früh sagte er: »Ich kann nicht mehr. Ich halte es nicht mehr aus. Ich brauche ein Dach über mir.«

Er kannte ein Mädchen, deren Vater Jude und deren Mutter Christin war. Sie wollte er aufsuchen. Ich sagte: »Keule«, das war der Spitzname für meinen Bruder, »Keule, mach das nicht. Die werden dich da schnappen.« Aber mein Bruder hörte nicht auf mich. Ich blieb alleine im Wald zurück.

Ein paar Tage danach ging ich tagsüber in die Stadt. Ich überquerte die Brücke am Westhafen, als mich ein alter Mann anhielt: »Junger Mann, warum sind Sie nicht beim Militär? Es sind doch alle beim Militär.« Die Antwort hatte ich mir schon lange zurechtgelegt: »Ich bin reklamiert. Ich arbeite in einem Rüstungsbetrieb. Mein Chef schickt mich gerade auf einen Botengang.« Der Alte war zufrieden.

Ich lief durch eine Straße, in der viele Händler Lebensmittel verkauften. Ich hatte nur Augen für die Auslagen. An einem Stand waren Brote zu einem kleinen Turm aufgeschichtet. Fast hätte ich die Frau übersehen. Sie war eine alte Freundin meiner Mutter. Ich hatte sie nur einmal bei uns zu Hause kennengelernt. Trotzdem ging ich zu ihr und fragte sie, so verzweifelt wie ich war: »Erinnern Sie sich an mich? Ich bin der Sohn von Frau Joseph. Meine Eltern sind abgeholt worden. Ich habe keinen Ort zum Schlafen. Kann ich mit zu Ihnen kommen?« Sie musterte mich. Sie sah einen abgemagerten jungen Mann, der die Haare etwas zu lang trug, die Hosen glatt gestrichen, aber dunkel vom Schmutz. Ich tat ihr leid. Ich weiß nicht einmal, ob sie mich wiedererkannte. Sie wollte mir helfen, traute sich aber nicht.

In ihrem Haus wohne ein Brandschutzobmann, der in den Wohnungen herumschnüffle. Als ich mich umdrehte und gehen wollte, hielt sie mich an der Schulter zurück. »Warten Sie. Ich kenne eine alte Frau, eine Lumpensammlerin. Die wohnt ganz in der Nähe. Da werde ich Sie hinbringen, vielleicht können Sie dort schlafen.«

In der Straße roch es nach Braunkohle. Vor einem grauen Arbeiterhaus blieben wir stehen. Sie deutete auf ein Fenster, das auf Höhe des Gehsteigs lag. Wir stiegen die Treppen zum Souterrain hinunter. Eine Frau öffnete die Tür. Sie war dünn wie ein Stecken. Ihre Haare trug sie unter einem Fetzen, den sie um den Kopf gewickelt hatte. Sie lächelte uns an. In ihrem Mund standen nur noch wenige Zähne.

In die Wohnung fiel kaum Licht. Auf dem Boden hatte sie alte Zeitungen ausgebreitet. Betten oder andere Möbel sah ich nicht. Bis auf einen Tisch. Er stand in der Mitte des einzigen Raumes. Auf jeder Fläche stapelten sich Zeitungen, rostiges Blech und schmutzige Lumpen, die sie auf der Straße aufgesammelt hatte. Wir setzten uns.

Ihr Name war Marie Burde. Alle nannten sie Mieze. Ich erzählte ihr mein ganzes Leben. Als ich geendet hatte, sagte sie: »Der Mensch ist in Not, dem muss ich helfen.«

Sie war etwas eigenartig, aber sie hatte ein goldenes Herz. Sie aß kein Fleisch, sprach mehrere Sprachen. Solange ich bei ihr wohnte, hat sie nie jemand besucht. Jeden Tag zog sie durch die Straßen und kam mit ihren Funden zurück. Mieze sah verhungert aus. Auf dem Markt schenkten ihr die Händler Kohlrüben, die andere nicht mehr essen wollten. Zu Hause kochte sie die Rüben zu einer Suppe. Der faulige und saure Geruch war Teil der Wohnung geworden. Ich aß sie, obwohl es mich ekelte. Bis heute rühre ich keine Kohlrüben an.

Mit meinem Bruder hatte ich ausgemacht, dass wir uns jeden Mittwoch auf dem Nettelbeckplatz treffen. Er war froh, dass ich eine Bleibe hatte.

An einem Mittwoch aber kommt mein Bruder nicht.

Ich warte. In meinen Kopf schieben sich viele Gedanken: Was ist, wenn sie ihn geschnappt haben? Wie kann ich ihn finden? Und: Kommen sie mich holen? Ich kann mich nicht entschließen, ob ich gehen oder bleiben soll. Jetzt erst sehe ich die zwei Militärpolizisten, die auf mich zulaufen. An einer dicken Kette hängt ein Blechschild über der Brust. Ihre Maschinenpistolen sind geschultert, diese Militärpolizisten nennt man Kettenhunde. »Was machen Sie hier? Ihren Ausweis bitte.« Ich antworte, ich sei reklamiert. »So, so, wie heißen Sie denn?«

Ich sage den Namen, der mir als erster einfällt. »Rolf Wagner.« Der eine zieht mehrere Listen mit Namen hervor. Er sieht sie sorgfältig durch: »Na, wunderbar! Dich suchen wir ja.« Es ist eine Liste von Deserteuren. Ausgerechnet ein Rolf Wagner steht darauf. Ich muss mit zum Polizeirevier. Dort sage ich, dass ich Jude bin.

Sie übergeben mich der Gestapo, das Judenreferat liegt in der Burgstraße 28. Sie gehen mit mir in den Keller. Ich muss mich nackt ausziehen. Mit einer Peitsche aus Lederstreifen bekomme ich 25 Schläge. Der Vernehmer schlägt hart zu. »Wo ist dein Bruder?« Ich bleibe stumm. Nochmals 25. »Weißt du es jetzt?« »Nein.« Es zieht sich über Stunden. Ich verrate nichts. Doch sie wissen vieles. Sie kennen den Namen meines Bruders, wissen, dass er untergetaucht ist.

In der Großen Hamburger Straße, dem Sammellager für Juden, wartet SS-Oberscharführer Dobberke auf mich. Er ist der unumschränkte Herrscher im Lager. Dobberke ist berüchtigt für seine Tobsuchtsanfälle. Nach dem Krieg erfuhr ich, dass er manchmal nachts mit jüdischen Häftlingen Skat spielte. Dabei floss viel Alkohol. Am nächsten Tag schickte er seine Mitspieler nach Auschwitz.

Mein Rücken ist offen, das Blut macht Flecken auf meinem einzigen Hemd. Ein Auge ist von einem Faustthieb zugeschwollen. Dobberke sieht mich kurz an und entscheidet, dass ich in den Bunker 1 komme. Bunker 1 ist nur einen Meter hoch. Da hinein kommen die Schwerverbrecher. Wochenlang liege ich auf der Erde. Die Decke ist so niedrig, dass ich mich nicht aufrichten kann. Jeder Knochen schmerzt. Ein Feuerbrand in meinem Körper. Ich nähere mich einem Zustand der Verrücktheit, als es nach Wochen heißt: »Morgen kommst du in einen Transport nach Auschwitz.« Ich bin richtig glücklich, das zu hören. Ich habe den Namen vorher nie gehört.

Am Abend vor dem Abtransport werden fünf junge Männer zu mir in den Bunker gezwängt. Sie haben versucht, aus einem der Transporte auszubrechen. Ein holländischer Jude weiß, was uns in Auschwitz erwartet. »Kinder, freut euch nicht auf Auschwitz. Dort gehen wir alle gleich in den Ofen.« Wir reden die ganze Nacht. Am Ende beschließen wir, dass wir gemeinsam alles daransetzen wollen, dort erst gar nicht anzukommen.

Am Morgen werde ich als Erster herausgerufen. Ich bekomme Handschellen verpasst wie alle anderen. Auf dem Hof steht ein Laster, der uns zum Bahnhof Putlitzstraße bringen soll. In der Fahrerkabine sehe ich ein Fach mit einem Werkzeugkasten. Ich mache die anderen darauf aufmerksam. Sie verstehen sofort. Zu dritt heben sie mich mit gefesselten Händen hoch. Ich wühle zwischen dem

Werkzeug, und meine Finger ertasten eine Zange. Die stecke ich ein.

In der Putlitzstraße wartet ein langer Güterzug mit vielen Waggons. Die Schiebetüren noch offen, die Böden mit Stroh bedeckt. In den Ecken stehen Eimer für die Notdurft. In jeden Waggon treibt die SS 60 bis 70 Menschen. Auch uns, wir bleiben dicht beieinander. Ich stehe zwischen Frauen mit ihren Kindern. Der Zug fährt los. Am ersten Tag bleiben wir alle gefasst. Wir wechseln uns ab, wer sitzen darf und wer stehen muss. Der Gestank wird stärker. Die Fensterschlitze sind mit Stacheldraht gesichert. Einige Frauen haben zu schreien angefangen, ihre Kinder weinen. Es gibt kein Essen und kein Wasser.

Mit der rechten Hand halte ich die Zange. Ich habe nur einen winzigen Spielraum. Zwischen meinen Gelenken hängt die Kette. Ich bearbeite sie stundenlang, zwicke mit der Zange in den Stahl, bis die Kette mürbe wird. Kurz vor Auschwitz gibt sie nach. Ich befreie die anderen von ihren Handschellen. Wir schlagen ein Brett aus dem Waggon und springen aus dem Zug. Bei voller Fahrt. Die Frauen und Kinder fahren in den Tod.

Wir teilten uns auf und liefen in Zweiergruppen Richtung Berlin. Uns fiel kein anderes Ziel ein. Ich ging mit dem Holländer. Wir hielten uns abseits der Dörfer. Nur nachts schlichen wir in die Ställe und suchten nach Essen. Bellende Hunde erschreckten uns. Der Holländer konnte nicht mehr. Er wollte, dass wir die Eisenbahnschienen entlang nach Berlin laufen. Ich hielt es für zu gefährlich. Er ließ sich nicht umstimmen.

80 Kilometer vor Berlin liefen Schäferhunde auf uns

zu und umzingelten uns. Ihnen folgte Polizei. Sie brachten uns nach Lübben ins Gefängnis. Am Abend waren wir alle wieder zusammen. Sie hatten auch die anderen geschnappt.

Mich brachten sie zurück nach Berlin, wo mich ein Gestapo-Beamter begrüßte. Er kannte mich noch vom Verhör.

»Bei dir ist jetzt aber der Bart ab.« Der Beamte schlägt auf meinen Kopf ein, sodass ich ohnmächtig umfalle. Als ich in einer Zelle zu mir komme, erinnere ich mich. Ein Freund hat mir erzählt, dass die SS wahnsinnige Angst vor ansteckenden Krankheiten hat. Ich kratze meinen ganzen Körper auf, bis er rot und fleckig ist. Dann rufe ich einen Wärter: »Ich glaube, ich habe Scharlach.« Er holt auf der Stelle einen Arzt.

Diesem Arzt verdanke ich mein Leben. Er sieht sofort, dass ich mich selbst so zugerichtet habe, lässt sich aber nichts anmerken. Er bestätigt: »Der Mann hat Scharlach.« Sie tragen mich auf einer Bahre ins jüdische Krankenhaus. Meine fünf Kameraden werden erschossen.

Das Krankenzimmer ist abgeschlossen. Nur die Schwester besitzt einen Schlüssel. Ich freue mich, wenn ich den Schlüssel höre. Sie mag mich und spricht immer ein paar Worte mit mir. Nach zwei Wochen sagt sie: »Herr Joseph, ich habe eben ein Telefongespräch mitgehört. Man wird Sie in einer halben Stunde abholen. Sie kommen nach Lichterfelde.« Lichterfelde kenne ich. Dort steht eine SS-Kaserne, in der Regimefeinde und auch Juden erschossen werden.

Ich bitte die Schwester um eine Hose. Die Fenster sind vergittert. Aus einem nassen Handtuch drehe ich einen

Quirl, den ich um einen Gitterstab wickele. Ich ziehe ruckartig an beiden Enden des Handtuchs. Millimeterweise gibt das Gitter nach. Ich wiege nur noch 46 Kilo, bald passe ich durch die Öffnung. Dann springe ich. Das Zimmer liegt im zweiten Stock. Beim Aufprall verspüre ich einen Stich im Rücken. Unter Schmerzen klettere ich über den Zaun. Jede Bewegung kostet Kraft. Ich springe auf eine Straßenbahn, die langsam fährt, weil sie eine Weiche passiert. Aus dem Fenster sehe ich, dass die SS mich bereits auf Motorrädern sucht.

Mehr kriechend als laufend komme ich bei Mieze, der Lumpensammlerin, an. Ich freue mich sehr, dass mein Bruder bei ihr ist. Er lebt.

Wir versteckten uns beide bei ihr. Ein halbes Jahr lag ich auf der Erde. Mein Rückgrat war angebrochen, die Schmerzen kaum zu ertragen. Wir konnten weder Medikamente besorgen noch einen Arzt holen. Der Hunger machte uns fast wahnsinnig. Mieze teilte das wenige, was sie zum Essen bekam, mit uns. Einmal kam sie mit einem großen Knochen nach Hause. Wir fielen über den Knochen her, um die Fleischreste abzunagen.

Mieze verdanken wir unser Leben. Damals schworen mein Bruder und ich uns: Wenn wir den Krieg überstehen, kümmern wir uns um sie. Das taten wir. Sie starb Anfang der 1950er-Jahre.

Mieze hatte noch ein Grundstück in Schönow, nahe Berlin. Wegen der Bomben zogen wir aufs Land. Das Grundstück war verwildert. Der Schnee stand im Winter 1944/45 über einen Meter hoch. Das Haus war nicht mehr als ein Schuppen. Das Dach undicht. Wäre der Hunger nicht gewesen, hätten wir ruhig schlafen können.

Es gab nichts zu essen. Wir wurden gefährlich dünn. Ein Kollege aus meinem ersten Tischlerbetrieb hatte mir zu Beginn der Nazizeit Hilfe angeboten. Er wohnte in Heiligensee, weit weg von Schönow. Ich schaffte es mit der S-Bahn bis zu ihm. Als er mich sah, erschrak er, so ausgemergelt sah ich aus. Er bot mir an, am nächsten Tag wiederzukommen. Er wollte mir ein ganzes Brot besorgen. Ich träumte nachts vom Geschmack dieses Brotes. Ein ganzes Brot, das war damals mehr wert als eine Million.

Als ich mittags bei ihm ankomme, sitzen zwei Männer in der Küche. Ich habe keine Chance zu fliehen. Sie nehmen mich zwischen sich und führen mich ab. Auf den letzten 200 Metern zur Polizeiwache setze ich alles auf eine Karte. Ich bleibe einfach stehen: »Wissen Sie«, sage ich, »Sie können mich jetzt hier auf der Stelle erschießen. Das, was ich durchgemacht habe, schaffe ich nicht noch einmal.«

Die beiden sprechen leise miteinander. Schließlich wendet sich einer der beiden mir zu: »Hau ab! Verschwinde, so schnell wie möglich.« Sie lassen mich laufen. Zufall, Glück? Ich weiß es bis heute nicht. Nur, dass der Krieg vier Monate später zu Ende ist.

Als ich ohne Brot zurückkehrte, war mein Bruder sehr enttäuscht. Dass ich gerade mit dem Leben davongekommen war, interessierte ihn weniger. Alle Gedanken richteten sich nur aufs Essen. Wir waren abgestumpft der Gefahr gegenüber. Am nächsten Tag fuhr mein Bruder in die Stadt. Auf dem Schwarzmarkt wollte er Brot kaufen. Er lief mitten in eine Razzia hinein.

Für den Rest des Krieges war ich alleine. In Schönow

hörte man jetzt den Kanonendonner der Artilleriegeschütze immer lauter.

Im Frühjahr 1945 trete ich eines Morgens in den Garten. Russen umzingeln mich. Sie richten ihre Maschinenpistolen auf mich: »Du Faschist.« Ich schreie zurück: »Nein, nein! Ich bin kein Faschist, ich bin ein Hebräer, ein Jude.« Ich ziehe meinen gelben Stern aus der Hosentasche. Das macht den Offizier noch wütender. Wie ich später erfuhr, hatten KZ-Aufseher sich mit Sternen von ermordeten Juden getarnt.

Die Soldaten glaubten mir nicht. Aber sie erschossen mich auch nicht. Sie brachten mich auf ihre Kommandantur. In der Baracke fuhr mich der Kommandant an: »Was, du willst ein Jude sein? Alle Juden sind tot. Es gibt keine Juden mehr in Deutschland. Sag mir das jüdische Glaubensbekenntnis auf.« Ich dankte meinem Vater innerlich, dass er mich so oft in die Synagoge mitgenommen hatte. Dann betete ich laut: »Schm'a Jisrael: Elohejnu, Echad!« »Höre, Israel, der Herr ist unser Gott, der Herr ist einzig.«

Der Kommandant war still geworden. Zum ersten Mal blickte er mir ins Gesicht. Er war Jude wie ich. Er stellte mir eine Bescheinigung aus, mit der ich ungehindert bis Berlin durchkam.

Ich war frei, fühlte aber kein Glück. Die ganzen Jahre über hatte ich mir den Moment meiner Befreiung vorgestellt. Jetzt dachte ich an meine Familie. Erst nach dem Krieg erfuhr ich, dass mein Vater in letzter Minute in den Transport von Theresienstadt nach Auschwitz geholt worden war, weil die Anzahl der Deportierten stimmen musste. Meine Mutter hatte entscheiden müssen, ob sie mit ihm gehen oder vielleicht ihre Söhne eines Tages wiedersehen wollte. Sie war in den Zug gestiegen. Beide sind in Auschwitz ermordet worden. Sie hatten beide eine große Familie. An die 60 Verwandte. Keiner überlebte.

Aber mein Bruder kehrte aus Sachsenhausen zu mir zurück. Er hatte, wie ich, überlebt.

Nach dem Krieg bleibt Rolf Joseph in seiner Heimatstadt Berlin und arbeitet als Tischler bei der Deutschen Waggon- und Maschinenfabrik. Er heiratet die Witwe eines ermordeten Cousins. Sie hat Auschwitz-Birkenau überlebt. Sein Bruder Alfred findet in Berlin eine Anstellung als Fleischer. Die beiden sprechen miteinander kaum über das, was sie durchgemacht haben.

Mit 70 Jahren wird die Frau von Rolf Joseph von einem Auto angefahren und stirbt. Er heiratet ein zweites Mal und lebt mit seiner Ehefrau Ursel Sikora in Berlin-Charlottenburg.

Im Gegensatz zu seinem Bruder, der nicht öffentlich über diese Zeit erzählt, tritt Rolf Joseph an Schulen und anderen Orten als Zeitzeuge auf.

Im Jahr 2002 bekommt er für seinen unermüdlichen Einsatz das Verdienstkreuz am Bande der Bundesrepublik Deutschland verliehen. Am 29. November 2012, kurz vor seinem 92. Geburtstag, stirbt Rolf Joseph in Berlin und wird auf dem Friedhof Heerstraße beigesetzt.

Margit Siebner

»Vaters Bücher und Mutters Zigarren waren meine Rettung.«

Der Spittelmarkt war mein Spielplatz. Ich liebte die Gegend wegen ihrer prächtigen Häuser. Tagsüber kamen die Menschen aus der U-Bahn geströmt, um in den jüdischen Geschäften die neueste Konfektionsmode, Schmuck und Pelze zu bewundern. Manchmal taten wir Kinder sehr erwachsen und sprachen sie an: »Gnädige Frau, entschuldigen Sie. Wie spät ist es?« Wir fanden das furchtbar komisch und rannten weg. Die hohen Hauseingänge waren unsere Paläste, in denen wir Verstecken spielten.

In einem der Gründerzeit-Eckhäuser hatte mein Vater seine Buchhandlung gehabt. Zwei mittelgroße Schaufenster, durch die man in den Laden im Erdgeschoss blickte. Am liebsten hatte ich den Keller mit dem Antiquariat gemocht. Damals hatte ich viel Zeit dort unten verbracht.

Das war, bevor Vater 1936 enteignet wurde. Jetzt lagen die Bücher in einem Kohlenkeller versteckt. Nur meine Mutter und ich kannten den genauen Ort.

Meine Mutter führte nun einen Zigarrenladen, der gegenüber vom Spittelmarkt in der Seydelstraße lag. Sie war stolz, uns damit durchzubringen. Ihre Kunden waren hauptsächlich Männer. Sie war jung, Mitte 30, und viel schöner, als ich es später wurde. Sie hatte große strahlende Augen, ein ebenmäßiges Gesicht und konnte sehr charmant sein.

Dank ihrer Zigarren und Männerbekanntschaften lebe ich noch. Den Büchern meines Vaters verdanke ich, dass ich in dieser einsamen Zeit nicht verrückt wurde. Und meinem Vater sicherten sie, als er ins Exil nach Schanghai ging, zumindest eine Zeit lang die Existenz.

Mit dem Winter 1938/39 begann für mich eine schlimme Zeit. Noch immer fällt es mir schwer zu erzählen, was alles passiert ist. Es kommt mir wie ein Traum vor.

Wie jeden Morgen nach dem Aufwachen denke ich als Erstes an meinen Vater, der nun nicht mehr mit uns lebt. Was er wohl gerade macht? In Schanghai ist es jetzt früher Nachmittag. In einem Weltatlas habe ich die Zeitzonen nachgeschlagen, mir die genaue Lage und Form der Hafenstadt mit ihren vielen Flüssen eingeprägt. Bestimmt zieht er durch eine dieser Straßen, die von hohen Häusern eingekeilt sind. Ich stelle ihn mir mit seinem Hut vor. Groß und stark schiebt er den selbst gebauten Karren, der mit Büchern beladen ist. Ob er den Hölderlin inzwischen verkauft hat?

Ich wünsche mir, auch nach Schanghai zu ziehen. Wie Frau Goldbaum, unsere Nachbarin, die mit der Sibirischen Eisenbahn bis dorthin gefahren ist. Sie schreibt, dass das Klima entsetzlich sei und sie noch immer in einem Lager wohnen müssten. Mir wäre das egal. Sie und ihr Mann sind zusammen, nur das zählt.

Nach dem Aufstehen laufe ich als Erstes zum Postkasten nach unten. Meine Mutter und ich wohnen im ersten

Stock, über der Buchhandlung, die früher meinem Vater gehört hat. Draußen wird es endlich wärmer. Ja, im Kasten ist ein Telegramm: »Kommt sofort nach. Bin gesund, arbeite.« Sechs Worte, jeder Buchstabe kostet.

Meine Mutter sagt, wir müssten die Nerven behalten, der Spuk hier sei bald zu Ende. Sie glaubt nicht, dass der Krieg kommt. In manchen seiner Telegramme fragt Vater auch, wie es »Tante Gertrud« geht. Das ist das Synonym für meine Mutter. Seit meine Eltern sich scheiden lassen mussten, dürfen er und sie keinen Kontakt mehr haben. Die Scheidung war die Bedingung für Vaters Emigration nach Schanghai.

Am 1. September 1939 kam der Krieg doch. Ich hörte die verhasste Stimme vormittags im Radio, in dem Hitlers Rede vor dem Reichstag übertragen wurde: »Polen hat heute Nacht zum ersten Mal auf unserem eigenen Territorium auch mit bereits regulären Soldaten geschossen. Seit 5 Uhr 45 wird jetzt zurückgeschossen. Und von jetzt ab wird Bombe mit Bombe vergolten.«

Vater schrieb jetzt immer öfter, dass er nichts zu essen habe und wir nicht kommen sollten. Ich wusste, dass in dem Lager in Schanghai Ratten so groß wie Kaninchen herumliefen. Er schrieb auch, dass ich ihm schnell ein neues Päckchen mit Büchern schicken solle.

Das will ich tun: Ich muss sofort in den Bücherkeller und dann zur Post.

Vor Kurzem habe ich ein Spiel erfunden. Ich laufe über den Spittelmarkt Richtung Kohlenkeller, wo die Bücher versteckt sind. Aber nie auf direktem Weg. Ich stelle mir vor, ich sei eine geheime Agentin. Unauffällig blicke ich hinter mich, biege in die Neue Grünstraße ein, nur um kurz darauf wieder die Abzweigung in die entgegengesetzte Richtung zu nehmen. Meine Mission ist sehr wichtig. Ich muss meinen Vater retten.

Wirklich Angst habe ich nur vor dem Blockwart. Seit Krieg ist, lebt er bei uns in der Häuserzeile. Überall haben sie nun Luftschutzkeller eingerichtet, bei einer Luftschutzübung sagte der Blockwart ganz laut: »Die Judengöre soll verrecken.« Seitdem darf ich nicht mehr in den Bunker. Ich weiß jetzt endlich, was ein Jude ist. Im Radio habe ich es gehört: Ein Jude ist jemand, der das deutsche Volk in den Untergang treiben will. Auch mein Lehrer Weiß, den ich früher so mochte, sagt das. Mein Vater ist Jude. Und ich Halbjüdin. Es passt alles nicht zusammen.

Auf meinem Weg zum Bücherkeller übe ich Englischvokabeln. Bis zum Krieg nahm ich Privatunterricht. Jetzt ist es zu gefährlich. Eine normale Schule darf ich schon lange nicht mehr besuchen. »To take, took, taken«, wiederhole ich leise. Ich will kein Wort mehr vergessen. Ich brauche jedes, wenn ich erst in Schanghai bin.

In meiner Manteltasche halte ich die Schlüssel fest. Ich lasse sie nicht los, bis ich am Keller ankomme. Im Haus ist es still. Ich warte, horche, dann gehe ich nach unten. Im Kellerverschlag riecht es feucht, ganz schwach auch nach Büchern. Ich liebe den Geruch nach altem Papier. Der Eichendorff ist noch vom letzten Mal aufgeschlagen. Seine Gedichte lösen bei mir eine Gänsehaut aus.

»Es war, als hätt der Himmel die Erde still geküsst, dass sie im Blütenschimmer von ihm nun träumen müsst.« Heute schicke ich Vater den Eichendorff mit.

Als Vater noch bei uns lebte, las er mir sonntags vor.

Mir war der Tag heilig, ich war ein Papa-Kind. Mit fünf konnte ich selbst lesen. Ich erzählte es ihm aber nicht. Sonst hätte er mir vielleicht nicht mehr vorgelesen.

Ich greife ein paar Bücher, mir bleibt diesmal keine Zeit zum Schmökern. Ich wähle meist Romane. Vater hatte viele jüdische Schriftsteller in seinem Antiquariat. Etwa sechs, sieben Bücher schnüre ich mit Packpapier zu einem Paket zusammen, mit dabei ist Eichendorffs Gedichtband.

Das Bündel ist schwer, manchmal hilft mir Helga, die Tochter des Kohlenhändlers, beim Tragen. Sie ist die Einzige aus meiner Schulzeit, mit der ich noch spielen darf. Ihr habe ich vom Keller erzählt. Ihr Vater streicht mir mit seinen rußigen Händen oft über den Kopf, dabei murmelt er, er müsse den »janzen Mist« nicht mitmachen.

Die nächste Poststelle von hier liegt in der Kommandantenstraße. Heute gehe ich aber woanders hin. Mutter hat ein neues Postamt ausgesucht, ich wechsele öfter, damit es nicht auffällt.

Ich bin sehr stolz darauf, meinen Eltern zu helfen. Endlich teile ich ein echtes Geheimnis mit ihnen. Viel zu lange haben meine Eltern die wichtigen Dinge von mir ferngehalten. Ich musste mir alles erlauschen.

Als ich noch kleiner war, hörte ich immer heimlich den Gesprächen meines Vaters mit seinen Kunden zu. »Buchhandlung Fritz Cohn« stand über der Tür. Meine Mutter half hinter der Theke, sie war gelernte Verkäuferin. Ich verbrachte viel Zeit unten im Antiquariat, von dort konnte ich alles mit anhören. Mein Vater war ein heiter-melancholischer Typ. Leben und leben lassen – der Spruch war sein Motto. Die Kunden kamen gern zu ihm, weil er sehr besondere Bücher sammelte. Wie alle guten Buchhändler verkaufte er sie ungern.

In den Gesprächen hörte ich die Leute immer öfter über eine Auswanderung reden. »Was soll ich in Amerika?« – diesen Satz sagte mein Vater häufig. Auch meine Mutter wollte nicht weg. Ihre Eltern hatten sogar gedroht, sie würden sich umbringen, wenn sie ginge. Auf meiner Mutter lastete ein hoher Druck, schon von ihrer Hochzeit mit einem Juden waren meine Großeltern nicht begeistert gewesen.

Schließlich nahmen sie meinen Vater an, denn er war tüchtig und preußisch erzogen. Als junger Mann hatte er sich freiwillig für den Frontdienst im Ersten Weltkrieg gemeldet. Noch 1934 war ihm dafür das Ehrenkreuz für Frontkämpfer verliehen worden.

Zwei Jahre später, im Jahr 1936, wurde er enteignet.

Ich kam gerade von der Schule, missmutig, in letzter Zeit nahm mich mein Lehrer Herr Weiß nicht mehr dran. Auch mein Vater sah niedergeschlagen aus. Er zeigte mir einen Kaufvertrag. Die Nazis waren schlau, sie handelten bürokratisch korrekt. Auf dem Papier ließen sie ihm einen Bruchteil dessen, was die Buchhandlung wert war.

Es reichte gerade, um den kleinen Zigarrenladen für meine Mutter zu kaufen. Er gehörte einer alten Frau in unserem Viertel, die wegen ihres Alters froh war, ihn loszuwerden. Die Bücher aus dem Antiquariat packten wir in Kartons. Ich durfte dabei helfen. Mit einem umgebauten Rad schafften wir sie in den Keller eines Mietshauses in der Nähe. Wir mussten viele Male gehen.

Mein Vater arbeitete dann einige Zeit als Aushilfskraft

Margit Siebner, geb. 1928 in Berlin

im jüdischen Kulturtheater in der Kommandantenstraße. Noch vor der Reichskristallnacht wurde er abgeholt.

Meine Mutter und ich wussten damals nicht, dass er nebenher heimlich Bücher aus dem Versteck verkaufte, darunter auch verbotene. Magnus Hirschfeld, ein jüdischer Sexualwissenschaftler, war den Nazis wegen seiner Lehre von den sexuellen Zwischenstufen besonders verhasst. Mein Vater besaß ein seltenes Exemplar von *Sappho und Sokrates. Oder wie erklärt sich die Liebe der Männer und Frauen zu Personen des eigenen Geschlechts?* Als er es verkaufte, wurde er erwischt und bekam eine Vorstrafe. Er hatte es uns nicht erzählt. Sie verhafteten ihn im Juni 1938 spätabends, ich schlief schon.

Das Klopfen in meinem Traum wird lauter und lauter, ich kann es nicht mehr verdrängen und erwache. Ein Mann mit spitzem Gesicht steht in unserer Wohnung. Meine Mutter weint. Mein Vater holt mich aus dem Bett. Ich klammere mich an seinen Hals. Der spitzgesichtige Mann sagt, mein Vater müsse mitkommen. Er wisse genau, warum. Mein Vater setzt mich ab, er muss sich ein Hemd und eine Hose holen. Er will sein Rad mitnehmen. Der Mann verbietet es ihm.

Sechs Wochen hören wir nichts von meinem Vater. Dann endlich finde ich eine Postkarte im Briefkasten, auf dem Absender ein Stempel: Konzentrationslager Buchenwald. Mein Vater ist im KZ. Ich ahne nicht, was das bedeutet.

Meine Mutter war vom Typ her eher hysterisch. Aber wie alle Hysteriker wurde sie, wenn Gefahr drohte, eiskalt. Sie sagte, sie würde ihn da rausholen. Und das tat sie.

Doch der Preis, den sie bezahlte, war sehr hoch.

Sie hatte einen Verehrer, der nach Vaters Verhaftung fast täglich in ihren Zigarrenladen kam. Er trug das Parteiabzeichen, damals sagten wir »Bonbon« dazu. Seit ich nicht mehr in die Schule ging, half ich ihr manchmal im Laden und verkaufte Zigaretten. Ich hätte gern wie meine Klassenkameraden nach der vierten Klasse das Lyzeum besucht. Doch mein Lehrer Herr Weiß hatte der Schulbehörde meine jüdische Herkunft gemeldet. Ich durfte nicht mehr zur Schule und stand nun hinter der Ladentheke. Wenn Mutters Verehrer kam, verschwand er mit ihr im hinteren Geschäftszimmer, das möbliert war und eine Küchenzeile hatte. Als er zurückkam, tätschelte er mir den Kopf und sagte: »Ach, kleine Krabbe, reichst ja kaum über den Ladentisch. Ist auch besser so, kannste schneller verschwinden.«

Er riet meiner Mutter, sich scheiden zu lassen. Er versprach, dafür zu sorgen, dass mein Vater dann aus dem Lager käme. Offenbar hatte er gute Beziehungen. Es gab noch eine zweite Bedingung: Mein Vater musste unterschreiben, dass er innerhalb von vier Wochen auswandern würde. Meine Mutter willigte ein. Ich nahm ihr das sehr lange übel. Doch im Nachhinein hätte ich auch so gehandelt. Denn mein Vater kam tatsächlich aus dem Lager zurück, auch wenn es fast ein Jahr dauern sollte.

Seine Rückkehr war im Januar 1939. Als eine der wenigen Familien besitzen wir im Zigarrenladen ein Telefon. Ich stehe manchmal davor, stecke meine Finger in die Löcher der Wählscheibe und wähle 161318. Das ist unsere eigene Nummer. Als ich einmal gerade wieder wählen will, klingelt es. Ein Mann ist dran und sagt: »Ich bin gleich zu Hause.«

Ich erkannte meinen Vater zuerst nicht. Auch nicht, als er mit dem Taxi vorfuhr und ausstieg. Ein kleiner Mann, gebückt und stumm saß er in unserer Küche. Meine Mutter redete auf ihn ein. Er hatte keine Ahnung von der Abmachung und dass er nach Schanghai sollte.

Meine Mutter übertraf sich selbst. Er stimmte auch der Scheidung zu, was hatte er für eine Alternative? Eine Woche wohnte er noch bei uns, dann waren meine Eltern rechtskräftig geschieden. Sie durften sich nicht mehr sehen.

Am 3. Februar 1939 reiste mein Vater ab. Er nahm den Zug nach Genua, von dort die »Conte Rosso«, das letzte Passagierschiff, das nach Schanghai auslief.

Die Schiffspassage hatte Mutters Verehrer organisiert. Die letzten vier Wochen vor seiner Abreise sah ich meinen Vater täglich. Zuerst gingen wir zur Polizei, wo er sich jeden Tag melden musste, dann einen Kuchen essen in einer der wenigen Konditoreien, wo es uns Juden noch erlaubt war.

In diesen Wochen gab es für mich viel zu organisieren. Mein Vater war wie gelähmt. Ich kaufte ihm einen Schrankkoffer, suchte die Sachen zum Mitnehmen aus. Je trauriger er wirkte, desto mehr redete ich. Ich dachte mir Witze aus und versuchte ihn aufzuheitern. In meiner Erinnerung ist diese Zeit abenteuerlich und wunderschön. Den bevorstehenden Abschied verdrängte ich.

Am Tag seiner Abreise stehe ich mit meinem älteren Cousin am Bahnsteig. Mein Vater trägt einen Hut und einen Schal, lehnt sich aus dem Zugfenster. Als die Lok sich in Bewegung setzt, hält er den Hut fest. Er ruft: »Gitte Maus, lern Englisch.« Seine Stimme entfernt sich,

ich kann sein Gesicht nicht mehr erkennen. Bestimmt sieht er wieder traurig aus. Er weiß nicht, dass ich längst Englisch lerne. Ich lächle. Damit werde ich ihn in Schanghai überraschen.

Nachdem der Krieg mit Russland ausgebrochen war, stoppten die Briefe aus Schanghai. Zuvor hatte Vater regelmäßig geschrieben. Auf den Fotos, die er mitschickte, sah ich seinen Schlafsaal, vor einer Pritsche erkannte ich seine blank geputzten Schuhe. Mein Vater trug auf jedem Bild seinen Hut. Einmal schrieb er, er sei ihm im Bus vom Kopf geklaut worden.

Seitdem der Postverkehr wegen des Krieges unterbrochen war, konnte ich meinem Vater keine Bücher mehr senden. Verzweifelt versuchte ich, mir auszurechnen, wie lange er von 300 Büchern leben könnte. Etwa so viele hatte ich bis dahin geschickt.

Meine Mutter hieß jetzt wieder Galaske, Gertrud Galaske. Das war ihr Mädchenname. Trotzdem hatte jemand an die Tür des Zigarrengeschäfts »Gertrud Sara Cohn« geschmiert. Sie wurde noch sieben Mal denunziert. Angeblich, weil sie mit Juden Kontakt hatte. »Der größte Schuft im Land ist der Denunziant«, fluchte sie und rannte auf die Polizeiwache, wo sie zu den Vorwürfen Stellung nehmen musste.

Nur ich hieß noch Cohn. Ich war die kleine Judengöre, die verrecken sollte, wie es der Blockwart gesagt hatte. Den ganzen Tag streifte er im Viertel umher. Ich durfte nicht mehr draußen spielen und langweilte mich furchtbar. Meine Mutter hatte ihm erzählt, ich wäre in Pommern auf Kinderlandverschickung. Zum Glück hatte ich Bücher zum Lesen. Ohne sie wäre ich verrückt geworden.

Einmal die Woche gab es einen Lichtblick. Ich besuchte heimlich einen Mädchenbibelkreis. Pastor Schnellenberg kaufte bei meiner Mutter Zigarren. Er sah aus wie Goethe und Gerhart Hauptmann in einer Person. Ich mochte ihn gleich. Meine Mutter hatte einen untrüglichen Instinkt, wem sie was erzählen konnte. Am meisten schockierte ihn, dass ich Jesus nicht kannte.

Im Bibelkreis seiner evangelischen Gemeinde stellte er mich als Margit vor. Ich hatte bald einen Spitznamen: Bücherwurm. Ich mochte die anderen Mädchen und die Geschichten aus der Bibel, die der Pastor vorlas. Er gehörte der Bekennenden Kirche an. Als die anderen Kinder zur Konfirmation gingen, segnete er auch mich heimlich ein.

Seit ich von Jesus gehört hatte, war er mein Mann. Mein Freund und Bruder und innerer Begleiter. Ich erzählte ihm alles, weil er sich für die Unterdrückten einsetzte. Für mich war er ganz real, wie Max, der Sohn der benachbarten Drogeriehändlerin, den ich schon seit meiner Kindheit vom Sehen kannte. Jetzt war ich 15 Jahre.

Max war sieben Jahre älter, also 22 Jahre, als wir uns verliebten. Wie ich war er »Mischling ersten Grades«, wie es hieß. Seltsamerweise hatte meine Mutter nichts gegen unsere Verbindung. Ich las ihm gern Gedichte vor und nahm ihn mit zum Bücherversteck. Wir saßen oft im Keller, draußen auf der Straße war es zu gefährlich für uns. Dabei nahm er mich auf den Schoß und erklärte mir, wie man sich küsst.

Wir beide hatten Angst, nicht nur vor der Liebe, sondern vor dem, was uns bevorstand. Max hatte einen Bescheid bekommen. Er musste zur Organisation Todt, einer militärisch organisierten Bautruppe, die Raketenabschussrampen, Luftschutzanlagen und anderes errichtete. Ab 1944 zogen sie nicht nur KZ-Häftlinge und Kriegsgefangene, sondern auch Halbjuden ein. Auch ich würde, sobald ich 16 Jahre wurde, zu Aufräumarbeiten verpflichtet.

Wenn wir zusammen waren, lebten wir in einem Vakuum. Doch selbst unten im Bücherkeller gelang es uns nie, alles auszublenden. Manchmal starrte Max einfach vor sich hin. Während der Bombenangriffe hielten wir uns fest. Wir gingen nicht wie die anderen in den Luftschutzbunker, weil der Blockwart uns hätte sehen können.

Bald darauf wurde Max zum Straßenbau verpflichtet. Wieder blieb ich allein, auch der Bibelkreis war aufgelöst. Meine Mutter ängstigte sich um mich. Sie wusste nicht, wohin mit mir.

Ein neuer Kunde erzählte ihr, dass er eine Leimfabrik führte, die kriegswichtig sei. Seit Kurzem kaufte er Tabak bei ihr. Er hieß Doktor Überle, meine Mutter sprach seinen Namen immer verheißungsvoll aus. Sie konnte gut Leute einspannen. Die Zigarren, die sie noch lange von irgendwo bezog, wurden in großen Kisten geliefert. Es gab immer Männer, die ihr die Kisten in den Laden trugen.

Wieder war es ihr Instinkt, sich ihm zu öffnen, obwohl er in der Partei war. Sie bat ihn um Hilfe, und er versteckte mich in seiner Firma.

Als mich Doktor Überle im März 1944 abholte, hatte ich einen Koffer mit Wäsche und Büchern dabei. Er war ein gut aussehender Mann, Chemiker und ein Charmeur, der bei Frauen ankam. Die Fabrik hatte er von seiner jüdischen Geliebten geschenkt bekommen, die rechtzeitig ausgewandert war. Gleich an einem meiner ersten Tage sah ich ihn mit seiner Sekretärin auf dem Schoß. Mir war das peinlich, ich war damals sehr fromm.

Aber er war gut zu mir und setzte mich auf seine Arbeiterliste. Er fertigte mir einen Ausweis als Margit Galaske an. Er führte sogar Beiträge für mich ab, über ein Jahr lang, wie ich später von der Rentenkasse erfuhr. Er war ein bisschen wie Oskar Schindler, ein Mann, der gerne half, das Leben aber auch genießen wollte.

In seiner Firma arbeiteten viele Fremdarbeiter, vor allem Franzosen und Belgier. Gaston aus Brüssel zog mich einmal zu sich heran. Der Chef brüllte ihn an, er solle mich ja nicht anfassen. Mit den Arbeitern in der Fertigungshalle hatte ich wenig zu tun. Mein Büro lag oben auf der Galerie.

Nachts, wenn alle gegangen waren, schlug ich mein Bett in einer Abstellkammer auf. Meine wenigen Kleider passten an einen Haken. Ich hörte Radio und las Bücher. Die anderen sagten »Auf Wiedersehen«, und ich arbeitete noch. Am nächsten Morgen, wenn sie kamen, saß ich schon an meinem Schreibtisch. Ich denke, die Sekretärin wusste Bescheid. Manchmal ließ sie, bevor sie ging, etwas zu essen an meinem Platz.

Meine Arbeit machte mir Spaß. Doktor Überle zeigte mir, wie ich die Ablage erledigen sollte, und als Laufmädchen musste ich den Schriftverkehr zwischen den verschiedenen Fabrikgebäuden transportieren. Er meldete mich sogar zu einem Steno- und Schreibmaschinenkurs an. Ein paar Wochen lang fuhr ich tagsüber mit der

U-Bahn zur Potsdamer Straße zur Stenoschule. ASDF-JKLÖ – ich begriff schnell und tippte nun für die Firma die Briefe.

Mit meiner Mutter hielt ich über Telefon Kontakt. Durch ihre Kunden war sie immer gut informiert. Ende 1944 brannte ihr Laden am Spittelmarkt aus, eine Bombe hatte das Haus getroffen. Die Zigaretten hatte sie bereits zuvor in einem Keller versteckt. Sie tauschte sie gegen Essen ein, trotzdem hungerte sie. Mir ging es bei Doktor Überle besser.

Am 2. Februar 1945 rief sie mich in der Firma an, um mich vor einem Bombenangriff zu warnen. Sie sagte, ich solle zu ihr kommen, sie wolle mich bei sich verstecken. Am Abend machte ich mich auf den Weg zu ihr. Auf den Straßen lag eine Schneeschicht. Kaum ein Mensch war zu sehen. Wären nicht die Sirenen, es wäre wunderbar still.

Wir saßen in einem kleinen Verschlag, den meine Mutter im hinteren Teil des Kellers entdeckt hatte. Vor dem Brand in ihrem Laden hatte sie auch die Zigarren hierher gebracht. In den großen Luftschutzkeller wagten wir uns nicht. Die Druckwellen der Bomben erschütterten die Mauern. Aber sie hielten stand.

Später erfuhr ich, dass in dieser Nacht die Firma von Doktor Überle bis auf den Keller ausbrannte. Rund 1 000 US-Bomber, begleitet von 600 Jagdflugzeugen, warfen ihre Bomben über Berlin ab. Der Bombenteppich traf vor allem Kreuzberg, wo es um die 170 kriegswichtige Betriebe gab. Die Gegend brannte tagelang.

An die nächsten Wochen und Monate erinnere ich mich nur schwach. Die Frauen, die vorne im Luftschutzkeller saßen, wurden fast alle vergewaltigt. Als die Russen uns im Verschlag entdeckten, stand Vergewaltigung bereits unter schwerer Strafe. Unsere Befreier fanden auch die versteckten Zigaretten. Meine Mutter war sauer, weil sie sie großzügig verteilten und rauchten.

Max kehrte vom Arbeitsdienst zurück. Ich war sehr glücklich, ihn zu sehen, doch er redete wirres Zeug. Er wollte mit mir ein »besonderes Kind« zeugen. Es sollte die Theorie des NS-Chefideologen Alfred Rosenberg widerlegen, dass zwei Mischlinge nicht Kretins, sondern hochbegabte Kinder hervorbringen können.

Ich sagte ihm, er sei verrückt. Ich wollte nicht etwas Besonderes sein, sondern endlich wie alle anderen leben. Ich wollte lernen, lachen, tanzen und mich nie mehr verstecken.

Ihren Vater sieht Margit Siebner nie wieder. Erst nach Kriegsende erfährt sie, dass er 1944 im Schanghaier Exil an Tuberkulose starb. Nach dem Krieg holt sie die Schule nach und wird Bibliothekarin. Mit ihrem Mann Klemens Siebner, einem Berliner Politiker, bekommt sie fünf Kinder. 1981 wird ihre Tochter Maria ermordet aufgefunden, zwei Jahre später – auf den Tag genau – verunglückt ihr Mann tödlich während eines Urlaubs. Nach diesen traumatischen Erlebnissen macht Margit Siebner-Cohn, wie sie sich jetzt nennt, eine Ausbildung zur Familientherapeutin und Supervisorin. Sie arbeitete bis vor wenigen Jahren in freier Praxis in Berlin-Lichtenrade, wo sie noch heute lebt.

Ruth Hermges

»Wir haben als einzige jüdische Familie in Mönchengladbach überlebt.«

Mein Vater ist eines von Hitlers späten Opfern. Er starb mit 58 Jahren, zehn Jahre nach dem Krieg. Als wir alle gerettet waren, klappte er zusammen wie ein Taschenmesser. Krank, schwach und depressiv verbrachte er sein letztes Jahrzehnt im Bett. Als wir verfolgt wurden, war er über sich hinausgewachsen. Er hatte sich geweigert, in die Partei einzutreten, sich von meiner Mutter scheiden zu lassen, hatte immer neue Verstecke für uns gefunden. Mein Vater gab für uns sein Leben.

Meine Mutter, mein älterer Bruder Max, meine beiden jüngeren Geschwister Hans und Herta und ich überlebten. Wir sind die einzige jüdische Familie in Mönchengladbach, die noch vollständig war, als sie befreit wurde.

1933 wohnten etwa 1350 jüdische Bürger im Stadtgebiet Mönchengladbach. Mehr als die Hälfte von ihnen wurden deportiert und in KZs umgebracht. Allein aus der weitverzweigten Familie Levy vonseiten meiner Mutter sahen wir 40 Verwandte nie wieder. Einigen Hundert Mönchengladbacher Juden gelang es auszuwandern, nur ganz wenige überlebten in der Stadt. Wir gehörten dazu. Dafür bin ich einigen unserer Nachbarn in der Brunnenstraße sehr dankbar, und auch meinen anderen Helfern. Sie alle waren Helden in einer dunklen Zeit. Der größte Held für mich bleibt aber Hans Vergosen, mein Vater.

Als er das erste Mal das Zigarrengeschäft meiner Großeltern Bernhard und Julie Levy in der Brunnenstraße betrat, trug mein Vater seinen besten Anzug. Die Haare hatte er geölt und sorgfältig nach hinten gekämmt. Meiner Großmutter brachte er Blumen mit. Er war gut aussehend und charmant, aber kein Jude. Er durfte meine Mutter deshalb nicht heiraten.

Mein Vater brauchte fünf Jahre und zwei Kinder, um die Erlaubnis meiner Großeltern zur Eheschließung zu bekommen. Bei der Geburt meines Bruders Max 1927 hatten sie eine Hochzeit noch abgelehnt. Erst als ich 1932 geboren wurde, lenkte mein Großvater ein. Meine Großeltern waren gläubige Menschen. Sie schätzten meinen Vater. Aber sie hatten sich für ihre Tochter Johanna einen Mann gewünscht, der am Freitag das ungesäuerte Brot anschneidet und die Sabbat-Gebete spricht. Mein Vater war ein Katholik aus Viersen, meine Mutter eine Jüdin, die Hebräisch lesen und schreiben konnte.

Ich wuchs, wie schon meine Mutter, in der Brunnenstraße in Mönchengladbach auf. In der Nummer 177 führten ihre Eltern ein Tabakgeschäft. Unten im Haus roch es nach den Zigarrenkisten, über dem Laden lagen die Wohnräume meiner Großeltern. Von den oberen Fenstern aus sah man auf Felder. Die Brunnenstraße war die zentrale Geschäftsstraße, ein paar Kilometer vom Stadtkern entfernt. In unserer Straße gab es noch einige kleinere Lebensmittelhändler, zwei Metzger und drei

Kneipen. Jeder kannte uns dort. Wir waren die Kinder der Tabakhändler.

Nachdem meine Großeltern 1934 mit einem Tag Abstand voneinander verstorben waren, lösten meine Eltern das Tabakgeschäft auf. Den Laden bauten sie in eine große Essküche mit anschließendem Wohnzimmer um. Hinter dem Haus legten sie einen Garten an und stellten Ställe für Kaninchen, Hühner und zwei Gänse auf, die meinem Bruder Max gehörten. Oben im Haus schliefen wir. Mein Bruder und ich hatten unser eigenes Zimmer, bis unsere Geschwister geboren wurden.

1937 kam Hans auf die Welt, ich selbst war damals fünf. Seine Geburt ist meine erste Erinnerung, weil Schönes und Schreckliches an einem Tag zusammenfielen.

Die Hebamme ist bei meiner Mutter, mein Bruder Max und ich lauschen an der Tür. Wir hören tiefe, fast unmenschliche Laute, bis die Hebamme herauskommt. Sie blickt uns streng an. Wir sollen ihr einen Kessel mit kochendem Wasser bringen.

Als das Wasser im Topf endlich sprudelt, nimmt Max den Topf vom Herd, in dem die Kohle glüht. Beim Tragen will ich unbedingt den zweiten Griff halten, er lässt mich nicht, bis ich schließlich zu weinen beginne.

Das Gewicht des Kupferkessels überrascht mich, ich kann den heißen Griff nicht eine Sekunde länger halten und lasse los. Max schreit, ein Schrei so unheimlich wie der aus dem Schlafzimmer, nur heller. Seine Hosen dampfen, das kochende Wasser hat sich über seine Beine ergossen. Auch ich schreie, bis mein Vater und die Hebamme mich rütteln.

Max' Beine sehen schlimm aus. Seine Oberschenkel

sind roh wie blutiges Fleisch, an einigen Stellen hängt die Haut in braunen Fetzen. Der Arzt, Dr. Brudermann, den mein Vater anruft, kommt nicht. Er lässt ausrichten: »Ein Judenlümmel hält schon ein bisschen Brennen aus.« Ich verstehe nicht, warum kein Arzt hilft.

Dieser Tag hat uns beide gezeichnet, ihn mit Narben, mich mit Schuld, und uns beide als Judenlümmel, ein Wort, dessen Bedeutung ich zum ersten Mal in seiner ganzen Hässlichkeit spürte.

Bisher hatte ich gedacht, das Einzige, was mich von anderen Kindern unterscheidet, sei, dass sie in die Kirche gehen und wir in die Synagoge. In Mönchengladbach gab es mehrere Synagogen. Unsere in der Blücherstraße mochte ich besonders, sie hatte drei mächtige Kuppeln, in ihr fühlte ich mich wie eine Prinzessin in einem Palast. In der Reichskristallnacht brannte sie. Mein Onkel hatte die Brandstifter vor der Synagoge beschimpft. Er wurde sofort in das Gefängnis am Spatzenberg gebracht, das die Gestapo besetzt hielt. Später erfuhr ich, dass ihm die Flucht aus Deutschland nach Schanghai gelang.

Mit der Synagoge wurde auch unsere jüdische Schule zerstört. Sie war vorläufig im Gemeindehaus in der Albertusstraße hinter dem Hauptbahnhof untergekommen, morgens liefen mein Bruder und ich gemeinsam los. Er rannte voraus, ich hinterher. Es waren etwa drei Kilometer, es ärgerte mich, dass er mich immer abhängte. Ich wurde mit sieben Jahren eingeschult und war nicht sehr groß. Nur mit Max fühlte ich mich sicher.

Während unserer Schulzeit hatten wir den Stern ausgehändigt bekommen. Mutter musste unterschreiben, dass sie ihn sorgfältig und pfleglich behandeln und gewissenhaft befestigen würde. Er musste gut sichtbar oberhalb der Brust angenäht sein. Max und ich hatten sogar zu dem roten Backsteinbau der Gestapo auf dem Spatzenberg gehen müssen, bei dem sich die Türen elektrisch öffneten. Ein paar Gestapomänner kontrollierten, wie der Stern auf unserer Kleidung befestigt war.

Auf dem Schulweg trug ich meinen Tornister vor der Brust, um den Stern zu verdecken. Damit war ich langsamer, aber ich fühlte mich besser. Auf die Straße zu gehen war demütigend, selbst als Kind spürte ich das. Wir durften nicht mehr auf dem Bürgersteig laufen, sondern nur auf der Fahrbahn, und seit ich lesen konnte, bemerkte ich an den Geschäften, Restaurants, Straßenbahnen und Parkbänken Schilder: Für Juden verboten.

Mein Bruder und ich besuchten dieselbe Klasse, es gab nur noch diese eine. Den ersten bis vierten Jahrgang unterrichtete Schullehrer Rudi Demann zusammen. Von den 30 jüdischen Kindern waren wir die einzigen, die aus einer gemischten Familie kamen. Ich lernte eifrig, und der Lehrer mochte mich besonders gern, auch weil ich die Jüngste war. Ich hatte gerade die Schreibschrift gelernt, als die Schule aufgelöst wurde.

Ich trage keine Wut, keinen Hass in mir. Aber bis heute leide ich darunter, dass ich nur sehr kurz in der Schule war. Ich hatte keine Zeit, Freundschaften zu schließen, keine Chance, mich zu bilden. Nach dem Krieg war es dafür zu spät.

An einem meiner letzten Schultage laufe ich alleine nach Hause. Es ist Sommer, in meiner Handfläche klebt das Zehn-Pfennig-Stück, so heiß ist es. Das Geld hat mir Vater heute Morgen zugesteckt, denn hinter dem Bahnhof ist ein Eiscafé. In der Schlange warten viele Kinder. Auch ich stelle mich an. Kurz bevor ich dran bin, entdecke ich Ingrid aus unserer Straße. Sie trägt den blauen Faltenrock, die weiße Bluse und das Halstuch mit Lederknoten, die Uniform des Bundes Deutscher Mädel, die ich auch gerne hätte. Sie sieht mich und kommt auf mich zu. Sie reißt mir den Tornister von der Brust. »Juden mit krummen Nasen kriegen hier kein Eis«, schreit sie und haut mir auf die Nase. Die anderen Kinder brüllen. Ich stürze aus dem Laden, erst zu Hause beruhige ich mich.

In der Brunnenstraße bekamen wir jetzt häufig Besuch von Männern in Uniform. Wenn es klingelte, öffnete meine Mutter resolut die Tür. Sie war sehr geradlinig, bescheiden und klagte nie. Vor uns Kindern zeigte sie keine Schwäche. Mein Vater war sensibler. Die ständige Sorge um uns quälte ihn. Den Vater, der uns fröhlich Lieder sang, erlebte ich nur noch selten.

Er arbeitete als Monteur bei der Firma Schlafhorst, die früher Textilmaschinen baute und nun Maschinen für Munition herstellte. Dr. Reiners, der Inhaber, half uns. Er verhinderte, dass mein Vater zur Wehrmacht eingezogen wurde. Wenn Vater wieder einen Einberufungsbescheid zugeschickt bekam, schrieb Dr. Reiners zurück: »Ich bedauere sehr, Ihnen mitteilen zu müssen, dass ein hochspezialisierter Mitarbeiter wie Hans Vergosen unabkömmlich für die Produktion ist.« Er wusste, nur wenn Vater bei uns blieb, konnte er uns schützen. Dr. Reiners erlaubte ihm auch, dass er während seiner Arbeitszeiten nach uns sah.

Mutter verließ das Haus kaum. Zum Einkaufen schickte sie mich, mein älterer Bruder Max war zu leicht-

Ruth Hermges, geb. 1932 in Mönchengladbach

sinnig. Unsere Lebensmittelkarten waren mit einem blauen »J« gestempelt. In den verschiedenen Kästchen wurden die Waren eingetragen: Bei Vater, der als Einziger die allgemeine Karte erhielt, standen 50 Gramm Butter, bei uns 10 Gramm. Bei Vater ½ Kilogramm Mehl, bei uns 100 Gramm.

Inzwischen waren wir vier Kinder, die Jüngste, Herta, war gerade vier Jahre alt. Die Rationen reichten nicht. Die Lebensmittelhändler auf unserer Straße schnitten normalerweise, wenn sie die Waren aushändigten, das entsprechende Kästchen auf der Karte mit der Schere ab. Bei mir unterließen sie es öfters, damit ich nochmals gehen konnte.

Eine Bekannte meiner Eltern arbeitete für das Amt, auf dem die Karten ausgeteilt wurden. Es lag in der Stadt. Meine Mutter hatte mir in das Futter meines Lodenmantels eine große Innentasche genäht. Im Flur des Amts wartete ich, bis die Bekannte mich sah. Im Vorbeigehen sagte sie leise: »Setz dich da hin, ich gebe dir ein Zeichen, wenn du zu mir rein kannst.« Es gab immer eine Möglichkeit.

An den Namen der Bekannten und ihr Gesicht erinnere ich mich nicht mehr. Aber an das Gefühl des Kartenstapels, der beim Nachhauseweg im Mantelfutter gegen meine Rippen schlug. Ich ging sehr vorsichtig mit den Karten um, kaufte nichts im Viertel. Keiner sollte nachfragen, woher wir die Lebensmittelkarten bezogen. Ich hatte blaue Augen, kleidete mich unauffällig und ohne Stern. Mit den Karten lief ich in der ganzen Stadt herum, von Quelle zu Quelle, um sie einzulösen.

In der Brunnenstraße wohnten viele gute Leute, die

uns manchmal etwas zusteckten. Jeder wusste, dass wir Juden waren. Es war eine Arbeitergegend mit einfachen Häusern, in denen die Familien kein Hochdeutsch, sondern Platt sprachen. Viele Männer waren Soldaten, auf Fronturlaub warnte einer meine Mutter: »Johanna, was die mit euch Juden machen, willst du gar nicht wissen. Du würdest verrückt werden. Ihr müsst hier verschwinden.« Andere Nachbarn sagten: »Passt auf, der von der Nummer 9 ist in der Partei. Vor dem müsst ihr euch in Acht nehmen.« Wieder andere schnitten uns, schwärzten uns aber nicht an.

Am Ende der Straße lag eine katholische Mädchenschule. Der Lehrer war ein Parteigenosse, seine Reithose mit schwarzen Stiefeln legte er nie ab. Er hieß Lehrer Bell. Als die jüdische Schule geschlossen wurde, bot er meiner Mutter an, ich könne ruhig zu ihm in die Klasse kommen. Meine Mutter bedankte sich und lehnte ab, weil es nicht nur für uns, sondern auch für ihn zu gefährlich sei. Seit ich nicht mehr zur Schule ging, verbrachte ich die Tage zu Hause.

An einem dieser Tage stehen zwei Gestapo-Männer vor der Tür, mich schieben sie einfach zur Seite. Meine beiden kleinen Geschwister verstecken sich hinter Mutter. Wie immer kommen sie zu zweit. In unserer Küche öffnen sie die Schubladen des Küchenbuffets. Keiner von uns traut sich zu fragen, was sie suchen. Nur unser Kanarienvogel oben auf dem Schrank piept aufgeregt. Da nimmt einer der Männer vorsichtig den Käfig herunter. Der Vogel flattert, seine Flügel schlagen gegen die Gitter. Der Mann trägt ihn zum Fenster und sagt: »Du bist ein arischer Vogel. Du gehörst in die Freiheit.«

Die beiden Kleinen weinen. »Was fällt Ihnen ein!« Es ist die Stimme meiner Mutter, die sich das zu sagen traut. Die Gestapo-Männer haben nur darauf gewartet. »Du Judensau hältst die Fresse. Du wirst schon noch abgeholt«, sagt einer, wirft den Vogelkäfig zu Boden und zertrampelt ihn.

Kurz nach dem Besuch zieht Mutter aus. Vater sagt mir, dass sie bei seiner Mutter versteckt ist. Auch Max, der 16 ist, verschwindet. Um ihn kümmert sich eine Familie in Anrath, einem Ort etwa zehn Kilometer von Viersen entfernt. Ich will ebenfalls zu Großmutter, sie lebt in einem schönen Einfamilienhaus in Viersen. Doch Vater sagt, er brauche mich hier.

Was er mir nicht sagt, erfahre ich erst nach dem Krieg: Meine Mutter und mein Bruder hatten einen Deportationsbescheid bekommen, ich seltsamerweise nicht. Wahrscheinlich, weil ich mit elf Jahren der Obhut meines Vaters unterstand, dessen »arische Abstammung« mich und die beiden Jüngsten noch schützte. Von seinen Schwierigkeiten, Unterschlüpfe zu organisieren, den Drohungen der Geheimpolizei und seiner Weigerung vor dem NSDAP-Parteibüro, sich scheiden zu lassen – von alldem erzählte er nichts.

Zu Hause kopierte ich nun meine Mutter. Ich war ein Kind und doch erwachsen. Vater hat mir einen kleinen Holzschemel gebaut. Damit kann ich in der Küche die oberen Schränke erreichen. Ich koche, oft Kohl, ich wasche, auch beim Bügeln stelle ich mich auf den Schemel, weil die Tischkante so hoch ist. Herta füttert ihre Puppe, und Hans spielt allein mit den Bauklötzen, die Vater ihm gemacht hat. Für Spiele habe ich keine Zeit.

Wenn Vater morgens in die Firma geht, gebe ich ihm seinen Henkelmann mit, in den ich sein Mittagessen einpacke. Er verabschiedet sich immer mit den Worten: »Wenn jemand kommt und nach Mutter und Max fragt, weißt du nichts.« Hundertmal hat er es mir gesagt, als wenn ich etwas ausplaudern würde. Sogar mit Schokolade wollten die Gestapo-Männer mich einmal bestechen. Ich habe ein gutes Gespür, wann sie kommen. Manchmal ahne ich es am Morgen, dass wir heute Besuch bekommen.

Für uns gab es keinen Bunker, der öffentliche war uns verboten. Wie alle Häuser auf der Brunnenstraße hatte auch unseres keinen Keller. Bei Bombenalarm lief ich mit den Kleinen auf das Grundstück der Nachbarin. Sie war die Hebamme, die uns auf die Welt gebracht hatte. Vater hatte ihr geholfen, ein großes Erdloch auszuheben und es mit Balken und anderen Streben zu sichern. Dorthinein krochen wir, auf Knien, erst Herta, dann Hans und dann ich. Die Scheinwerfer der Flak vom Bahnhof und von Mannesmann erleuchteten den Himmel. In einer Nacht im Sommer 1944 wurde Mönchengladbach besonders schwer von den Engländern getroffen.

Am Morgen nach dem Angriff steht Max vor der Tür. Ich freue mich, ihn zu sehen, sage aber sofort: »Was machst du hier? Du musst verschwinden, bevor man dich sieht.« Max hebt die Schultern, er sieht müde aus, ist aber froh, dass wir noch leben. »Ich wollte mal nach euch sehen.« Ich sage ihm, er solle besser nicht hereinkommen. Bei ihm bin ich nie sicher, ob er die Gefahr versteht. Auf unserer Straße stehen ein paar Jungen in seinem Alter. Max kennt sie und geht zu ihnen.

In dem Moment biegen Gestapo-Leute um die Ecke.

Ich erkenne ihre schwarzen Ledermäntel und Hüte von der Tür aus. Ich habe keine Zeit, Max zu warnen. Bei den Jungen bleiben sie stehen. »Kennt ihr einen Max Vergosen?«, fragt einer. »Ja klar, da steht er doch«, antwortet einer der Jungs und deutet auf Max. »Hast du ein Fahrrad?«, fragt der Gestapo-Mann meinen Bruder. Der schüttelt den Kopf. »Dann leih dir eins. Du musst mitkommen zum Spatzenberg.«

Im Gegensatz zu mir begriff mein Bruder nicht, was passieren würde. Die Gestapo hatte ihm erzählt, er müsse auf der Wache nur etwas unterschreiben. Max ging tatsächlich die Straße runter zu den Schröders, die ein Fahrrad besaßen. Herr Schröder öffnete die Tür. Als Max ihm erklärte, was er vorhatte, sagte der Nachbar: »Was willst du tun? Junge, bist du bescheuert?« Ohne eine Reaktion abzuwarten, zog er Max ins Haus.

Wenig später läutete die Gestapo natürlich bei Herrn Schröder. »Der Junge Vergosen? Ist nach hinten abgehauen, so schnell konnte ich gar nicht gucken.«

Wie ich hatte auch mein Vater in dieser Zeit einen siebten Sinn entwickelt. An diesem Tag kam er in der Pause kurz von der Firma. Er sah die Gestapo an Herrn Schröders Tür. Er ging direkt auf sie zu. »Was gibt es hier?«, fragte er. »Wir suchen einen Judenlümmel, Max Vergosen. Wenn der auftaucht, kriegt er es so in die Fresse, dass ihm die Zähne im Arsch Klavier spielen.« »Bitte nicht so fest«, erwiderte mein Vater. »Das ist nämlich mein Sohn.«

Anstelle von Max borgte jetzt mein Vater das Fahrrad von Schröders. Er musste zum Unterschreiben mitkommen, noch im Blaumann gekleidet. Für mich waren es die schlimmsten Stunden. Aber er kam zurück. Auf der

Wache hatten die Polizisten eingestehen müssen, dass ihnen der Junge durch die Lappen gegangen war. »Was sollen wir mit dem Alten?«, schrie ihr Vorgesetzter. Nach einem Verhör ließen sie Vater laufen. Zu unterschreiben gab es natürlich nichts.

Max blieb versteckt, nur manchmal trieb ihn das Heimweh zu uns. Dann legte er sich zu Hans ins Bett schlafen, hungrig und müde. Wo er sich überall aufhielt, wusste ich nicht. Einmal schnappte ihn die Gestapo dann doch. Nachdem Vater ihn auf dem Spatzenberg besucht hatte, wo er in Sträflingskleidung den Hof fegte, sollte er für ihn einen Koffer packen. Er war fertig zum Abtransport. Wieder setzte mein Vater alles in Bewegung. Er hatte einen Bekannten, der als Zugbegleiter arbeitete. Der verhalf Max zur Flucht. Mein Bruder sprang auf einen abfahrenden Güterzug auf dem Nachbargleis und verschwand. Je weiter die Zeit fortschritt, umso verwegener waren seine Verstecke. Zuletzt half Max getarnt als Hitlerjunge beim Ausheben der Schützengräben im Volkssturm mit.

Im September 1944 wurden in der sogenannten Mischlingsaktion Zehntausende Halbjuden und Personen, die mit Juden verheiratet waren, für die Arbeitsorganisation Todt zwangsrekrutiert und in Lager verschleppt. Meinen Vater schützte weiterhin seine kriegswichtige Arbeit bei Schlafhorst. Er sorgte sich jedoch um uns, weshalb er auch für uns Jüngere ein Versteck organisierte.

Nachts wanderten wir die zehn Kilometer zu Fuß nach Viersen. In Großmutters Haus blieben nur meine zwei jüngsten Geschwister, für mich war es zu gefährlich. Meine Großmutter war schon sehr alt, sie war streng und katholisch. Früher war ich öfters mit ihr zum Kloster ganz in der Nähe gelaufen, wo wir mit den Schwestern einen Rosenkranz beteten oder die Maiandacht feierten. Ich mochte die Nonnen. Jetzt konnten Mutter und ich ab und an ein paar Nächte bei ihnen bleiben.

Für mich begann eine zermürbende Zeit, wie sie meine Mutter schon lange durchmachte. Ich weiß nicht, in wie vielen Betten, Dachkammern und Kohlenkellern wir schliefen, manchmal auf Matratzen, manchmal auf dem Fußboden, manchmal auf Stroh, mal mit Schlafsack, mal ohne Decke, immer woanders, nie lange.

Es schienen mir unzählige Nächte. Die Helfer waren Bekannte meiner Großmutter aus der Nachbarschaft. Tagsüber hielten wir uns bei ihr im Haus versteckt, bei Dunkelheit schlichen wir zu unserem Nachtquartier. Meist während der Bombenangriffe. Mutter war erschöpft, ich sorgte mich um sie. Sie sagte immer öfter: »Wenn sie mich kriegen, ist es eben so.« Sie wollte sich nicht länger verstecken.

Die Zeit kurz vor Kriegsende war die schlimmste. Ein Brandsatz hatte unser Haus in der Brunnenstraße in Mönchengladbach getroffen und bis auf ein paar Mauern alles vernichtet. Auch mein Vater hatte nun kein Zuhause mehr. Er versuchte uns zusammenzuhalten und ein Versteck zu finden, in dem wir alle auch vor den Bomben sicher waren. Durch einen belgischen Zwangsarbeiter erfuhr er, dass es in dem öffentlichen Bunker in der Vitusstraße eine tote Ecke gab, die durch eine Eisentür geschützt war.

Der Belgier führte uns bei Dunkelheit hin. Er hatte mit anderen Kriegsgefangenen den Bunker bauen müssen und kannte die Pläne. Wir krochen durch ein Loch im

Beton und kamen zu einer Art Abstellkammer. Eigentlich war es mehr eine abgetrennte Schräge in einer Ecke. Tagelang lagen wir auf nassem Beton. Von der Schräge tropfte immerzu Wasser. In den Boden und in die Decke der meterdicken Betonwände waren Löcher gebohrt, damit die Luft zirkulieren konnte. Mutter hatte ein paar Schüsseln aufgetrieben, das gesammelte Wasser benutzten wir zum Waschen und zum Spülen der Notdurft.

Draußen war die Hölle los. Die Amerikaner waren bereits bis nach Aachen vorgestoßen, und der Bürgermeister hatte die Stadt kampflos übergeben. Nachbarn kamen im Dunkeln und brachten uns Essen. Von ihnen erfuhren wir, was draußen vor sich ging: In Mönchengladbach wurde noch überall geschossen. Bis zu uns zogen der Rauch und der Gestank der einschlagenden Granaten. In der Stadt brannte es, und aus den Straßen, die unter Beschuss lagen, hörten wir die Maschinengewehre rattern.

Am Nachmittag ist es mit einem Mal leise. Die Stille ängstigt mich jetzt mehr als der Lärm. Keiner von uns traut sich vor die Tür. Wenig später kriecht ein Nachbar zu uns in den Bunker, der uns mit Essen versorgt hatte. »Die Amerikaner sind da!«, ruft er. Sie suchen nach uns.

Bis heute weiß ich nicht, woher sie von uns gehört hatten. Als der Jeep mit Militärpolizisten vorfuhr, hörten wir einen von ihnen auf Deutsch sagen: »Hier gibt es eine jüdische Familie mit vier Kindern. Wo sind die?« Meine Mutter hatte uns mit den Fingern durchs Haar gekämmt und notdürftig gewaschen. Aufgereiht nach Größe standen wir nun vor dem Bunker, ohne uns zu rühren. Mit nichts, aber am Leben.

Ein paar Tage nach Kriegsende betritt meine Mutter

eine verlassene Wohnung. Sie sucht eine Bleibe für uns. Über dem fremden Ehebett hängt ein gerahmtes Hitlerporträt. Mutter steigt mit Schuhen aufs Bett und nimmt es herunter. Dann schleudert sie es gegen den Bettpfosten. Das Glas splittert in tausend Stücke. Hitlers verhasste Fratze liegt zerschmettert am Boden.

Ruth Hermges ist neben ihrem jüngeren Bruder Hans die Letzte in ihrer Familie, die die Geschichte ihres Überlebens erzählen kann. Ihr Vater stirbt mit 58 Jahren, ihre Mutter mit 85. Ihr Bruder Max wird nur 63 Jahre alt, er stirbt an den Folgen eines Herzinfarkts. Herta, die Jüngste, erkrankt mit 49 Jahren tödlich an Krebs.

Nach dem Krieg zieht die Familie in einen anderen Stadtteil, alle müssen mithelfen, der Vater liegt schwer krank im Bett. Für die Schule bleibt Ruth keine Zeit.

Mönchengladbach bleibt immer ihre Heimat, hier gründet Ruth Hermges ihre eigene Familie, hier führt sie mit ihrem Mann zwei Textilgeschäfte.

Seit seinem Tod lebt sie allein und besucht auch noch mit 80 Jahren viele Schulen, um zu berichten. Hass, sagt sie, sei ein schlechter Ratgeber. Vergessen kann sie aber nichts. Als sie nach dem Krieg der BDM-Führerin, die sie aus dem Eiscafé zerrte, im Supermarkt begegnet, grüßt sie sie laut mit »Heil Hitler, Ingrid!«. »Diesmal drehten sich die Leute nach Ingrid um«, erzählt sie. »Dann war es für mich aber auch gut.«

Chaim Harald Grosser

»Wir mussten so leben, als gäbe es uns nicht.«

Als Kind musste ich immer still sein. Es gab keine Begründung meiner Mutter. Wichtig war, dass ich still war. Ich bin einmal auf dem Sofa gehopst und strauchelte. Ich fiel auf den Fußboden. Rums. Ein kleiner Kinderkörper nur. Meine Mutter war außer sich. Sie war so wütend, dass sie einen Zwirnfaden nahm, ihn mir um das Händchen wickelte und mich am Tischbein festband. Ich konnte mich zwar bewegen, aber nicht viel. Sonst schnitt der Faden ein.

In meiner Jugend trug ich ihr das lange nach. Heute weiß ich, dass meine Mutter ständig Angst hatte. Nicht um sich. Sie war robust. Sie lebte in Angst um mich – in Angst, dass man mich als jüdisches Kind enttarnt.

Ich kam 1941 als erster Sohn eines stadtbekannten Nazis zur Welt. Mein Vater war ein einfaches NSDAP-Mitglied, aber eines mit großer Klappe. Er hatte eine jüdische Frau geheiratet, ohne zu wissen, dass sie Jüdin war. Das ist meine Geschichte. Sie ist kompliziert und verschlungen. Meine Mutter erzählte sie mir später oft, in Etappen und mit vielen Lücken.

Jetzt ist es eine Geschichte, die ich fließend erzählen

kann. Eins ergibt sich aus dem anderen. In Wirklichkeit besteht sie aus vielen Fragmenten, die ich zusammengesetzt habe. Ich kann mich auf manches verlassen, auf manches aber auch nicht.

Meine Eltern lernten sich 1935 kennen. Sie trafen sich beim Schlittenfahren. Meißen hatte damals rund 45 000 Einwohner, es gab einen Berg, auf dem zwei Schulen standen, ein Gymnasium und eine Grundschule. Mein Vater besuchte das Gymnasium, und meine Mutter fuhr mit ihrem Schlitten vorbei. Als er sie sah, sprang er einfach bei ihr auf. Meine Mutter war nicht besonders hübsch, klein, sehr schlank, mit einer Nase, die schon in die Kategorie Zinken passt, und einem vorstehenden Kinn. Sie hatte aber schöne blaugraue Augen und war ein theatralischer Typ. Sie sprach mit vielen ausladenden Gesten. Meine Mutter liebte meinen Vater abgöttisch. Selbst als er sie nach dem Krieg längst verlassen hatte, rannte sie noch zu ihm, um ihn zu füttern, als er schwer erkrankt war.

Die beiden waren auf den Tag genau gleich alt. Beide sind am 12. Oktober 1912 geboren, zumindest dachte meine Mutter lange, dass das ihr Geburtsdatum sei. Bis sie 1936 die ersten Hinweise fand, dass sie gar nicht das leibliche Kind ihrer Eltern war. Als die Frau, die sie für ihre Mutter hielt, starb, entdeckte sie Liebesbriefe in einem Kästchen. Und das Bild eines Mannes, der Pejes, Schläfenlocken, unter einem Hut trug. Meine Mutter fand, sie sehe ihm ähnlich, und spürte, dass es das Bild ihres Vaters war. Er unterschrieb mit »Jehuakim« – Joachim.

In den Briefen fragte Joachim nach einem Kind,

in einem war auch ein Name erwähnt: »Hannerle.« Meine Mutter hieß Johanna, Johanna Kohl. Die Zeilen waren in einer ungelenken Handschrift geschrieben und manchmal auch ein bisschen unleserlich. Meine Mutter ging zu ihrem Vater, zu dem Mann, den sie bisher dafür hielt. Er bat sie: »Hanna, wenn du mich liebst, leg die Briefe weg. Und lese sie, wenn ich tot bin.« Kurz darauf waren die Briefe aus dem Kästchen verschwunden.

Meine Mutter konnte die Briefe nie vergessen. Sie trug ihren Inhalt auswendig im Herzen, genau wie das Gefühl, dass sie das Kind dieses Juden sei. Sie nahm sich vor, ihrem Mann, meinem Vater, davon zu erzählen.

Bis zu dem Tag, als ihre Schwiegermutter Geburtstag feierte. Meine Mutter erzählte mir diese Geschichte später oft. Es war ein Novembertag kurz nach der Reichskristallnacht.

Die Familie sitzt um den Tisch, als meine Mutter zu ihrem Schwiegervater Emil Grosser sagt: »Ich habe die Blumenhändlerin gesehen. Sie haben ihr die Schaufensterscheiben zerkloppt. Die ganzen Blumentöpfe lagen draußen. Wusstet ihr, dass sie Jüdin ist?«

Mein Großvater Emil Grosser arbeitete als Porzellanmaler, die »Porzelliner«, wie es in Meißen hieß, waren geachtete Leute. Als Abgeordneter saß er für die Deutsche Demokratische Partei im Sächsischen Landtag.

Er ist ein Liberaler und antwortet: »Aber woher soll man das auch wissen? Denkst du, man sieht den Leuten an, dass sie Juden sind?« Mein Vater aber, der seine Klappe gern aufreißt, erwidert: »Ja, und ob man das denen ansieht. Die können sich noch so verstecken. Wir werden sie finden.« Daraufhin wirft mein Großvater seinen Sohn aus dem Haus.

Draußen sagt meine Mutter zu ihrem Mann: »Gerhard, stell dir mal vor, ich wäre eine Jüdin.« Er antwortet: »Dann könnten wir nicht zusammen leben.«

»Liebst du mich denn nicht?«

»Ja, aber das ist doch was ganz anderes! Du bist eine Arierin. Wenn du eine Jüdin wärst, wärst du ganz anders.«

Von da an wusste meine Mutter, dass sie ihre Vermutungen über ihre Herkunft für sich behalten musste. Sie schwieg und lebte in ständiger Angst, dass die Wahrheit über sie rauskommen könnte.

Als 1939 der Krieg ausbrach, wurde mein Vater als einer der Ersten zum Militär eingezogen. Weil er Landvermesser gelernt hatte, schickten sie ihn zuerst nach Frankreich, wo man sein Wissen brauchte. Ich wurde wohl während eines Fronturlaubs gezeugt. Um den Jahreswechsel 1940/41, als meine Mutter mit mir schwanger war, bekam sie Besuch von einer Hebamme.

Die Hebamme hieß Frau Bürger. Sie war schon sehr alt und arbeitete nicht mehr in ihrem Beruf. Sie wollte meiner schwangeren Mutter aber etwas beichten. Frau Bürger war die beste Freundin von Martha Kohl, so hieß die Frau, die meine Mutter lange für ihre Mutter hielt. Frau Bürger und Martha Kohl kannten sich aus Dippoldiswalde, wo sie zusammen aufgewachsen waren.

Sie erzählte meiner Mutter, dass Martha Kohl tatsächlich eine Affäre mit einem anderen Mann gehabt hatte, der Joachim hieß und Jude war. Sie hatten sich auf der Hauswirtschaftsschule, wo Martha Kohl als Lehrerin ge-

Chaim Harald Grosser, geb. 1941 in Meißen

arbeitet hatte, ineinander verliebt. Die beiden hatten jedoch vernünftig entschieden. Martha Kohl war bei ihrem Mann geblieben und Joachim fortgezogen.

Sie schrieben sich über Jahre Briefe. In einem erzählte ihr Joachim, er habe eine neue Liebe gefunden, er nenne sie »Malinarek«. Sie sei eine Jüdin aus Tschechien, übersetzt hieße Malinarek »mein Himbeerchen«. Wenig später schrieb er, seine Freundin sei schwanger.

Dann, es muss im Herbst 1912 gewesen sein, erhielt Martha Kohl ein Telegramm von Joachim. Er bat sie, zu ihm zu kommen, er brauche ihre Hilfe. Als Martha Kohl von Joachim zurückkam, hatte sie das Baby der beiden bei sich. Warum Joachim und Malinarek das Kind nicht behielten, wusste Frau Bürger nicht. Sie fälschte als Hebamme aber die Geburtsurkunde, mit der Martha Kohl und ihr Mann Adolf Kohl am nächsten Tag zum Amt gehen konnten.

Adolf Kohl meldete das Kind, meine Mutter, als sein Kind an. Das Kind bekam als Geburtsdatum den 12. Oktober 1912. Kurz darauf verließen meine Großeltern Dippoldiswalde und zogen nach Meißen. Dort verliebte sich meine Mutter 23 Jahre später in einen Mann mit exakt demselben Geburtsdatum, der mein Vater wurde.

Für mich ist das nur ein Detail einer faszinierenden Geschichte. Meine Mutter hörte sie nur ein einziges Mal, von der Hebamme, die ihr Gewissen erleichtern wollte. Vermutlich hatte Frau Bürger auch Angst, dass sie einem jüdischen Kind wegen der Urkundenfälschung zu einem arischen Pass verholfen hatte.

Jedenfalls lebte meine Mutter von dieser Stunde an

gehetzt und verfolgt. Sie wusste ja nicht, wer diese Geschichte noch kannte. Bei der Familie Kohl hatte sie ältere Schwestern und einen Bruder.

Sie hatte keine schöne Schwangerschaft mit mir, im fünften oder sechsten Monat bekam sie bereits Wehen und musste wochenlang im Bett liegen. Ich kam am 22. Februar 1941 in der Geburtshilfeklinik am Ratsweinberg auf die Welt, es sei eine schmerzhafte, schwierige Geburt gewesen, wie sie mir später erzählte.

Wir wohnten damals in einer Wohnung direkt an der Elbe, zwischen den beiden Brücken am Bahnhof. Heute steht dort ein Parkhaus. Die Wohnung lag in einem zweistöckigen Familienhaus, wir wohnten in der Mitte. Unten, im Parterre, lebte Frau Schnitzlein, ihr Mann war Ortsgruppenführer, auch sie war eine überzeugte Nationalsozialistin. Über uns, im zweiten Stock, hatte ein Fahrdienstleiter sein Zimmer. Er schrieb meinem Vater bei unserem Einzug einen Brief: »Lieber Volksgenosse Grosser, ich freue mich, Ihnen mitteilen zu können, dass auch ich der Partei angehöre. Ich kämpfe hier an der Heimatfront, wünsche alles Gute. Sieg Heil.«

Unsere Wohnung war die kleinste von allen. Wir hatten eine kleine Küche, eine Stube und eine winzige Schlafkammer, wo gerade noch zwei Betten übereinander hineinpassten. Hier lebten Mutter und ich nun weitgehend zurückgezogen, so als gäbe es uns gar nicht. Stille war absolutes Gesetz. Die Wohnung sollte unbewohnt erscheinen. Seit ich auf der Welt war, verfolgte sie die Angst, uns hole gleich jemand ab. Nur Flüstern und langsam über den Fußboden zu schleichen waren erlaubt.

In der Mitte der Stube stand ein ovaler Esstisch, darum herum drapiert vier gepolsterte Stühle. Einen davon schob ich meist ans Fenster, neben die Couch, wo ich durch einen Schlitz der heruntergelassenen Rollläden hindurchsehen konnte. Ich beobachtete über einen Gemüse- und Obstgarten hinweg den hohen Bahndamm, es war die Zufahrt zur Elbbrücke.

Vor dem Haus fuhren viele Züge vorbei. Oft waren sie schwer beladen. Wenn sie über die Gleisschwellen ratterten, gab es einen ohrenbetäubenden Lärm. Sobald die Züge kamen, zog meine Mutter mich schnell vom Stuhl auf die Couch und griff sich ihre Laute, die auf dem Tisch lag. Sie schlug die Saiten an und sang dazu. Ich war vielleicht drei damals. Wenn der letzte Wagen passiert hatte, dann war das Lied zu Ende, egal wie weit wir gekommen waren. Sie legte die Laute wieder zurück auf den Tisch, und wir mussten wieder still sein. Wir machten oft Musik, es waren meine innigsten Kindheitsmomente.

Uns besuchte nie jemand. Seltsamerweise erinnere ich mich auch nicht an einen Besuch meines Vaters. Die letzten drei Kriegsjahre verbrachte er zunächst in russischer, dann in englischer Kriegsgefangenschaft. Deshalb konnte er nicht kommen, meine Mutter blieb mit ihrer Angst allein. Ein einziges Mal, ich erinnere mich genau, übernachtete eine Freundin bei uns in der Wohnung, ein paar Tage lang. Es war eine jüdische Freundin. Seltsamerweise bewies meine Mutter hier Mut und gewährte ihr Unterschlupf.

Das Wort »Abholen« oder »abgeholt werden« – ich weiß nicht mehr, ob sie sagte: »Die holen uns ab oder wir werden abgeholt« –, aber diese Formulierung »Abholen«

kannte ich schon als Kleinkind. Meine Mutter drohte mir oft damit, wenn ich weinte oder lauter sprach. In meiner kindlichen Phantasie stellte ich mir Männer vor, die mich von ihr wegzerrten.

Wenn meine Mutter aus dem Haus ging, um einzukaufen oder Kohle für den Ofen zu besorgen, sperrte sie mich in ihren Kleiderschrank. Er stand in der Schlafkammer und war eine Eichenholz-Imitation mit drei Türen. Ich wurde hinter der Doppeltür versteckt, wo die Kleiderbügel hingen. Ich saß unter den hängenden Mänteln und Kleidern, bis sie wiederkam. Die Wäsche im Schrank roch nach ihrer Seife, das beruhigte mich.

Meine Mutter verließ unsere Wohnung selten und äußerst ungern. Sie schickte meist eine ihrer Schwestern, um die Besorgungen zu erledigen. Nur in den Garten meines Großvaters Adolf Kohl gingen wir noch. Sein Schrebergarten lag am Stadtrand, dort kannten die Leute Adolf als Witwer und meine Mutter als seine Tochter, die früher im Kirchenchor gesungen hatte.

Die Neurose meiner Mutter, ich will das ruhig so bezeichnen, besserte sich im Schrebergarten. Mitten in der Stadt zwischen dem Eisenbahner und der Nazifrau im Haus hatte sie ständig das Gefühl, entdeckt zu werden. Die Sommer während der letzten beiden Kriegsjahre verbrachten wir daher mehr und mehr im Garten bei meinem Großvater. Oft kehrten wir erst nach Hause zurück, wenn es draußen dunkel war.

Ich war sehr gern im Garten, dort standen eine Laube mit einem Spalier von Rosen und ein Zaun mit breiten Latten zum Nachbargarten, auf dem ich wie auf einem Pferd ritt. Es gab ein Gemüsebeet, das ich gießen half, und auch Apfelbäume, von denen ich mir die reifen Äpfel runterschütteln durfte.

Hungern musste ich erst nach dem Krieg, dann aber wie verrückt. In der einsamen Zeit versteckt in der Wohnung hatten wir zwar manchmal wenig zu essen, doch sobald es etwas gab, bekam ich zuerst.

Neben dem Garten verlief ein Bach, der im Hochsommer versiegte. Es war mein Lieblingsort, mit meinem Großvater Adolf Kohl spazierte ich manchmal den Bachlauf entlang. Er war ein guter Mensch, damals schon alt. Wir liefen und schwiegen, obwohl ich dort draußen endlich einmal hätte laut sein können. Aber ich war ein stilles Kind.

In der Gartenanlage gab es keine anderen Kinder, meine Mutter mied auch den Kontakt zu anderen Leuten. Ich spielte immer alleine. Als ich nach dem Krieg für kurze Zeit in den Kindergarten kam, war das für mich eine Katastrophe. Ich konnte nichts mit anderen Kindern anfangen. Ich war immer nur mit meiner Mutter zusammen gewesen.

Es muss Ende 1944 oder Anfang 1945 gewesen sein, noch vor der Bombennacht in Dresden, als ich mit meiner Mutter allein in unserer Wohnung bin.

Ich höre, dass jemand die Wendeltreppe in unserem Haus hochgeht. Wie immer in diesen Momenten versuche ich, mich absolut geräuschlos zu bewegen. Ich sehe, wie unter unserer Wohnungstür ein Zettel durchgesteckt wird. Ich hebe ihn auf und bringe ihn Mutter, die ihn liest. Sofort wird sie hektisch, am Aschekasten des Ofens schmiert sie sich mit Ruß ein, setzt eine Brille auf. Mir zieht sie ein Kleid über und bindet mir ein

Kopftuch um. Dann zieht sie die Wohnungstür hinter uns zu.

Draußen ist es dunkel, wir laufen an der Elbe entlang. In meiner Erinnerung weint meine Mutter.

Ich war erst vier Jahre, aber die Szenen dieser Nacht sind mir geblieben. Wie ein Theaterstück, in dem sich Idylle und Katastrophe beständig abwechseln. Auf dem Zettel stand, wie ich heute weiß: »Ihr müsst weg.«

Noch heute denke ich oft über diesen Zettel nach: Wer schrieb ihn, und was bedeutete er?

Er konnte als Drohung oder Warnung verstanden werden: »Ihr elenden Juden, ihr gehört abgeschafft.« Oder aber auch: »Ihr müsst euch verstecken, flieht.« Und noch eines beschäftigt mich: Nach unserer Flucht aus der Wohnung wurde diese aufgelöst, so wie das damals bei Judenwohnungen gemacht wurde. Als wir nach dem Krieg zurückkamen, hatte man all unsere Sachen versteigert. Unsere Bettwäsche und den Radioapparat fanden wir bei den Nachbarn wieder.

Nach dem überstürzten Aufbruch biegen wir von der Elbe ab in eine Gasse. Vor einer Tür hält meine Mutter an. Vater Potzka, ein Freund meines Großvaters Adolf Kohl, öffnet auf Mutters Klopfen. Er erkennt sie trotz ihrer Verkleidung an der Laute, die sie unter dem Arm trägt. Sie hält ihm den Zettel hin: »Wo sollen wir denn hin?« Er antwortet: »Aber ihr seid doch schon da!«

Vater Potzka war ein Sozialdemokrat und nahm uns spontan auf. Er stellte keine Fragen. Ich denke nicht, dass meine Mutter einen Fluchtplan mit ihm abgesprochen hatte.

Bei ihm lebten wir einige Wochen lang, in der Wohnung gab es nur eine Schlafstube und ein Wohnzimmer. Wir teilten uns seine Lebensmittelkarten. Weil er der Chef der Meißner Post war, bekam er mehr Marken als andere. Aber wir waren zu viert. Er hatte eine Frau, zum Essen saßen wir gemeinsam in der Küche. Wo wir schliefen, habe ich vergessen. Nur dass wir einen Eimer statt eines Nachttopfs hatten. Die Toilette lag eine halbe Etage tiefer, im Haus sollte uns niemand sehen.

Einmal klopfte es, und zwei Soldaten kamen zu Potzkas in die Wohnung. Sie mussten wegen der Lichtleitung etwas nachmessen. Dazu gingen sie in die Schlafstube, in der Mutter und ich uns im Schrank versteckt hatten. Einer der Soldaten war Tischler, ihn interessierte die Verarbeitung des Schrankes. Er bat Frau Potzka, die Tür von innen ansehen zu dürfen. Sie öffnete die Tür zum Wäschefach, konnte aber verhindern, dass er die beiden Mitteltüren aufmachte. Ich saß zwischen den Beinen meiner Mutter. Sie hatte die Knie angezogen und mich mit dem Rücken an ihren Körper gepresst.

Erst im Frühjahr, kurz vor dem offiziellen Kriegsende, verließen wir das Versteck bei Potzkas. Als wir zu unserer Wohnung kamen, war sie versiegelt. Die Russen kochten im Vorgarten in unserer Zinkbadewanne ein halbes Schwein. Sie brachten auch mir etwas zu essen.

Mein Vater kehrte erst ein halbes Jahr nach Kriegsende aus der Gefangenschaft zurück. Erst dann erzählte ihm meine Mutter die ganze Geschichte. Er war ein anderer Mann: »Das, was wir an Schuld auf uns geladen haben, können wir nie wiedergutmachen«, sagte er. »Wir können arbeiten, arbeiten, arbeiten. Aber gutmachen können wir es nicht.«

Für mich war die Zeit nach dem Krieg besonders scheußlich. Dadurch, dass unsere Wohnung aufgelöst worden war, fragten sich die Nachbarn, was wir für Leute seien. Einige ahnten wohl, dass ich jüdisch war. Ich fühlte mich unter Menschen nicht wohl. Es dauerte lange, bis ich meine Erlebnisse ausgleichen konnte.

Mit seinem 1948 geborenen Bruder spricht die Mutter von Harald Grosser nie über ihre Geschichte. Es ist Harald Grosser, der dem Bruder von ihren jüdischen Wurzeln erzählt. Lange spielt das Judentum für Grosser keine Rolle, er wächst in der DDR auf. Wie sein Großvater väterlicherseits lernt er in einer Porzellanmanufaktur in Meißen. Nach dem Mauerbau übt er die verschiedensten Berufe aus – er arbeitet als Soziologe, später beim DDR-Rundfunk und auch als Krankenpfleger in einem Altersheim.

Erst nach dem Tod seiner Mutter 1995 findet Harald Grosser den Weg zum Judentum. Seit ein rabbinisches Gericht ihn als »Jude von Geburt« einstufte, nennt er sich Chaim. Heute ist er an einer Schule und unterrichtet Kinder in der Kunst der Keramik. Dabei erzählt er ihnen auch gerne aus seinem Leben. Chaim Harald Grosser trifft sich regelmäßig mit anderen Mitgliedern der Child Survivors, einem Verein von jüdischen Überlebenden.

Ruth Winkelmann

»Berlin ist meine Stadt,
ich wollte sie mir nicht nehmen lassen«

Wir stehen auf einem Treppenabsatz in der Großen Hamburger Straße. Wir, das sind ich und meine Mutter mit meiner kleinen Schwester Eddi. Wir warten. Ich habe kein gutes Gefühl. Früher war an diesem Ort das Jüdische Altenheim Berlins. Jetzt versammeln sie hier viele Leute. Es sind Juden wie wir: alte Leute, eine Frau an Krücken, Kinder. Sie alle warten.

Heute weiß ich, wir alle warteten auf unseren Abtransport in den Osten. Die Große Hamburger Straße war ein Sammelplatz für Juden.

Ein Beamter in SS-Uniform stellt sich vor uns hin: »Sind das hier Ihre Kinder?«, fragt er meine Mutter, sein Blick hart, sein Ton scharf. Meine Mutter nickt stumm. »Was sind denn Ihre Kinder blutsmäßig?« Ich verstehe, worauf er hinauswill. Zu viel habe ich inzwischen gehört und erlebt. Ich weiß, wir Juden sind schuld, dass Deutschland den Ersten Weltkrieg verloren hat, schuld an der Arbeitslosigkeit, wir sind Ungeziefer, Ratten, Parasiten, die man ausmerzen soll.

Ich sehe meiner Mutter an, wie sie versucht, ruhig zu bleiben. »Meine Kinder sind Mischlinge ersten Grades.«

»So, so«, sagt der Beamte und zieht die Augenbrauen hoch. »Das müssen wir überprüfen!«

Ich hatte immer Glück. Mindestens fünfmal war ich an einem Ort, der mein Ende hätte sein können. An der Sammelstelle, bei der Arbeit in der Uniformfabrik. Gestapo, Bomben, Panzer – ich konnte ihnen entgehen. Mein eigenes Können war es nicht. Es war wohl Zufall und ein wenig Mut. Ich habe überlebt.

Heute heiße ich Ruth Winkelmann. Meine Mutter war Christin, mein Vater Jude. Ende des 15. Jahrhunderts, als in Spanien jüdische Bürger zur Emigration gezwungen waren, sind meine Vorfahren in die Gegend von Berlin gekommen. Sie gehörten zu einer der ältesten jüdischen Familien Berlins. Eine Zeit lang betrieben sie das Restaurant im Roten Rathaus, und mein Großvater väterlicherseits handelte mit Vieh. Die Frauen der Familie waren sehr emanzipiert.

Meine jüdische Großmutter, Ernestine Jacks, gründete Anfang der 1920er-Jahre einen Schrotthandel in Berlin, mitten auf der Fischerinsel. Auf dem Tor zum Hof stand in großen Buchstaben: Ernestine Jacks. Mit einem Punkt am Ende. Das beeindruckte mich schon als Kind. Genau wie meine Oma. Sie war gerade mal einen Meter fünfzig. Wenn sie in der Firma die Abreißer, Männer mit großen Muskeln, herumkommandierte, schien sie riesengroß. Ich war sehr stolz auf sie. Seit mein Großvater, ihr Mann, bei einem Gasangriff im Ersten Weltkrieg erblindet war, führte sie die Geschäfte. Von ihren acht Kindern arbeiteten alle vier Söhne mit im Betrieb. Auch mein Vater Hermann Jacks. Sie rissen Fabriken ab, verkauften alles Brauchbare weiter. Mein Opa war ein guter Turner, auch nach seiner Erblindung. Er war über zwei Meter groß. Wenn er und meine Oma nebeneinander standen, waren sie ein komischer Anblick.

Meine Mutter arbeitete als Kindermädchen. Wie mein Vater kam sie aus einer großen Familie. Auch in ihrer Familie waren alle sportlich. Auf beiden Seiten gab es Turner, Leichtathleten und Handballer. Der Sportverein war ihr Zuhause. Dort verliebten sich meine Eltern ineinander.

Meine jüdischen Großeltern waren über die Liaison nicht glücklich, eine Christin und noch dazu aus bescheidenen Verhältnissen. Doch mein Vater weigerte sich, die Frau, die er liebte, aufzugeben. Daraufhin warfen sie ihn aus der Firma und sprachen kein Wort mehr mit ihm. 1927 heirateten meine Eltern. Meine Mutter trat davor zum Judentum über, was meine Großeltern aber nicht versöhnte. Erst als ich 1928 auf die Welt kam, nahmen sie meine Mutter an.

Meine Kindheit verlief in den ersten Jahren ziemlich normal. Ich hatte eine wunderbare Familie, die mich liebte, frei und selbstbewusst erzog. Das half mir durch mein Leben. Auch dank dieser Selbstsicherheit überlebte ich.

Meine Familie war nicht besonders religiös. Mein jüdischer Großvater war ein stolzer Deutscher, ein Preuße. Erst kam der Staat, dann lange nichts, dann die Familie. Er hatte Deutschland sein Augenlicht geopfert und sich nie beklagt. Sein Eisernes Kreuz und sein Verwundetenabzeichen trug er an Feiertagen an seinem Jackettrevers. Meine Großmutter war ebenso preußisch wie er. 1918 bekam sie das Kriegsverdienstkreuz als Rotkreuzschwester.

Deshalb wurden beide später nicht nach Auschwitz, sondern nach Theresienstadt deportiert.

Ich bin fünf Jahre alt, als sich meine Welt verändert. Mein Vater, meine Mutter und ich waren zusammen mit einem nichtjüdischen Freund an die Ostsee gefahren. Wir hatten zwei Zelte aufgebaut und saßen vor einem Lagerfeuer in der Mitte. Aus dem Dunkel treten zwei SA-Männer in den Feuerschein, grüßen: »Heil Hitler.« Sie schauen meinen Vater an. Einer der Männer sagt zu ihm: »Sie wissen, dass Sie hier kein Feuer machen dürfen.« Mein Vater bleibt stumm. Sein Freund antwortet, er arbeite beim Roten Kreuz als technischer Nothelfer: »Das Feuer ist vom Wasser aus doch nicht zu sehen. Wir passen auf, damit wir die Schiffe nicht irritieren.«

»Na, ihr Großstädter wisst ja immer alles besser!«

»Komm, lass gut sein«, meint sein Begleiter.

Die beiden verschwinden im Dunkel. Mein Vater sieht verängstigt aus. Ich habe ihn noch nie so gesehen. Das macht mir Angst. Als er sich wieder gefasst hat, sagt er zu meiner Mutter: »Das war unser letzter Urlaub. Ich will euch nicht noch einmal in so eine Situation bringen. Wir müssen jetzt unauffälliger sein.«

Das ist meine erste Kindheitserinnerung.

Meine Eltern wollten noch vor 1933 nach Israel auswandern. Meine Großeltern weigerten sich, ihnen dafür Geld zu geben. Sein Vaterland wegen ein paar Rabauken zu verlassen, das empfand mein Großvater als Verrat. Später bereute er diese Einstellung.

Mit sechs Jahren kam ich auf die Schule. Ich ging in die jüdische Mädchenschule in der Auguststraße. Ich liebte meine Schule. Ich hatte eine ganz junge Klassenlehrerin. Wir waren 20 Mädchen. Wenn jemand etwas Besonderes zum Essen mitbrachte, legten wir alles zusammen und teilten.

Einmal, in der Rechenstunde, darf ich vor zur Tafel gehen. Ich halte die Kreide in der Hand, 6 mal 6, ich will gerade die Zahlen an die Tafel schreiben, da geben meine Beine nach. Ich fühle mich heiß an, mir ist schlecht und ich bin unendlich müde. Zu Hause kann ich acht Tage nicht sprechen, habe keinen Stuhlgang, kann kaum Wasser lassen. Der Arzt nennt es Veitstanz. Es ist eine Art Nervenfieber. Wie gelähmt liege ich im Bett. Der Körper schmerzt. Ich vermisse meine Mitschülerinnen. Das einzig Schöne in dieser Zeit: Ich bekomme eine Schwester. Wir nennen sie Eddi. Das Baby ist blond mit blauen Augen. Ganz anders als ich. Ich bin sehr verliebt in sie.

Die Monate meiner Erkrankung zogen sich endlos hin. Am Ende waren es zwei Jahre, bis ich endlich wieder in die Schule durfte. Mein Vater fuhr mich ab da jeden Tag hin. Auch am 9. November 1938.

Wie immer laufen wir zum Haus der Großeltern, um den großen Laster zu holen. Zu dritt steigen wir vorne ein. Mein Vater am Steuer, ich sitze neben meinem Opa. Auf der Allee in die Stadt hinein suche ich wie üblich nach meinem Lieblingsbaum. Er hat die Form eines großen Bären. Wir biegen in eine Einkaufsstraße ab. Durch die Frontscheibe sehe ich zerstörte Geschäfte. Ein Stuhl liegt auf der Straße. Quer über ein Ladenfenster lese ich in weißer Farbe: Jude. In der Gartenstraße sehe ich einen Mann mit Schläfenlocken und schwarzem Gehrock. Zwei SA-Leute halten ihn fest. Mit einem Pinsel malen

Ruth Winkelmann, geb. 1928 in Berlin

sie einen Stern auf seinen Mantel. Zuerst vorne, dann auf seinen Rücken. Mein Vater fährt langsam, spricht kein Wort. Nur mein Großvater, der blind ist, fragt mich die ganze Zeit, was ich sehe. Ich bin sein Auge.

In der Auguststraße laufe ich schnell in die Schule. Wir Schülerinnen werden in die Aula geholt. Alle sprechen durcheinander. Der Direktor sagt: »Mädchen, die Schule ist umstellt. Wir müssen jetzt ruhig bleiben.« Von draußen hören wir Rufe, etwas prallt auf den Steinboden unseres Hofs. Zum Glück ist er von innen verbarrikadiert. Keiner kann rein, wir aber auch nicht raus. Die Lehrerinnen versuchen, vor uns ruhig zu bleiben. Ich höre aber, wie sie sich leise darüber unterhalten, was zu tun sei. Unsere Lehrerin hat eine Idee: der Dachboden.

Unsere Schule fügt sich in eine Häuserzeile. Über den Dachboden ist sie mit den anderen Wohnhäusern verbunden. Wir gehen nach oben. Der Dachstuhl ist mit Holzbrettern ausgelegt. Durch die Türe steigen wir in das Nachbarhaus, immer in Paaren. Dabei halten wir uns an den Händen. Ich gehe zusammen mit meiner Cousine Lilly Jacks. Wir durchqueren mehrere Häuser, bis es nicht mehr weitergeht. Dort steigen wir die Treppe nach unten. Hier ist die Straße ruhig. Ich renne zur S-Bahn. In unserem Vorort steige ich aus. Hier scheint es, als hätte ich nur geträumt. Alles ist friedlich, meine Mutter hat von den Pogromen nichts mitbekommen.

Am Abend kam es zu einer großen Diskussion zu Hause. Meine Großeltern, die meinten, Hitler, dieser Anstreicher, werde sich nicht lange halten, waren erschüttert.

Jeder Tag brachte uns Juden neue gesetzliche Verschärfungen: Vater musste den Führerschein abgeben. Der Schrottplatz musste verkauft werden. Schließlich auch unser großes Haus. Der Erlös kam auf ein Sperrkonto, von dem die Familie nur 200 Mark im Monat abheben durfte. Ohne Geld konnten wir nicht mehr weg. Es war zu spät.

Das Haus meiner Großeltern wird als erstes zwangsgeräumt. Sie müssen in die Torstraße umziehen, in ein Judenhaus. Als in unserem großen Haus die Kisten und Möbel gepackt sind, versammelt sich zum Abschied die ganze Familie – 20, 30 Leute. Im Garten steht noch das große Reck, auf dem mein Großvater immer geturnt hat. Mein Onkel versucht meine Großeltern zu trösten, sagt: »Schade um das Reck. Aber der Opa, der ist ja schon 72. Da wird's mit der Turnerei schon weniger.« Meine Großmutter ruft: »Aber die Riesenwelle, die geht noch!«

Wir Kinder sind begeistert, betteln: »Komm Opa, zeig uns die Riesenwelle, bitte!« Mein Opa zieht seine Turnkleidung an. Die enge weiße Hose, dazu das Turnerleibchen. Er macht ein paar Kniebeugen, atmet ein paar Mal durch. Er lässt sich an die hohe Stange hängen. Sein langer Körper pendelt einige Male hin und her. Dann holt er richtig Schwung. Sein Körper kreist um die Stange. Es ist die perfekte Riesenwelle. Wir Kinder schreien. Die Erwachsenen klatschen und jubeln. Mein Großvater schwingt immer weiter. Er ist noch einmal ein junger Mann. Ich fühle und ich glaube, wir alle fühlen: Es ist ein Abschied für immer.

Noch im selben Jahr holten sie Oma und Opa ab. Sie kamen nach Theresienstadt. Ich sah sie nie wieder.

Meine Mutter bekam, da sie konvertiert war, fälschlicherweise eine jüdische Kennkarte. Wir bekamen einen neuen Pass. Beide hießen wir jetzt Sara. Nach vielen Behördengängen konnte meine Mutter die Streichung des Namens Sara in ihrem Pass erreichen. Ich war 13 Jahre alt, als eine neue Verordnung mein Leben noch schwerer machte. Ich musste den Stern tragen. Meine Schwester Eddi war noch zu klein. Jetzt war ich gezeichnet. Jeder konnte ihn sehen. Ich hasste den Stern. In meiner Straße versperrten mir ein paar Nachbarkinder den Weg. Mehr passierte aber nicht.

Eines Tages sitzt meine Mutter mit Tränen in den Augen in der Küche. Ein Brief liegt vor ihr auf dem Tisch. »Hier steht«, stammelt sie, »dass Papas und meine Ehe geschieden ist.« Ich verstehe nicht. Wie ist das möglich?

Ein Beamter, ein Herr Papenfuß, hatte meinen Eltern die Scheidung empfohlen. Damit sollten wir Kinder die Chance haben, »arisiert« zu werden. Die Scheidung meiner Eltern beruhte auf ihrem eigenen Entschluss. Der Scheidungsantrag wurde ganz schnell genehmigt. Durch die Scheidung war mein Vater ab Sommer 1942 ohne jeglichen Schutz. Unsere »Arisierung« klappte trotzdem nicht. Wahrscheinlich war die ganze Sache nur eine Finte des Beamten.

Ein paar Tage später umarmt mich mein Vater, bevor er zur Arbeit geht. Das macht er sonst nie. Meine Mutter steht vor dem Kleiderschrank, zieht einen Koffer hervor. »Wir ziehen in die Pappelallee. Du, Eddi und ich.« »Und Vati?«, frage ich. »Vati wohnt jetzt woanders. Das ist das Beste für euch.« Und wieder verstehe ich nichts.

Unsere neue Wohnung liegt in einem heruntergekommenen Mietshaus. Mit uns wohnen ein Leierkastenmann, Kommunisten, Prostituierte und Arbeiter, alles einfache Leute. Von ihnen haben wir nichts zu befürchten.

Kurz nach dem Umzug bekomme ich einen Brief, wie der Rest der Familie Jacks, der noch nicht deportiert worden ist. Ich werde zur Zwangsarbeit eingezogen. Meine Schule ist aufgelöst. Ich darf nicht mehr lernen. Ich bin 14 Jahre. In der Firma Michalski bessere ich Uniformen aus. Ich nähe Stoffstücke auf, flicke Risse. Manche Uniformen haben Einschusslöcher und Blutspuren. Trotz des Waschens bleiben sie sichtbar.

Mit mir arbeiten Italiener, Ukrainerinnen und andere Juden. Die Frauen legen ihre Babys unter die Maschinen, wo sie schlafen. Auch ich darf mich am Tag eine Stunde hinlegen. Ich bin noch ein Kind. Durch die ständigen Bombenangriffe bin ich völlig übernächtigt. Michalski, der Fabrikant, behandelt seine jüdischen Arbeiter gut. Vielleicht schützt er uns auch.

Meinen Vater sehe ich nur selten. Er arbeitet als Schlosser. Ende Februar 1943 kommt die SS zu seiner Arbeitsstelle. Sie nehmen ihn mit und schicken ihn nach Auschwitz-Monowitz, wo die IG Farben synthetisches Benzin auf einem riesigen Fabrikgelände produziert. Monatlich kommt eine Postkarte von ihm in die Pappelallee. »Was macht ihr? Wie geht es euch gesundheitlich? Mir geht es so weit gut.« Auch im Juni 1943 kommt eine Karte, danach keine mehr. Jeden Morgen sehe ich als Erstes in den Briefkasten.

März 1943. Meine Mutter geht Lebensmittelkarten für uns holen. Sie will meine Schwester und mich nicht alleine in der Wohnung lassen. Sie bringt uns zu ihrer älteren Schwester, Tante Grete, die in einer Behörde arbeitet. Tante Grete ist deutsche Beamtin. Wie immer, wenn ich zu ihr gehe, trenne ich den Stern ab.

Wir sitzen in der Küche und spielen Schwarzer Peter. Eddi hat nur noch wenige Karten, ich halte den Schwarzen Peter. Gerade will sie ziehen, als es läutet. Zwei Beamte kommen in Begleitung meiner Mutter herein. »Das sind meine Kinder«, sagt meine Mutter. Sie zeigt auf Eddi und mich. »Nee, nee, so einfach geht das nicht. Die Kinder müssen mitkommen!«

Sie bringen uns mit einem Auto in die Sammelstelle in der Großen Hamburger Straße. Wir stehen auf einem Treppenabsatz. Wir warten. Ich habe kein gutes Gefühl. Mit uns sind viele Leute. Sie alle warten.

In diesem Moment drängt sich eine Frau durch die Warteschlange die Stufen hoch. Ihre Absätze sind deutlich zu hören. Neben ihr ein Junge in HJ-Uniform. Dahinter folgt ein Mädchen mit gelbem Judenstern, auf dem Arm trägt sie ein Baby. Noch heute sehe ich die drei vor mir. Der Beamte schaut irritiert auf. »Was ist denn das? Hat jemand schon einmal so einen Mischmasch gesehen?«

»Wissen Sie«, sagt die Frau, »bei mir ist das etwas kompliziert. Der stramme Junge hier, der kommt von meinem ersten Mann. Die hübsche Kleine ist von meinem zweiten, ein Jude. Und das Dritte hier …«

Der Beamte lässt sie nicht ausreden. »Schluss jetzt! Was für ein Durcheinander!«

Er verliert die Geduld. Die Menschenschlange hinter uns ist weiter angewachsen. Er ruft einen Untergebenen: »Schaffen Sie mir das Pack vom Hals und stellen Sie Passierscheine aus.« Er deutet auf meine Mutter: »Und für die auch. Zwei Erwachsene und die Kinder.« Beim Rausgehen höre ich noch, wie er »verdammte Bälger« murmelt.

Es ist März 1943, und ich, Ruth Sara Jacks, 15 Jahre alt, bin gerade der Deportation entkommen.

Zurück in die Pappelallee wollen wir nicht gehen. Das ist zu gefährlich. Wieder klopfen wir bei meiner Tante Grete: »Wir brauchen ein Versteck.« Zuvor haben wir bei den engsten Freunden meiner Mutter angerufen. Keiner ist bereit, uns aufzunehmen. Alle haben Angst.

Tante Grete gießt uns einen Tee auf. Wir überlegen. Keiner sagt etwas. Eddi hustet. Sie hat eine Erkältung. Vielleicht fällt meiner Tante deswegen etwas ein: »Sag mal, du gehst doch immer zu Herrn Lindenberg von der Krankenkasse«, sagt sie zu meiner Mutter. »Der hat doch ein Auge auf dich geworfen.«

Leo Lindenberg war bei der Krankenkasse in Wittenau angestellt. Als meine Mutter nach der Geburt von Eddi zu ihm ging, um das »Wochengeld« und später das »Stillgeld« zu beantragen, begrüßte er sie jedes Mal überschwänglich. Einmal hatte er ihr Hilfe angeboten. Meine Mutter kannte ihn nicht gut. Ihr war es unangenehm, ihn um etwas zu bitten. Doch es gab keinen anderen Ausweg. Sie fuhr zu ihm, und Leo Lindenberg war sofort bereit, uns aufzunehmen. Er selbst sollte in einigen Tagen zum Militär. Er bot uns seine Laube an.

Sie lag in einer Laubenkolonie in der Stadt. Ein kleiner Garten mit Obstbäumen, das Holzhaus hatte er selbst gebaut. Im Innern roch es modrig. Durch die Fenster kam kaum Licht. Schmutzige Wäsche lag eingeweicht in großen Schüsseln. Sie waren einfach unter das Bett geschoben.

Die ersten Tage räumten wir, so gut es ging, auf. Damit meine Mutter ihre Lebensmittelkarten weiter bekam, blieben wir offiziell in der Pappelallee angemeldet. Obwohl ich mich in der Laube versteckte, ging ich weiter zur Uniformfabrik Michalski. Den Stern heftete ich immer erst kurz vor dem Fabriktor an meinen Mantel.

In der Kolonie versteckten sich mehrere Untergetauchte. Nicht nur Juden, sondern auch Kommunisten. Sie blieben, wie wir, unsichtbar. Bis Kriegsende wussten wir nichts voneinander.

Viel später stöberte ich in alten Papieren meiner Mutter. Ich musste erst über 70 Jahre werden, bis ich es erfuhr: Ich hatte mehrere Vorladungen von der Gestapo bekommen, adressiert an die Pappelallee. In einer wurde ich aufgefordert, mich in der Burgstraße 28, Judenreferat der Gestapo, einzufinden. Meine Mutter hatte die Schreiben wohl im Briefkasten gefunden. Sie hat sie mir nie gezeigt. Auch nicht nach dem Krieg.

In der Laubenkolonie wurde es Sommer. Vor dem Fenster wuchsen Dahlien, drinnen wurde es unerträglich heiß. Ich war jung und wollte raus aus dem stickigen Schuppen. Ein paar Kilometer weiter gab es ein Freibad. Es lag in Lübars, einem Dorf mit Pferdehöfen und Kopfsteinpflaster. Ich fuhr am Wochenende in der S-Bahn ohne Ausweis dorthin. Ich wurde nie kontrolliert. Doch erst im Schwimmbad fühlte ich mich sicherer. Dort war ich ein ganz normales Mädchen. Ich spielte Völkerball mit anderen Kindern und verabredete mich mit den Mitspielern für den nächsten Tag. Seit Langem war ich wieder Teil einer Gruppe. Ich hatte das Gefühl fast vergessen. Diese Tage waren für mich die schönsten während des Krieges.

Kurz vor Weihnachten 1944 ging ein Gerücht um: Die Gestapo suchte nach jüdischen Arbeitern in Betrieben. Meine Mutter war auf ihrer Arbeitsstelle bereits kontrolliert worden. Ich fürchtete mich vor einer Kontrolle. Ein Arbeitskollege von mir brachte mich auf eine Idee: Ich musste krank werden. Er nannte mir den Namen eines Arztes, der mit einer Jüdin verheiratet war. Ihm könne ich vertrauen. Doktor Simon.

Ich sitze bei Doktor Simon in der Praxis. Er sagt: »Sie brauchen eine Blinddarmentzündung. Die ist immer gut.« Nur, wie bekomme ich so etwas? Er empfiehlt mir, halb rohe Kartoffeln zu essen. Ich halbiere drei Kartoffeln, koche sie kurz. Es müssen große Stücke sein. Ich darf sie nicht kauen, fast bleiben sie in meiner Kehle stecken. Ich würge ein paar Mal. Ich schaffe es. Doch nichts regt sich. Mein Bauch wird nicht hart, ich habe keine Schmerzen.

Im Jüdischen Krankenhaus drückt ein Arzt auf meinem Bauch herum. Doktor Simon hat mir geraten, laut aufzustöhnen. Ich kann ihn überzeugen. Er stellt die Diagnose: akute Blinddarmentzündung. Am nächsten Tag schon werde ich operiert. Insgesamt dreimal reißt Doktor Simon die Wunde auf. Mein Körper heilt zu schnell. Die Gestapo ist immer noch in den Betrieben unterwegs. Ich schaffe es, drei Wochen im Krankenhaus zu bleiben.

Die tiefe Narbe ist noch heute zu sehen.

Im Winter 1944/1945 hängen Eiszapfen am Fenster. Auf dem Dach und an den Holzwänden bildet sich eine Schicht aus Eis, das die Laube innen zu einem Gefrierschrank macht. Wir haben nichts zum Heizen. Wenn es vor Kälte nicht mehr auszuhalten ist, ziehen wir zurück in die Pappelallee. Wir wissen um das Risiko. In der Laube zu erfrieren ist aber auch keine Alternative.

Am schlimmsten ist es für Eddi. Meine Mutter und ich gehen während des Tages arbeiten. Eddi bleibt alleine in der Hütte zurück. Trotzdem weint sie kaum, sie ist ein ausgeglichenes Kind. Stundenlang spielt sie mit ihrer Puppe. Abends bin ich zu müde, ihr Lesen und Schreiben beizubringen. Sie darf nie eine Schule besuchen.

Zuerst bekommt Eddi schlimmen Husten und dann hohes Fieber. Als wir auch deswegen in die Pappelallee ziehen, ist Eddi bereits sehr krank. Doktor Simon diagnostiziert Diphtherie. Meiner Mutter rät er, sie solle Eddi sofort ins Jüdische Krankenhaus in der Iranischen Straße bringen. Sonst werde sie sterben.

Ein Bombenangriff hat die Straßenbahn zerstört. Meine Mutter läuft mit Eddi den weiten Weg zu Fuß. Im Jüdischen Krankenhaus liegt Eddi nassgeschwitzt unter einer weißen Decke. Penicillin gibt es keines. Es ist Freitag. Am Sonnabend wollen wir sie besuchen. Als wir kommen, reinigt eine Frau mit Mundschutz den Nachttisch. Das Bett ist leer. Ich kann es nicht glauben. Lange Zeit höre ich noch ihre Stimme. Eddi war ein Teil von mir. Jetzt ist sie tot. Drei Tage vor ihrem Tod hatte sie noch Geburtstag, am 4. März 1945 stirbt sie. Eddi wird nur acht Jahre alt.

Viele Jahre später, 1968, fahre ich das erste Mal auf einem Schiff nach Israel. Ich habe Sehnsucht nach dem Land und will zwei Cousinen besuchen, die im Kibbuz leben. Als wir von Italien ablegen, muss ich weinen.

Am ersten Abend auf der Fähre kann ich nicht schlafen. »Komm«, sage ich zu meinem Mann, »lass uns an der Bar etwas trinken.« Wir bestellen zwei Orangensäfte. Der Barkeeper schaut mich seltsam an.

»Wir kennen uns doch?«

»Nein«, antworte ich, »sicher nicht.« Und füge zum Spaß an: »Wenn wir uns getroffen hätten, wären Sie mir nicht aus dem Kopf gegangen.«

Der Mann sieht sehr gut aus, ist genau mein Typ. Er dreht sich mit dem Rücken zu uns und mixt einen Cocktail. Zu mir sagt er nichts mehr.

Am nächsten Abend setze ich mich auf den Hocker zu ihm an die Bar. Er sagt leise: »Ich weiß es jetzt. Ich kenne deinen Vater, Hermann Jacks. Wir schliefen gemeinsam in einer Baracke in Auschwitz-Monowitz. Dein Vater hat sich um mich wie um einen Sohn gekümmert. Wenn du läufst oder sprichst, sehe ich ihn vor mir.«

Ich bin so berührt, dass ich nichts antworten kann.

Mein Cousin Willi Jacks, der Auschwitz überlebte, hatte mir nach dem Krieg von meinem Vater berichtet. Er sei in Monowitz im Sommer 1943 von der SS von einem Gerüst gestoßen worden und daran gestorben. Ich glaubte ihm nicht. Jetzt erzählte der Barmann mir genau dieselbe Geschichte. Bis heute bereue ich, dass ich ihn nicht um seinen Namen und seine Adresse bat.

Als ich viel später Auschwitz besuchte, fand ich Unterlagen, die eine andere Version bewiesen: Mein Vater hatte den Sturz überlebt und war in den Krankenbau gekommen. Im Januar 1944 wurde er aber in Auschwitz ermordet.

Ruth wird mit ihrer Mutter von der Roten Armee aus der Laube befreit. Nach 1945 versucht sie, ihren Schulabschluss nachzuholen. Für die Schulbehörde ist sie aber zu alt. Sie beginnt eine Lehre als Damenmaßschneiderin. Später arbeitet sie als Zuschneiderin für die Firma Singer. Ihre Mutter heiratet nach dem Krieg ihren Retter Leo Lindenberg.

Aus Berlin wollte Ruth nie weg. Sie heiratet, wird zu Ruth Winkelmann, bekommt einen Sohn. Trotz vieler Reisen bleibt Berlin immer ihre Heimat. Die Menschen, die ihr und ihrer Familie geholfen haben, sind für sie Grund genug, nicht alle Deutschen ihrer Generation zu verurteilen.

Ruth Winkelmann verschweigt ihre Geschichte sehr lange. 2002 sitzt sie in einem Kaffeehaus in Danzig. Eine Frau, die den Davidstern an ihrer Halskette sieht, spricht sie an. Sie unterhalten sich, und Ruth Winkelmann erzählt von ihrem Leben. Dabei wird ihr klar, dass sie jetzt über ihre Erlebnisse reden kann und es auch will. Seither besucht sie Schulklassen, um über diese Zeit aufzuklären. 2011 veröffentlichte sie ihre Erinnerungen unter dem Titel *Plötzlich hieß ich Sara*.

Hana Laufer

»Ich blieb noch lange das stille Kind aus dem Keller.«

Erst heute kann ich über meine Geschichte sprechen. Lange behielt ich sie verschlossen in mir. Zeit meines Lebens war ich ein wenig schüchtern und traurig. Als ich jung war, weinte ich viel. Meine Schulfreundinnen gingen tanzen, ich blieb zu Hause. Ich konnte nicht richtig fröhlich sein. In der Schule erzählte ich nie etwas von mir. Eine Mitschülerin, die mich kürzlich besuchte, sagte zu mir: »Hana, du warst zwar da, aber du warst nicht wirklich anwesend.«

Alles war weit weg von mir. Das ist der rote Faden in meinem Leben. Ich verspürte keine große Freude. Ich hatte Depressionen und wusste es nicht. Die Probleme anderer übernahm ich oft, als wären es meine eigenen – vermutlich weil ich während meiner Zeit im Versteck die Verantwortung für meine zwei kleinen Schwestern trug.

Die Sprache meiner Kindheit war Tschechisch.

Mein Vater wuchs in Nordmähren auf. Er hatte eine große jüdische Familie. Alle seine drei Geschwister kamen an unterschiedlichen Orten auf die Welt, denn mein Großvater arbeitete als Bahnhofsvorsteher. Die Familie lebte an immer anderen Bahnhöfen, je nachdem, wo mein Großvater von der Eisenbahnverwaltung hinversetzt wurde. Die Muttersprache meines Vaters war Deutsch. Er gehörte einer deutsch-jüdischen Minderheit an, die vor langer Zeit nach Böhmen eingewandert war.

Meine Mutter wurde in Prag geboren. Damals war Prag noch ein Teil der Österreichisch-Ungarischen Monarchie. Ihre Familie war katholisch und zählte zu den gebildeten Kreisen Prags, in denen damals Deutsch gesprochen wurde. Von ihrer Großmutter lernte sie noch ein paar Worte. Sie selbst sprach mit ihrer Mutter aber nur noch Tschechisch. Nach dem Zerfall der Monarchie war die deutsche Sprache in der Tschechoslowakei verpönt.

Meine Mutter war ein Einzelkind und konnte wunderschön malen. Ihr Wunsch, auf die Kunstakademie zu gehen, wurde nicht erfüllt. Die Aufnahmeprüfung bestand sie zwar, aber ihr Stiefvater war nicht bereit, die Schule zu bezahlen.

Meine Mutter traf meinen Vater, als sie ein junges Mädchen war. Sie war gerade einmal 14 Jahre alt und ging noch zur Schule. Mein Vater zog als Untermieter in das Haus meiner Großeltern. Er hatte ein Jurastudium in Wien begonnen, bevor er nach Prag ging, wo er Arbeit fand. Er interessierte sich schon früh für tschechische Kultur und hatte die Sprache gelernt. Meine Eltern unterhielten sich auf Tschechisch.

Meine Großmutter verringerte ihrem Untermieter die Kosten für das Zimmer, dafür gab er meiner Mutter Nachhilfe in Mathematik. Dabei verliebten die beiden sich ineinander. Erst zehn Jahre später heirateten sie. Um seiner Familie zu gefallen, konvertierte meine Mutter zum Judentum.

Mein Vater arbeitete für eine Versicherungsgesellschaft in Prag. Die Stelle hatte er bekommen, weil er Deutsch und Tschechisch perfekt beherrschte. Wenn irgendwo ein Unfall passierte, fuhr er hin, um den Schaden aufzunehmen. Er kannte sich in Prag gut aus und fühlte sich dort sehr wohl. Nach der Pensionierung als Bahnhofsvorsteher waren auch seine Eltern nach Prag gezogen.

Am 30. September 1938 unterzeichneten Hitler, der britische Premierminister Chamberlain und der französische Ministerpräsident Daladier das Münchner Abkommen: Es regelte die Abtretung des Sudetenlandes an Deutschland.

Ein halbes Jahr später, im März 1939, meine Mutter war bereits schwanger mit mir, besetzte die deutsche Wehrmacht ohne Vorwarnung die Tschechoslowakei. Auch in Prag wurden Besatzungstruppen stationiert. Mit einem Mal traten bei uns alle deutschen Gesetze gegen Juden in Kraft. Mein Vater verlor Ende des Jahres seine Arbeit bei der Versicherung.

Kurz vor meiner Geburt kam mein Vater eines Abends nicht nach Hause. Meine Mutter ließ sich hochschwanger im Taxi durch Prag fahren, sie hielt bei vielen Behörden, um nach ihm zu fragen. Schließlich fand sie heraus, dass die Gestapo meinen Vater abgeholt hatte und ihn verhörte. Sie war so nervös, dass sie auch den Taxifahrer damit ansteckte und er die Kontrolle über den Wagen verlor. Er baute einen Unfall, meiner Mutter und mir passierte zum Glück nichts.

Mein Vater wurde nach einigen Tagen in Haft freigelassen. Ab Januar 1940 kommandierten ihn die Deutschen zur Zwangsarbeit im Straßenbau ab. Er musste im

Winter Schnee schaufeln und im Sommer Straßengräben ausheben.

Meinen Vater lernte ich kaum kennen, da er oft sehr lange arbeiten musste. Die ersten Monate meines Lebens war ich meist mit meiner Mutter alleine. Ihre christliche Familie besuchte uns so gut wie nie, nur meine Großmutter interessierte sich für mich. Der Rest der Verwandtschaft wollte nach der Besetzung der Tschechoslowakei durch die Deutschen möglichst wenig mit dem jüdischen Teil der Familie zu tun haben. Sie hatten einfach Angst.

Anders dagegen war die jüdische Familie meines Vaters. Sie schlossen mich in ihr Herz, besonders mein Onkel Hugo. Er war das jüngste der Geschwister meines Vaters und arbeitete als Schreiner. Die beiden Schwestern waren verheiratet und hatten Kinder.

Als Baby schleppte mich meine Mutter jeden Monat mit zur Gestapo. Nach der Entlassung meines Vaters aus der Haft musste sie sich dort regelmäßig melden. Später erzählte sie mir, dass die Beamten sie beschimpften und schlugen. Sie sollte sich von dem »Saujuden« trennen. Aber sie hielt dem Druck stand.

In ihrer Ehe war meine Mutter der schwächere Partner gewesen, jetzt wuchs sie über sich hinaus. Sie suchte sich Arbeit, da sie uns ernähren musste. Als Ehefrau eines Juden musste sie jede Beschäftigung annehmen. Irgendwann bekam sie gar nichts mehr. Von da an waren wir auf die Hilfe ihrer Mutter und einer Tante angewiesen. Mein Vater erhielt als Jude nur wenige Lebensmittelkarten.

Im September 1941 wurde der Stern auch in der Tschechoslowakei verpflichtend für Juden eingeführt. Mein Vater trug den Stern, wie auch seine Mutter und seine

Hana Laufer, geb. 1939 in Prag

Geschwister. Meine Mutter musste ihn nicht tragen. Für die Besatzer galt sie als Arierin, obwohl sie konvertiert war. Das schützte uns eine Zeit lang.

Bei meiner Geburt wohnten meine Eltern in einer Einzimmerwohnung in einem Vorort von Prag. Die Hausmeisterin des Mietshauses hatte mehrere Juden denunziert. Einige kamen wegen ihr ins KZ. Meine Eltern nahmen sich vor ihr in Acht. Im Herbst 1942 zeigte die Hausmeisterin meinen Vater an. Meine Eltern mussten sofort die Wohnung verlassen. Sie zogen in die leere Wohnung meiner jüdischen Großmutter, die bereits nach Theresienstadt deportiert worden war. Mein Großvater war kurz nach dem Einmarsch der Deutschen eines natürlichen Todes gestorben. Als Jude durfte mein Vater eigentlich nicht selbstständig umziehen. Auf unerklärliche Weise gelang es meinen Eltern trotzdem.

Mich brachten sie zuvor, als ich ein paar Monate alt war, bei einer Großtante meiner Mutter in Sicherheit. Sie lebte weit entfernt in einem anderen Stadtteil Prags. Tante Berta hatte nie geheiratet und wohnte alleine in einem abgelegenen Haus. Ich durfte, als ich älter wurde, nicht rausgehen, traf nie andere Kinder. Die Nachbarhäuser lagen weit weg, es war eine menschenleere Gegend. Uns besuchte auch niemand, meine Großtante war eine einsame Frau.

Sie sprach nur das Nötigste. Auch mit mir. Ich war ein kleines Kind, ernst und traurig. Mir las niemand vor, nie spielte einer mit mir, ich kann mich auch an kein Lied erinnern, das man mir vorsang. Meine Großtante wusch mich und gab mir das Essen, das meine Mutter ihr brachte. Sie kaufte es aus mehreren Lebensmittelkarten der Familie zusammen. Wegen des weiten Weges kam sie jedoch nur selten. Mein Vater konnte mich nicht besuchen.

Es gibt ein Foto von mir aus dieser Zeit. Darauf sieht man einen hohen Kinderwagen, in dem ich aufrecht sitze. Im Hintergrund erkennt man die Kasernen von Theresienstadt, wo meine Mutter sich manchmal heimlich mit meinem Onkel traf. Auf dem Bild steht Onkel Hugo, der Bruder meines Vaters, neben mir und hält meine Hand. Er war schon mit einem der ersten Transporte 1941 nach Theresienstadt gekommen. Zunächst wurde es als ein Sammel- und Durchgangslager für die Juden von Böhmen und Mähren genutzt. In den ehemaligen Militärkasernen lebten die Deportierten. Fast alle Verwandten meines Vaters wurden dorthin gebracht. Später fuhren von hier die Züge in die Vernichtungslager im Osten ab.

Ich war der Liebling meines Onkels. Er arbeitete als gelernter Schreiner in einem Kommando, das außerhalb des Lagers eingesetzt wurde. Onkel Hugo bat meine Mutter oft, mich sehen zu dürfen. Sie kannte die Zeiten, wann sein Außenkommando aus dem Lager marschierte, und versuchte ihn abzupassen. Manchmal nahm sie mich dabei mit. In meinem Kinderwagen schmuggelte sie Essen und Medikamente. Sie schnürte kleine Pakete mit Broten, die sie scheinbar achtlos auf der Straße fallen ließ, auf der die Gefangenen kurz darauf vorbeiliefen. Sie hoben die Pakete schnell auf. Einige Gefangene gaben ihr heimlich Briefe, die meine Mutter an deren Familien weiterleitete. Manchmal gelang es Onkel Hugo auch, sich für einige Minuten von seinem Kommando wegzuschleichen und sich in einem Haus zu verstecken. Dann konnte meine Mutter ein paar Worte mit ihm reden.

Mein Vater hielt sich als Jude von Theresienstadt fern. Noch bewahrte ihn die Ehe mit meiner Mutter vor einer Deportation. Tagsüber schuftete er als Zwangsarbeiter. Abends durfte er nach Hause, um dort zu schlafen.

Meine Eltern erwarteten wieder ein Kind. Meine Schwester Eva wurde 1943 geboren. Selbst als meine Mutter mit ihr schwanger war, fuhr sie nach Theresienstadt, um Onkel Hugo lebenswichtige Dinge zu bringen. Nachdem der SS-Offizier Reinhard Heydrich, der als Reichsprotektor von Böhmen und Mähren eingesetzt war, bei einem Attentat im Mai 1942 in Prag getötet worden war, verschärften sich die Kontrollen rund um das Lager. Meine Mutter riskierte viel.

Nach der Geburt meiner Schwester Eva holte mich meine Mutter von der Großtante ab. Wir stiegen in einen Vorortzug und fuhren etwa 40 Kilometer aus Prag hinaus. Meine Schwester war in eine Decke gewickelt, ich hielt sie auf dem Schoß. Wir beide versteckten uns jetzt bei christlichen Freunden meiner Eltern. Meine Mutter kehrte nach Prag zurück.

Einige Monate später musste sie uns jedoch wieder abholen. Eva hatte eine Lungenentzündung bekommen und musste ins jüdische Krankenhaus. Vielleicht hatten die Freunde meiner Eltern auch Angst und wollten uns nicht mehr verstecken. In der Gegend liefen viele Spitzel umher. Auf »Judenbegünstigung« stand im Protektorat die Todesstrafe.

Wieder musste meine Mutter ein neues Versteck für uns suchen. Am Ende brachte sie uns zu ihrer eigenen

Mutter, auch wenn sie lange versucht hatte, dies zu umgehen.

Meine Großmutter lebte nicht alleine. Sie hatte nach dem frühen Tod ihres ersten Mannes nochmals geheiratet. Ihr zweiter Mann hasste Kinder und Juden. Er war ein kalter Mensch. Für ihn waren meine Schwester und ich Luft. Er sprach kein einziges Wort mit uns. Sicher war er es, der nicht wollte, dass wir uns im Haus versteckten.

Das Haus meiner Großmutter lag umgeben von Wiesen und Feldern am Rande Prags. Sie und ihr zweiter Mann bewohnten eine kleine Doppelhaushälfte mit einer Küche und einem Wohnzimmer im Parterre. Im ersten Stock lagen ihr Schlafzimmer und ein Bad. Eva und ich hausten im Keller.

Meine Mutter zog auch zu Großmutter und schlief in einem winzigen Zimmer im ersten Stock. Mein Vater blieb alleine zurück.

Ab und zu durften Eva und ich zu unserer Mutter nach oben in die Kammer, aber nie für lange. Im Keller hatte Großmutter früher ihre Kohlen gelagert. Es war nur ein kleiner Verschlag mit einem winzigen, schon trüb gewordenen Fenster, durch das wenig Licht einfiel. Ich war nicht besonders groß. Wenn ich mich auf die Zehenspitzen stellte, konnte ich die Äste der Bäume im Garten sehen. Manchmal hörte ich draußen Kinder lachen. Eine Welt, die nah und zugleich unerreichbar für mich war.

Unsere Großmutter hatte für uns zwei Matratzen auf den Boden gelegt. Darauf lag ich mit meiner Schwester. Bis zur Kellermauer ging es ein paar Meter links und ein paar Meter rechts. Die Mauern waren grob verspachtelt, die Farben grau, braun, schwärzlich. Hier unten wurde es nie wirklich hell. Ich fühlte mich wie in einer trüben Blase, von der ich fürchtete, sie würde nie platzen.

Ich versuchte, meiner Schwester das Sprechen beizubringen, aber dafür war sie noch viel zu klein. Ich gab es wieder auf. Ich verlernte das Sprechen, gewöhnte mich daran, stumm zu sein. Niemand spielte in dieser eintönigen Zeit mit mir. Alles musste leise gemacht werden. Wegen der Stille wirkte bald jedes Geräusch auf mich laut und bedrohlich. Wenn Eva weinte, versuchte ich sie zu beruhigen. Ich war selbst erst fünf Jahre alt, aber dafür verantwortlich, dass Eva still war.

Im Winter froren wir. Im Keller gab es keine Heizung. Wenn ich ausatmete, sah ich den eisigen Hauch. Ich weiß nicht, wie ich die Monate dort unten überstand. Was habe ich die ganze Zeit gemacht? Ob mir langweilig war? Ob ich nachts schlafen konnte? Mich nach meiner Mutter sehnte? Daran erinnere ich mich nicht.

Selten besuchten andere Menschen meine Großmutter. Wenn ich ihre Schritte und Stimmen auf dem Weg im Vorgarten hörte, bekam ich Angst, dass sie uns abholen würden. Meine Mutter hatte mir gesagt, dass andere Menschen gefährlich sind.

Meine schönsten Tage waren, wenn meine Mutter mit mir spazieren ging. Wir liefen über einen kleinen Friedhof in der Nähe. Meine Sinne waren durch die Stille im Keller geschärft. Sogar das Knirschen unserer Schritte auf den feinen Kieswegen erschreckte mich. Ich konnte nicht lesen, fragte meine Mutter oft nach den Namen auf den Marmorsteinen der Gräber. Am meisten liebte ich die Luft. Sie war klar und frisch, ganz anders als im Keller. Manchmal fuhr der Wind in mein Haar. Wir gingen Hand in Hand. Ein paar Mal trug sie mich, wenn ich müde war. In ihren Armen fühlte ich mich glücklich.

Ich sah, dass der Bauch meiner Mutter wuchs. Sie atmete schwerer, wenn wir über den Friedhof liefen. Sie nahm mich immer seltener in den Arm. Meine Mutter war wieder schwanger. Ich weiß nicht, was sich meine Eltern dabei dachten. Meine jüngste Schwester Sonja wurde im Januar 1945 geboren. Sofort nach der Geburt kam sie zu mir in den Keller. Ich war nicht einmal sechs und verantwortlich für ein Baby und ein Kleinkind.

Sonja war gerade einen Monat alt geworden, als mein Vater im Februar 1945 nach Theresienstadt deportiert wurde. Ich erinnere mich, dass meine Mutter danach sehr ernst war. Ich sah sie öfters weinen. Bei einem der Verhöre bei der Gestapo hatte mein Vater unterschreiben müssen, seine Kinder mitzunehmen, falls er den Aufruf zur Deportation bekäme. Als die Gestapo ihn von zu Hause abholte, fragten sie ihn, wo seine Kinder seien. Er antwortete auf Deutsch: »Sind nicht da.« Diese drei Worte waren der einzige deutsche Satz, den ich nach dem Krieg kannte, weil meine Mutter mir die Geschichte erzählt hatte. Aus irgendeinem Grund beließen die beiden Gestapo-Männer es dabei. War es, weil sie wussten, dass der Krieg zu Ende ging? Die allgemein chaotische Lage? Das schlechte Gewissen der Beamten? Ich werde es nie erfahren. Durch ihr Desinteresse mussten wir Kinder meinen Vater nicht nach Theresienstadt begleiten. Wir blieben in unserem Versteck.

Im Frühjahr 1945 hörte ich Gewehrfeuer. Im Garten meiner Großmutter schrien Soldaten. Es war eine fremde, mir unbekannte Sprache. Großmutter schaute im Erdgeschoss zum Fenster hinaus, ich sah sie durch das Kellerfenster. Eine MG-Salve schlug eine Reihe Einschusslöcher in unser Haus. Blitzartig zog sie den Kopf zurück. Es war die Rote Armee, die in Prag einrückte.

Meine Erinnerungen an das Kriegsende sind verschwommen: die Heimkunft meines Vaters, die Nachrichten über das Schicksal unserer Verwandten. Ich löschte diese Zeit später vollkommen aus meinem Leben. Auch meine Eltern lebten, als sei das alles nie geschehen.

In der Familie sprachen wir nicht darüber. Nur einmal erzählte mein Vater, dass er vor Hunger in Theresienstadt Gras gegessen hatte. Mehr sagte er nicht. Er kam lebend, aber seelisch verwundet aus der Gefangenschaft zurück – als Einziger seiner großen Familie.

36 Personen, alle unsere jüdischen Verwandten, wurden ermordet. Nach und nach deportierten die Deutschen sie von Theresienstadt in den Osten. Mein Vater hatte zwei Schwestern und einen Bruder. Die Älteste, Olga, wurde zusammen mit ihrer Tochter Katinka nach Riga transportiert, wo die Deutschen bereits 1941 ein Ghetto errichtet hatten. In einem Waldstück bei Riga wurden sie gleich nach ihrer Ankunft erschossen. Die zweite Schwester meines Vaters, Fantschi, überlebte mit ihrem Sohn den Transport von Theresienstadt nach Auschwitz. Dort wurden sie wahrscheinlich vergast.

Onkel Hugo, der Bruder meines Vaters, sprang im letzten Moment auf den Zug von Theresienstadt nach Auschwitz, weil er seine Mutter nicht alleine lassen wollte. Viel später erfuhr ich, dass meine Großmutter bereits auf dem Transport vor Erschöpfung starb, bevor sie Auschwitz erreichten. Die SS überstellte Onkel Hugo im Sommer

1944 von Auschwitz in das Arbeitslager Schwarzheide, ein Nebenlager des KZ Sachsenhausen. Von 1000 Lagerinsassen überlebten nur 200 Häftlinge den Todesmarsch am Ende des Krieges. Mein Onkel war bereits Mitte Februar 1945 im Lager verhungert.

Lange Zeit war mir nicht klar, wie sehr ich unter all diesen frühen Erlebnissen litt. Ich war depressiv, ich hatte keine Freude am Leben. Erst mit 70 Jahren stellte ich mich meiner Geschichte. Ich begann darüber zu reden, das Verdrängte zurückzuholen. Die Erinnerungen überwältigten mich so, dass ich zusammenbrach. Der Notdienst fuhr mich mit Blaulicht ins Krankenhaus.

Kurz nach meiner Entlassung aus der Klinik ging ich in eine Bibliothek und las ein Märchen: *Der eiserne Heinrich*. Es ist die Geschichte vom Froschkönig. Als der Frosch zum König wird, sprengt er die Metallbanden, die sein Herz zusammengeschnürt hatten. Dieses Gefühl hatte ich nach meinem Zusammenbruch. Ich feierte diesen Tag mit Freunden später als meinen »zweiten Geburtstag«, als den Tag, an dem ich die Stufen des Kellers endgültig nach oben stieg.

Ich bin meinem Körper dankbar, dass er mir dieses Zeichen geschickt hat. Es befreit mich heute, über meine Geschichte zu reden und sie gedruckt zu sehen. Ich bereue, meine Eltern nie genauer nach Details gefragt zu haben. Erst nach dem Tod meines Vaters sprach ich manchmal mit meiner Mutter über diese Zeit. Zu lange hatte ich Angst davor. Zu lange blieb ich das stille Kind.

Nach der Machtübernahme der Kommunisten in der ČSSR stellt Hana Laufers Vater mehrmals einen Antrag, nach Israel ausreisen zu dürfen. Zwar wird dem Vater die Ausreise erlaubt, den Kindern aber von der Behörde verweigert. Erst im Zuge der Entspannungspolitik, Anfang der 1960er-Jahre, wandert Hana Laufer mit ihren Eltern und Schwestern nach Israel aus. Dort werden sie nicht heimisch. Vor allem der Vater will nicht bleiben. Er zieht 1965 nach Deutschland, wo er als ehemaliger NS-Verfolgter eine Pension nach dem Bundesentschädigungsgesetz erhält. Hana Laufer, die sich zu dem Zeitpunkt in Israel verliebt hat, folgt ein paar Monate später ihren Eltern nach. Sie lernt Deutsch, holt das Abitur nach und studiert Sprachen. Nach einem kurzen Aufenthalt in England kehrt sie nach Frankfurt zurück, wo ihre Eltern inzwischen leben. Zunächst Fremdsprachensekretärin, findet sie in der US-Armee Arbeit als technische Übersetzerin, die sie bis zu ihrer Pensionierung innehat. Ihre große Liebe, die sie in Israel zurückließ, trifft sie Jahrzehnte später wieder, verheiratet und als Vater von drei Kindern. Sie selbst lebt bis heute alleine in Frankfurt am Main.

Eugen Herman-Friede

»Als Schüler kämpfte ich dafür, Hitlerjunge zu sein, später gegen Hitler.«

Als ich 1933 in die Schule kam, trugen die meisten meiner Klassenkameraden braune Hemden. Ich fand sie wunderschön. Zu Hause bettelte ich meine Mutter an, mir so ein Hemd zu kaufen. Sie tat so, als ob sie mich nicht hörte. Ich ließ nicht nach und fragte sie immer wieder danach. Schließlich nahm sie ein weißes Hemd aus dem Schrank, besorgte braunes Färbemittel und kochte das Hemd in einem großen Topf voll brauner Suppe sorgfältig ein.

Es wurde nicht ganz so, wie es sein sollte. An einigen Stellen nahm der Stoff die braune Farbe nicht an. Doch ich war trotzdem zufrieden. Ich trug ein braunes Hemd mit gelbem Muster darin. Erst als ich meine Eltern weiter damit quälte, Mitglied in der HJ zu werden, nahm mein Vater mich zur Seite: »Eugen, du kannst nicht in die HJ. Deine Mutter und dein eigentlicher Vater sind Juden.« Zum ersten Mal hörte ich, dass ich Jude bin. Das hat mich aber weniger beschäftigt. Die eigentliche Überraschung war, dass der Mann, zu dem ich mich wie ein Sohn hingezogen fühlte, nicht mein richtiger Vater war.

Zehn Jahre später stehe ich in einem Keller. Es ist eine unterirdische Druckerei, Druckmaschine, Lettern, das

Papier – alles ist unter großer Gefahr und Mühe zusammengetragen. Ich lege eine Matrize in den Apparat, die Buchstaben sind gesetzt. Jedes Wort ist genau überlegt. Ich drehe an einer Kurbel, die schwarze Farbe drückt sich auf das weiße Papier. Zeichen für Zeichen, Wort für Wort erscheint: »Bitte zehnmal abschreiben und an zehn weitere Personen senden.« So endet das Flugblatt, ich kontrolliere den Text ein letztes Mal.

Ich lebe seit Monaten im Untergrund. Versteckt bei einer Familie in Luckenwalde, einem Dorf in Brandenburg, nahe Berlin. Es ist nicht mein erstes Versteck, mehrmals musste ich fliehen. Mein erster Schultag scheint endlos lange her. Es ist, als gehöre er in ein anderes Leben. Doch ich bin alles andere als mutlos. Einige meiner Freunde sind verhaftet. Ich werde nicht aufgeben und weitermachen, und wenn es das Letzte ist, was ich tue. Während die Druckmaschine läuft, denke ich darüber nach, wie alles gekommen ist, wie es ist:

Meine Mutter lernte den Mann, der mich erzeugt hat, in Russland kennen. Beide waren Juden, beide ohne Zukunft. Zur Zeit der Russischen Revolution verließen sie ihre Heimat. Sie gingen zuerst nach Schweden, Anfang der 1920er-Jahre nach Berlin. Dort wurde ich 1926 geboren.

Ich hatte nie eine Beziehung zu meinem leiblichen Vater. Kurz nach meiner Geburt ließ sich meine Mutter scheiden und heiratete Julius Friede, der nicht jüdisch war. Er zog mich auf, mit ihm erlebte ich meine Kindheit. Er hatte viel Geduld, im Gegensatz zu meiner Mutter, die eher überspannt war. Als die Nazis an die Macht kamen, verlor Julius Friede seine Vertreterstelle. Seine Vorgesetzten befürchteten, mit einer jüdischen Frau an seiner Seite würde man ihm nichts mehr abkaufen. Er machte sich selbstständig. Seine Firma nannte er »Spezialbetrieb für Rabattreklame«.

Ich war sieben Jahre alt und hatte noch nie eine Synagoge betreten. Meine Mutter war nicht religiös. In der Schule nahm ich am christlichen Religionsunterricht teil. Ich mochte die Geschichten in der Bibel und bekam immer gute Noten. Am Ende des Schuljahres stand in meinem Zeugnis bei Religion keine Note. An ihrer Stelle hatte mein Lehrer eingetragen: »nicht arisch«. Ich fühlte, das konnte nichts Gutes bedeuten.

Ins Gymnasium durfte ich nicht mehr gehen. Juden wurden ab 1938 nicht mehr zugelassen. Meine einzige Möglichkeit, eine höhere Schule zu besuchen, war die jüdische Mittelschule in der Großen Hamburger Straße in Berlin. Ich hoffte, dort aufgenommen zu werden. Ich hatte Glück.

Wir waren etwa 150 Schüler in der Schule. Schon im ersten Schuljahr blieben immer mehr Bänke leer. Meine Mitschüler verschwanden. Fast jeden Morgen fehlte jemand. Manchen gelang es, mit ihren Familien rechtzeitig auszuwandern. Später wurden viele deportiert.

Zu Hause sprachen wir nur einmal darüber, auszuwandern. Meine Eltern setzten sich vor mich hin und sagten mir, sie würden mich mit einem jüdischen Kindertransport nach Holland schicken. Vielleicht auch nach England. Ich war geschockt. Meine besten Freunde lebten doch hier in Berlin. Ich antwortete meinen Eltern: »Ich bleibe hier.« Damit war die Sache erledigt.

Am ersten Tag, an dem der Stern verpflichtend wurde,

lief ich mit einem Schulfreund zusammen den Mehringdamm bis zur Friedrichstraße hinunter. Für uns war es ein Spiel. Wir trugen den gelben Stern, soeben von unseren Müttern angenäht, und waren neugierig, was passieren würde. Wir guckten den Passanten direkt in die Gesichter, die Brust nach vorne durchgedrückt. Doch es geschah nichts. Einige Leute schauten seltsam zurück. Aber das war es schon. Für uns ein gutes Zeichen. In meiner Familie war ich der einzige Sternträger. Meine Mutter blieb durch die Heirat mit einem Nichtjuden davon verschont.

1942 wurde meine Schule geschlossen. Im Briefkasten lag ein Schreiben der Gestapo. Ich hatte mich zur Zwangsarbeit beim Jüdischen Friedhof in Weißensee zu melden. Da das weit weg von zu Hause war, fuhr ich den Weg mit der Straßenbahn. Die Genehmigung wurde durch einen gelben Ausweis bestätigt, der mich aber nicht von den Fahrtkosten befreite.

Wie immer reiche ich an einem Tag dem Kontrolleur mein Fahrgeld. Er schiebt es zurück. Am nächsten Tag dasselbe. Als die Straßenbahn fast leer ist, läuft er durch den Waggon. Vor mir bleibt er stehen, fast verstehe ich seine Worte nicht, so leise spricht er: »Junge, ick hab doch deinen Ausweis jesehen. Steck mal weg. Du brauchst det Geld noch.« Er reicht mir ein Paket mit Stullen: »Iss mal, Junge, ick hab mir den Magen verdorben.«

Am 27. Januar 1943 warte ich wie jeden Tag auf die Straßenbahn. Ein Mann mit knöchellangem Ledermantel und Schlapphut kommt auf die Haltestelle zu. Er bleibt vor mir stehen. Sein kleiner Finger bewegt sich langsam auf meine Brust zu. Der Fingernagel schiebt sich unter meinen Stern und löst ihn Stück für Stück ab. Ich beobachte ihn fasziniert. Als der Stern nur noch an einem Faden hängt, reißt er ihn mit einem Ruck ab. »Du Judenbengel, hast wohl den Stern nicht richtig angenäht!« Mit der anderen Hand zieht er ein Notizbuch hervor. »Vorname?« Ohne abzuwarten schreibt er »Israel«, sagt: »So heißen doch alle Judenschweine.« Er notiert meine Personalien. Zum ersten Mal fühle ich mich ausgeliefert. Ich beantworte alle seine Fragen wahrheitsgemäß. Ich fühle mich wie ein Verlierer, ich bin kein Held. Zu Hause näht meine Mutter den Stern wieder an.

Abends kommt mein Vater von der Arbeit. Meine Mutter hat ihm von meiner Begegnung erzählt. Als er mich zu sich bittet, weiß ich noch nicht, dass er seit Monaten für diesen Fall Vorsorge getroffen hat. Diesmal widerspreche ich nicht. »Eugen, ich bringe dich jetzt weg«, sagt mein Vater. »Es reicht. Ich will nicht, dass du abgeholt wirst.«

Einen Tag später lieferte mein Vater auf dem Polizeipräsidium einen theaterreifen Auftritt. Er ging vor den Beamten in die Knie und schlug die Hände vor das Gesicht. Vielleicht gelang es ihm auch, ein paar Tränen zu vergießen: »Ich bin mir sicher, mein Junge hat sich was angetan. Er ist ja so sensibel. Gestern kam er völlig aufgelöst nach Hause. Ein Gestapo-Beamter hat ihm den Stern abgerissen. Das hat ihn völlig aus der Bahn geworfen. Wir haben ihn überall gesucht. Ich bin sicher, dass er sich was angetan hat.« Er muss das so überzeugend gemacht haben, dass ich als vermisst gemeldet und nicht weiter von der Gestapo gesucht wurde.

Mein erstes Versteck lag ganz in der Nähe unserer

Wohnung, in der Gneisenaustraße. Ein älteres Ehepaar wohnte dort. Es gab nur ein Zimmer mit Küche. Der Mann war Kommunist und hasste die Nazis. Für mich blieb nur das Sofa. Wir hockten eng aufeinander, und ich merkte sehr schnell, dass meine Anwesenheit die Frau belastete. Nach 14 Tagen gaben sie mir die Adresse von einer Familie, die mich aufnehmen wollte.

Mit der S-Bahn fuhr ich nach Blankenburg, einem Vorort im Nordosten von Berlin. 30 Minuten mit der Bahn. Meinen Stern hatte ich abgenommen, ich war einer der wenigen jungen Männer ohne Uniform, ständig in Gefahr, darauf angesprochen zu werden.

Ich wurde von der Familie Horn abgeholt. Ihr Haus lag inmitten eines großen Gartens, so dicht von blühenden Blumen und Bäumen bewuchert, dass keiner es von außen einsehen konnte. Schon lange hatte ich keine so schönen Farben gesehen. Die Horns betrieben einen Elektroladen im Ort. Ihre Tochter half ihnen dabei. Ruth war in meinem Alter, 17. Sie hatte die längsten Beine, die ich je an einem Mädchen gesehen hatte. Ein paar Mal hatte ich bereits Mädchen geküsst, sie berührt, aber jetzt hatte ich die Zeit, einem Mädchen richtig nahe zu kommen. Ruth mochte mich. Zusammen hörten wir Radio, Nachrichten, aber vor allem Musik. Stundenlang tanzten wir eng umschlungen. Wir waren oft alleine, die Eltern mussten sich ums Geschäft kümmern. Für mich war es das Paradies. So hätte ich bis zum Ende des Krieges leben können. Wenn Frau Horn nicht gewesen wäre.

Gertrud Horn war eine gute Verkäuferin. Sie kannte in Blankenburg jeden, und jeder kannte sie. Sobald jemand

Eugen Herman-Friede, geb. 1926 in Berlin

den Laden betrat, wurde geredet. Über den Brotpreis, über die neueste Mode, über den Sohn des Nachbarn, der ein Bein im Krieg verloren hatte. Auch über sich erzählte sie gerne, wahrscheinlich war sie sogar ein wenig stolz: »Bei uns wohnt jetzt jemand mit im Haus. Den müssen wir mit durchfüttern. Ich komme mit dem Einkauf nicht hinterher.«

Als sie im Milchladen ihre Kanne auffüllen ließ, hörte sie, wie die Leute tuschelten: »Die Horns haben jemanden versteckt. Einen jungen Juden.« Sie lief nach Hause, wissend, dass es ihre Schuld war. Ruth und ihr Mann beschimpften sie: »Warum kannst du nicht einmal deine Klappe halten?« Es war Mai 1943. Ich musste mein Paradies verlassen.

Über die Familie Horn hatte mein Vater eine ehemalige kommunistische Reichstagsabgeordnete kennengelernt. Er hatte mit ihr gesprochen, und sie hatte ihm für den Notfall einen Namen in Luckenwalde zugesteckt: Hans Winkler.

Hans Winkler, angestellt am Amtsgericht Luckenwalde, holte mich in Berlin ab. Ein großer, blonder, energischer Mann. Ich habe ihn nie ohne Pfeife gesehen. Er nahm sich keine Zeit, mich kennenzulernen, stellte keine Fragen, schaute mich nicht einmal richtig an. Mehr zu meinem Vater gewandt, sagte er: »Okay, den Jungen nehme ich gleich mit!«

Wir fuhren mit dem Zug nach Luckenwalde. Winklers Frau Frida war der ruhende Pol im Haus. Die Familie bewohnte eine kleine Zweizimmerwohnung in einem großen Block, alles Neubauten aus den 1920er-Jahren, sehr hellhörig. Das eine Zimmer teilten sich der 16-jährige

Sohn Horst und die elfjährige Tochter Ruth. Ich schlief im Wohnzimmer auf der Couch. »Was macht der denn hier?«, fragte Ruth, als sie aus dem Sommerlager zurückkam. Frida Winkler hatte mich als ihren Cousin vorgestellt. Ruth glaubte ihrer Mutter nicht. Schließlich erklärte ihr die Mutter: »Der Eugen ist ein jüdischer Junge. Wir müssen ihn verstecken. Die Nazis wollen ihn umbringen.«

Ruth durfte keine Freundinnen mehr nach Hause bringen und musste schwören, nichts über meine Anwesenheit in der Schule zu erzählen. Von da an behandelten mich alle wie ein Familienmitglied. Ich bewunderte ihren Mut, auch fühlte ich mich von ihnen angenommen.

Weihnachten 1943 fiel eine Bombe auf das Haus meiner Eltern in Berlin. So zogen sie ebenfalls nach Luckenwalde aufs Land. Ihre möblierte Dachkammer war winzig, aber sehr gemütlich. Ich saß gerne auf dem Sofa bei ihnen. Ich hatte es vermisst, mit ihnen zu reden. Auch Winklers kamen öfter vorbei.

Über einen Bekannten von Winkler tauchten, kurze Zeit nachdem ich angekommen war, zwei weitere Personen auf. Juden wie ich, auch sie vogelfrei, auf der Suche nach einem sicheren Ort. Ich begegnete Werner Scharff nur wenige Male. Das erste Mal sah ich ihn zusammen mit seiner Freundin Fancia Grün. Sie waren beide aus dem KZ Theresienstadt geflohen.

Scharff faszinierte mich. Er war ein wahnsinniger Draufgänger. Er kannte keine Angst. In den Geschichten, die über ihn erzählt wurden, fälschte er Dokumente, holte Bekannte selbst noch aus Sammelstellen raus. Er zeigte mir, dass auch ich nicht wehrlos war. Ich hatte so einen Mann vorher nie kennengelernt. Bei Winklers konnten die beiden nicht bleiben. Sie tauchten in Berlin unter.

Bei einem seiner Besuche in Luckenwalde sitzen wir um den Küchentisch. Hans Winkler, Werner Scharff und ich sprechen wieder einmal darüber, wie man mehr Leuten helfen kann, als Scharff plötzlich aufspringt: »Juden helfen, schön und gut. Aber das kann nicht alles sein. Wir müssen mehr machen!« Wir reden bis spät in die Nacht, ohne Licht, ohne Kerze, im Dunkeln sprechen wir schließlich das Wort leise aus, das uns allen den Tod bringen kann: Flugblätter.

In Form von Kettenbriefen wollen wir sie über das ganze Reich versenden. Wir brauchen Geld und vor allem Papier. Woher sollen wir das nehmen, mitten im Krieg?

In den nächsten Tagen besuchten wir Freunde meiner Helfer in Luckenwalde. Es dauerte nicht lange, und wir waren 20 Leute, die bereit waren, ihr Leben aufs Spiel zu setzen. Werner Scharff gab uns einen Namen: *Gemeinschaft für Frieden und Aufbau.* Wir Juden arbeiteten gemeinsam mit Nichtjuden und produzierten Flugblätter. Wir waren die einzige Organisation in NS-Deutschland aus Juden und Nichtjuden, der es gelang, Tausende von Kettenbriefen zu verschicken.

In unseren Schreiben schilderten wir, wie es um den Frontverlauf stand. Wir schrieben: »Der Krieg kann nicht mehr gewonnen werden! Wir fordern den sofortigen Frieden. Wir rufen jeden Deutschen zum passiven Widerstand auf.« Insgesamt produzierten wir drei Flugblätter.

Wir hatten uns entschlossen, die Vernichtung der Juden mit keinem Wort zu erwähnen. Niemand sollte darauf kommen, dass auch Juden hinter den Briefen steckten.

Einer aus unserer Gemeinschaft ist Henry Landes. Er arbeitet als Soldat im Wehrbezirksamt Jüterborg. Er besitzt den Schlüssel zum dortigen Materialdepot. Nacht für Nacht schleppt er in einer Aktentasche Kuverts und Papierbögen raus. Am Ende haben wir mehrere Tausend.

Gleichzeitig sitzen wir anderen Nacht für Nacht im Keller, die Fenster abgedeckt, vor einem alten Abzugsapparat. Einige von uns schreiben Familiennamen, Straßen, Postleitzahlen, nicht nur von Berlin. Wir sind im ganzen Reich herumgereist und haben uns auf Dutzenden Postämtern Telefonbücher besorgt. Schultze, Rainer, Wiesengasse 23, Kassel; Maier, Kurt, Hauptstraße 48, Wilhelmshaven. Kuvert um Kuvert wächst der Stapel an. Wieder andere von uns packen die Briefe ein, fahren in verschiedene Städte und geben sie auf verschiedenen Poststellen ab, nie mehr als zehn auf einmal.

Henry Landes gelingt es, einen Stempel im Wehrmeldeamt mitzunehmen: »Frei, durch Ablösung Reich.« Es ist ein Stempel, der vom Porto befreit. Ein absoluter Glückstreffer für uns. Wir stellen uns natürlich die Frage, wen wir anschreiben sollen. Täglich drucken die Zeitungen Namen von Gefallenen. Es gibt viele Menschen, die einen Sohn, Mann oder Vater im Krieg verloren haben. Wir konzentrieren uns auf sie, schreiben die Hinterbliebenen an, hoffen, dass sie unseren Brief vervielfältigen.

Auch suchten wir nach neuen Verbündeten. Außerhalb des Ortes Luckenwalde lag das größte Kriegsgefangenenlager Deutschlands. Der Kantinenwirt war ein Mitglied unserer Organisation. Ich ging mit Winkler dorthin, lief als illegal lebender Jude durch eine Wehrmachtsstreife ins Lager. Dort gab es eine Gruppe von Gefangenen, Tschechen, die sich vor ihrer Gefangennahme der britischen Armee angeschlossen hatten. Sie hatten sich heimlich bewaffnet, falls das Lager liquidiert werden sollte. Winkler unterhielt sich mit ihrem Anführer. Die Tschechen hatten ihren Widerstand gut organisiert. Daher merkte ihr Anführer schnell, was für Dilettanten wir waren. Zu einer Zusammenarbeit kam es nicht.

Hans Winkler stieg der Widerstandskämpfer mehr und mehr zu Kopf. Im Nachhinein sollte mein Vater mit seiner Einschätzung über unsere Gruppe recht behalten. Wie Klein-Moritz sich den Kampf gegen Hitler vorstellt.

Unsere Gruppe wurde immer leichtsinniger und machte Fehler. Große Fehler. Einer war schließlich folgenreich. Hans Winkler erfuhr im Amtsgericht, dass ein reicher Verleger im Suff Witze über Hitler gemacht hatte. Er wurde denunziert und zum Tode verurteilt. Wir wollten versuchen, seine Frau für uns zu gewinnen. Wir brauchten Geld für unsere Aktionen und waren knapp bei Kasse. Eine versteckte Jüdin, Hilde Bromberg, die in Berlin lebte, fuhr mit unseren Flugblättern nach Potsdam. Hier wohnte Frau Bonneß, die Frau des Verlegers. Hilde schilderte ihr ausführlich unsere Aktivitäten. Nach einer Weile unterbrach Frau Bonneß sie abrupt: »Kind, warum erzählen Sie mir das alles?« Hilde antwortete: »Weil wir hoffen, dass Sie uns finanziell unterstützen.«

Frau Bonneß ging nach nebenan und gab vor, Kaffee zu machen. Sie rief die Gestapo. Heute kann ich ihr keinen Vorwurf machen. Eine Frau, deren Mann zum Tode verurteilt war, musste daran denken, dass das Ganze vielleicht eine Finte war. Als Hilde das Haus verließ, wurde sie verhaftet. Das war der Anfang vom Ende unserer Gruppe.

Ich war nach dem Vorfall sofort bei Winklers aus- und in die Dachkammer meiner Eltern eingezogen. Wir dachten jeden Moment: Gleich werden wir abgeholt. Zunächst geschah aber nichts. Nach ein paar Wochen beruhigten wir uns. Der Alltag holte uns ein.

Im Oktober 1944 wollte mein Vater Hans Winkler besuchen. Auf dem Weg dahin traf er dessen Sohn Horst. »Herr Friede, gehen Sie schnell nach Hause. Sie haben meinen Vater soeben abgeholt.« Frida Winkler hatten sie erstaunlicherweise in Ruhe gelassen. Horst war, zwar widerwillig, aber dennoch, in die HJ eingetreten, Ruth in den BDM. Vielleicht schützte das den Rest der Familie.

Fancia Grün und Werner Scharff wurden ebenfalls im Oktober verhaftet. Die letzten unserer Gruppe waren meine Eltern und ich.

Es ist Montagmorgen, der 11. Dezember 1944. Nachts hat es geschneit. Meine Mutter steht am Herd und brät Spiegeleier mit Speck. Der Ofen in unserer Dachkammer in Luckenwalde wärmt uns. Wir hören Getrampel auf der Holztreppe, die zu uns hoch führt. Mein Vater legt das Besteck ruhig zur Seite. Es folgt ein dumpfer Schlag gegen die Tür, dann laut: »Aufmachen, Gestapo.« Ich verstecke mich im Kleiderschrank, wie ich es schon öfter getan habe. Meine Eltern öffnen die Tür, zwei Männer treten ins Zimmer. Durch einen Streifen Licht, der zu mir dringt, sehe ich Mäntel und Schaftstiefel. »Wo sind die Wertsachen?« Ich höre jedes Wort ganz deutlich. Der Mann schreit meine Mutter an. Sie zeigt auf einen kleinen Koffer oben am Küchenbuffet. Einer der Männer reißt den Koffer auf. Viel Schmuck scheint nicht darin enthalten, etwas macht ihn wütend. Ich drücke die Tür ein wenig auf, beobachte meinen Vater, wie er sich unmerklich Richtung Kommode bewegt. Ich sehe, dass er ein weißliches Pulver in seine Hosentasche wischt. Es ist Veronal, ein starkes Schlafmittel.

Die Schranktür wird von einem der Gestapo-Beamten aufgerissen. Sein Gesicht voller Triumph. Es ist ein hässliches Gesicht mit einer großen Narbe, die quer über die linke Gesichtshälfte verläuft. »Na, sieh mal einer an. Da ist ja der Eugen. Raus, du Miststück!«

Langsam steige ich aus dem Schrank. Ich habe mir den Moment meiner Entdeckung oft vorgestellt, jetzt bleibe ich ruhig. Ich ziehe meine blaue Trainingshose an, nehme einen Wollpullover. Als ich meine Zahnbürste holen will, sagt der mit der Narbe: »Komm, da wo du hingehst, brauchst du keine Zahnbürste.« Er lächelt dabei. »Das ist kein Sanatorium.« Vor der Tür steht ein Mercedes, der uns ins Amtsgericht Luckenwalde bringt.

Die Gestapo wusste offenbar genau, wer ich war. Sie kannte alle Namen aus unserer Gruppe. Bis heute frage ich mich, wer und ob uns jemand verraten hat. Mein Vater wurde sofort nach der Verhaftung von uns getrennt. Es war das letzte Mal, dass ich ihn sah.

Meine Mutter und mich brachten sie nach Potsdam. Dort begegnete ich ihr noch einmal. Sie wirkte ganz gefasst. Sie zerbrach ihre Brille und drückte mir ein scharfes Glasstück in die Hand. »Für den Fall, dass es gar nicht mehr geht.« Ich warf die Scherbe demonstrativ auf den Fußboden. Ich wollte leben. Zwar hatte ich wahnsinnige Angst vor Folter und Schlägen, aber ich wurde nur ein einziges Mal in Potsdam verhört. Außer Drohungen des Gestapo-Beamten geschah mir nichts.

Von Potsdam werde ich nach Berlin in die Dircksenstraße überstellt. Ich werde in einem riesigen Saal mit vielen Russen eingesperrt. Es gibt zwei Toiletten für 300 Leute. Unsere Notdurft läuft durch den ganzen Saal. Wir haben fast nichts zu essen. Morgens wird Wassersuppe ausgeteilt. Ich bleibe im Gang stehen, da mein Blechnapf ein Loch hat. Ich löffle sie hastig, während ich unten den Finger draufhalte. Einer der Wachtmeister spricht mich an: »Was machst du hier? Warum gehst du nicht zu den anderen?« Ich antworte ihm, ich sei der neue Putzdienst und müsse hier aufräumen. Von dem Moment an habe ich genug zu essen. Bei Luftschutzalarm nehmen mich die SS-Leute mit in den Keller, wir fahren mit dem Fahrstuhl.

Im April 1945 bekommen wir Gefangenen eine Aufgabe. Wir müssen Akten vernichten. Waschkörbeweise hieven wir die Papierstapel in den Hof und verbrennen sie. Es hält sich das Gerücht, die Russen seien schon in Berlin. Kurz darauf werden viele Gefangene entlassen. Ich nicht.

Mich bringen sie in die Große Hamburger Straße, in das ehemalige Jüdische Altersheim. Im Dunkel des Kellers kann ich zunächst nur Schemen erkennen. Hier sind nur Polen, Russen und Ukrainer eingesperrt. Wie Tiere hocken sie auf dem Boden, ihre Füße sind mit Eisenringen gefesselt. Die Kette zu den Handschellen ist so kurz, dass sie verkrümmt sitzen müssen. Viele stöhnen und schreien vor Schmerz. Zwei Tage sitze ich in diesem Loch. Dann kommt ein Mann, zerrt mich am Kragen zur Tür. Mit einem Tritt wirft er mich raus, ohne ein Wort.

Ich bin ein Jude, der staatsfeindliche Flugblätter verteilt hat. Und er schickt mich fort. Ich kann mein Glück kaum fassen.

Für mich war es damit vorbei. Es war der 23. April 1945, mein 19. Geburtstag. Nur der Krieg hatte noch nicht geendet. Auf der Straße hörte ich das Schießen der Artillerie. Ich lief zur Zentrale der Deutschen Reichsbank. Ein Verwandter meines Vaters arbeitete dort. Ich fand ihn in der Garage, er sah mich ungläubig an. Dort blieb ich. In diesen Tagen sollte eigentlich der Prozess gegen die Mitglieder unserer Gruppe beginnen.

Ich denke bis heute, dass sie mich nicht erschossen haben, damit sie mich im Prozess verhören können. Die nichtjüdischen Mitglieder unserer Organisation hatten die Anklageschrift bereits vorgelegt bekommen. Sie lautete auf Wehrkraftzersetzung, Hoch- und Landesverrat. Wir Juden bekamen natürlich keine Anklageschrift. Hätte der Prozess begonnen, keiner von uns hätte überlebt.

Werner Scharff und Fancia Grün wurden kurz vor Kriegsende in Oranienburg erschossen. Uns andere rettete der Einmarsch der Russen. Meine Mutter war im Januar 1945 nach Theresienstadt gekommen. Auch sie wurde von der Roten Armee befreit. Hans Winkler saß in Bautzen ein, danach in Bayreuth. Ihm, der mich lange versteckt hielt, habe ich mein Leben zu verdanken. Mehr noch aber meinem Vater, Julius Friede, der meine Mutter und mich lange Zeit beschützte. Wie er genau umgekommen ist, weiß ich nicht. Ich hoffe, er hat mit dem Veronal, das er bei der Verhaftung einsteckte, den Freitod gewählt. Einen besseren Vater als ihn hätte ich nie haben können.

Nach dem Krieg tritt Eugen Herman-Friede in die KPD ein. Er besucht verschiedene Parteischulen und arbeitet schließlich als Journalist für die *Märkische Volksstimme* in Potsdam. Im Sommer 1948 wird er ohne Angabe von Gründen wegen angeblicher »Wirtschaftsverbrechen« verhaftet. Er sitzt für einige Zeit wieder im selben Gefängnis in Potsdam. Nach sechs Monaten wird er schließlich freigelassen und geht nach Westberlin. Danach verbringt er mehrere Jahre in Kanada und Italien, bevor er nach Deutschland zurückkehrt. Seine Erlebnisse hat Eugen Herman-Friede Jahrzehnte später in Buchform verarbeitet: *Abgetaucht: Als U-Boot im Widerstand* und *Für Freudensprünge keine Zeit. Erinnerungen an Illegalität und Aufbegehren 1942–1948.* Heute lebt er in Kronberg im Taunus und ist nach wie vor als Zeitzeuge, insbesondere an Schulen, unterwegs.

Weiterführende Literatur

Bauer, Claudia/Heimatmuseum Reinickendorf (Hrsg.): *Ruth Winkelmann: Plötzlich hieß ich Sara. Erinnerungen einer jüdischen Berlinerin 1933–1945.* Jaron Verlag. Berlin, 2011.

Delius, Magrit: *Gisela Jacobius – als Jüdin in Berlin. »… sind wir am 9. Januar 1943 in den Untergrund gegangen.«* Hentrich & Hentrich. Berlin, 2005.

Frankenstein, Leonie/Frankenstein, Walter: *Nicht mit uns. Das Leben von Leonie und Walter Frankenstein.* Jüdischer Verlag im Suhrkamp Verlag. Berlin 2008.

Friedländer, Margot/Schwerdtfeger, Malin: *»Versuche, Dein Leben zu machen.« Als Jüdin versteckt in Berlin.* Rowohlt Verlag. Reinbek/Berlin, 2008.

Herbst, F./Ludwig, D./Sangkohl, S. u. a.: *Ich muss weitermachen. Die Geschichte des Herrn Joseph.* Verlag Graues Kloster. Berlin, 2007.

Herman-Friede, Eugen: *Abgetaucht: Als U-Boot im Widerstand.* Gerstenberg Verlag. Hildesheim, 2009.

Herman-Friede, Eugen: *Für Freudensprünge keine Zeit. Erinnerungen an Illegalität und Aufbegehren 1942–1948.* Metropol Verlag. Berlin, 1991.

Koch, Hilka/Mann, Rahel: *Ich reiche dir meine Hand. Gedichte, Gedanken, Texte.* Schardt Verlag. Oldenburg, 2005.

Kochawi, Rachel (Magall, Miriam): *Das Brot der Armut. Die Geschichte eines jüdischen versteckten Kindes.* Edition AV. Lich, 2010.

Schumann, Coco: *Der Ghetto-Swinger. Eine Jazzlegende erzählt.* DTV. München, 1997.

Bildnachweis

Matthias Lorenz-Meyer: Seite 91
Christian Schulz: Seiten 31, 113, 129, 145, 199, 259, 275
Mirco Taliercio: Seiten 53, 73, 229, 243

Die übrigen Porträtfotos entstammen dem Privatbesitz der Autoren.